掌尚文化

Culture is Future

尚文化·掌天下

国家社会科学基金哲学社会科学领军人才项目"多重约束下的中国财政政策、货币政策与汇率政策协调配合研究"（22VRC018）
国家社会科学基金重大项目"中央银行的逻辑与现代中央银行制度的建设"（21ZDA045）

A STUDY ON THE IMPACT OF TRADE NETWORK CENTRALITY ON CROSS-BORDER CAPITAL FLOWS IN THE CONTEXT OF FINANCIAL OPENNESS

欧阳海琴 著

金融开放背景下
贸易网络中心性
对跨境资本流动的
影响研究

经济管理出版社
ECONOMY & MANAGEMENT PUBLISHING HOUSE

图书在版编目（CIP）数据

金融开放背景下贸易网络中心性对跨境资本流动的影响研究 ／ 欧阳海琴著. -- 北京 ： 经济管理出版社，2024. 12. -- ISBN 978-7-5243-0138-7

Ⅰ. F832.6

中国国家版本馆 CIP 数据核字第 2024X996J9 号

组稿编辑：宋　娜
责任编辑：宋　娜
责任印制：许　艳
责任校对：陈　颖

出版发行：经济管理出版社
　　　　　（北京市海淀区北蜂窝 8 号中雅大厦 A 座 11 层　100038）
网　　址：www. E-mp. com. cn
电　　话：(010) 51915602
印　　刷：唐山玺诚印务有限公司
经　　销：新华书店
开　　本：720mm×1000mm/16
印　　张：14
字　　数：234 千字
版　　次：2025 年 8 月第 1 版　　2025 年 8 月第 1 次印刷
书　　号：ISBN 978-7-5243-0138-7
定　　价：98.00 元

前　言

在 2019 年 4 月第二届"一带一路"国际合作高峰论坛上，习近平总书记强调要提高贸易投资便利化水平，扩大市场开放。提升我国在全球贸易网络中的地位，实现更高层次开放型经济的背景下，全球贸易规模和范围不断扩展，世界各国之间的经济联系日益紧密，不同国家之间的贸易也形成相互作用的网络。自 2008 年金融危机以来，世界各国之间的跨境资本流动长期处于剧烈变动中，与之相应的贸易网络格局也发生了重大变化。因此，贸易网络中心性如何影响不同类型的跨境资本流动问题？是否影响方向及程度存在显著差异，这些问题都是近期学者需要关注的重要问题。

考虑到双边贸易无法全面反映各国在全球贸易网络中的地位和关系，如何构建贸易网络中心性？如何测度不同类型的跨境资本流动？贸易网络中心性与不同类型的跨境资本流动呈现什么样的关系及作用机制？鉴于此，基于金融开放视角下，本书将构建世界各国贸易网络中心性的多种测度方法，研究贸易网络中心性对不同类型的跨境资本流动的影响及作用机制。试图回答上述问题，将使中国金融开放的路径和方向更加清晰，完善中国的跨境资本流动管理体系，促进构建双循环新发展格局具有重要的意义。

本书的撰写思路如下：首先，构建一个基于生产的贸易网络多国模型，理论上分析贸易网络中心性与跨境资本流动的关系。其次，通过实证检验全球 131 个国家（地区）1990~2019 年的贸易数据显示，使用构建的贸易网络中心性指标分别对总量跨境资本流动、跨国直接投资、国际证券组合投资和跨国信贷投资进行计量检验，得出了一系列稳健的结论。最后，根据上述理论和实证分析，基于金融开放视角，我国如何维系并拓展已有的贸易网络关系，并对防范跨境资本流动的不利影响提出相应的政策建议，以实现更高层次的开放型经济。

本书的主要特色表现在以下几个方面：

（1）基于贸易网络中心性对跨境资本流动影响的新视角。一方面，现有文献对贸易的测算方式较多，但传统贸易分析较多的是基于双边贸易流量的角度出发，无法反映国与国之间的复杂关系，本书基于社会网络分析法构建贸易网络中心性指标，可以更好地刻画各国在全球贸易网络中的地位与关系；另一方面，现有文献关于跨境资本流动的研究中，较多的是从总量跨境资本流动层面的角度进行研究，本书不仅基于国际收支平衡表中跨境资本流动涉及的项目类别，将跨境资本流动细分为跨国直接投资、国际证券组合投资和跨国信贷三种不同类型、不同方向进行考察，还提出一个全新的视角，将贸易网络中心性引入跨境资本流动的分析框架中，在研究视角上具有一定的创新。

（2）提出了一个基于生产的多国贸易网络理论模型。现有文献较多地基于经验分析或实证分析的方法研究贸易网络中心性和跨境资本流动某个单一主体研究，忽视基于理论分析贸易网络中心性影响跨境资本流动的内在传导机制的探讨。本书结合传统文献中影响跨境资本流动相关因素的理论基础，构建一个基于生产贸易网络多国模型，在均衡状态下，从理论上证实了处在贸易网络中心位置的国家更容易受到全球消费风险的冲击，并推导出贸易网络中心性与跨境资本净流入呈现负相关关系，并根据贸易网络中心性影响跨境资本流动的理论框架解释提出相应的假设。

（3）发现了贸易网络中心性对不同类型跨境资本流动的不同影响与作用机制。基于金融开放背景下，从整体到特殊，实证检验贸易网络中心性对不同类型跨境资本流动的影响，并得出了一些新的结论。总体上来看，处在贸易网络中心位置的国家，更容易受到全球消费风险冲击，同时，贸易网络中心性对总量跨境资本净流入存在负向作用。分不同类型的跨境资本流动来看。首先，贸易网络中心性通过提高最低工资、增强人力资本和优化国内产业结构等渠道，实现对跨国直接投资净流入的负向影响；其次，处在贸易网络中心位置的国家在货币市场、债券市场和股票市场具有更低的收益率，最终导致国际证券组合投资净流入的减少；最后，处在贸易网络中心位置的国家也是国际金融中心和结算中心，其金融发展指数水平、经济自由度也更高，受到内部冲击的风险也更小，从而减少该国跨国信贷投资流出。

基于以上结论，在扩大金融开放的进程中，本书建议进一步完善金融市场的结构及密切关注不同类型的跨境资本流动变化；全球各国在制定和调整最低工资时应考虑本国的贸易网络中心性的特征，尽量减少最低工资上涨对跨国直接投资流入的负面影响；国际贸易结构中的地位和关系信息反映了国际风险资产价格的经济来源，有效发挥贸易网络中心性与国际证券组合投资流入之间的协调作用；提升金融发展水平和经济自由度，进一步完善金融基础设施，实现更高层次的开放型经济。

由于作者水平有限，编写时间仓促，所以书中错误和不足之处在所难免，恳请广大读者批评指正。

欧阳海琴

2024 年 11 月

目　录

第一章 绪论

开放是国家繁荣发展的必由之路，随着全球经济和金融一体化发展，各国之间的贸易网络连接关系也越来越紧密。20世纪80年代中期以来，世界各国开始实施金融自由化政策，无论是发达国家还是新兴市场国家，世界所有国家之间的跨境资本流动规模呈现快速增长趋势。但是，近年来，全球或部分国家（地区）频繁出现金融危机，尤其是2020年新冠疫情暴发以后，全球贸易整体受挫，前景惨淡，全球各类资产风险剧增，国际财富效应也在逐渐消退，在全球低利率和高风险的环境下，学者更加关注金融开放、贸易网络中心性与跨境资本流动的逻辑关系。

第一节 研究背景及问题提出

一、各国金融开放显著差异

近年来，随着新兴市场国家越来越多地融入全球金融体系，各国开始纷纷放开金融管制，实行金融开放政策，各国金融开放程度也在不断加深（严海波，2018）。以发达国家为代表，它们成为推动全球金融开放的"急先锋"。首先，美国是全球金融开放最重要的国际推动者。20世纪70年代以后，随着美元与黄金的脱钩，美国逐渐对资本项目和金融业放开管制，推进利率市场化改革发展。80年代中期以后，整体而言，美国基本实现利率市场化改革，达到汇率自由浮动，金融开放提升了美国金融结构竞争力和资本配置效率，但是也放松了对国内金融机构的监管。因此，自2008年金融危机后，美国也开始加强对金融业的监管。其次，日本于20世纪80年代与美国签订"广场协定"后，开始迅速放开国内金融市场，推进资本项目开放，至90年代基本实现金融开放。再次，德国金融开放的程度较高，但很少受到金融危机的波及，原因是德国立足实体经济，通过贸易渠道实现货币国际化，充分发挥资本市场促进对外贸易的作用（贾根良和何增平，2019）。德国利用贸易渠道实现货币国际化，在完善和加强金融监管的同时，促进实体经济与金融市场协调发展。最后，新加坡是典型的外向型经济体，也是亚洲利用跨国直接投资较高的国家，1998年东南亚经济危机后，仍然对外开放银行业，并放松资本管制，采取渐进式改革方法，依靠完善的金融基础设施、大量的高素质人才以及优越的地理位置，发展金融科技，逐渐成为世界金融中心，实现经济与金融稳定的统一。

相较于发达国家，发展中国家的金融开放之路更加坎坷，Rodrik（1998）研究发现大部分发展中国家没有从实施金融自由化、放松资本管制和允许资本跨境自由流动的过程中收益。1980年以后，全球多个国家频繁地发生金融危机，迫使这些发展中国家重新审视金融自由化。例如，东南亚等地区在经常项目对外开放的同时，认同"华盛顿共识"，迅速推进金融开放，取消跨国证券投资、跨国信贷等跨境资本流动的限制，导致短期跨境资本大量流入东南亚等新兴市场，但由于经济基本面薄弱、国内金融机构配套改革措施不完善，随着亚洲金融危机的爆发，各国开始重新实施资本管制，金融开放的进程也进一步减缓。

不可否认，金融开放对各国的实际宏观经济影响差异很大。Quinn（1997）研究表明金融开放不仅有利于吸引更多资本进入东道国，提高国内资本流动性，还能优化金融配置，从而对经济增长具有正向作用。此外，随着跨境资本流动规模迅速增加，金融开放还将放大外部冲击对国内经济的负面影响，带来新的风险（温兴春、梅冬州，2020）。尤其是经济体的金融体系不发达，金融开放的进程太快，造成跨境资本出现大量外逃，甚至引起跨境资本流动极端波动的现象（Aoki et al.，2010），从而引发全球金融危机。

自 2013 年中国提出共建"一带一路"倡议以来，中国通过贸易网络与全球其他国家（地区）之间的联系也日益紧密，不同国家的跨境资本流动也日益增加，截至 2022 年 1 月 24 日，累计通过沪股通、深股通流入的北向资金分别达到 8487.19 亿元、8321.57 亿元人民币。在 2020 年新冠疫情冲击下，由于中国疫情防控得力，造就了中国经济在世界经济范围内一枝独秀的局面（张明等，2021），大量的外资流入中国股市。虽然，金融开放有利于推动跨境资本在全球范围内实现有效配置，推动全球经济增长，但是，跨境资本流动带来的风险也不容忽视，因此，我们需要进一步完善金融市场相关制度，推进中国资本更好地走出国内，同时引导国外资本顺利进入。

二、国际贸易呈现网络化特征

随着全球经济一体化的发展，全球贸易快速增长，国际货币基金组织（IMF）的分析结果指出，1990~2008 年，全球贸易平均增速为经济增速的 2.1 倍，甚至在 20 世纪 90 年代末期达到 2.5 倍以上。但是，全球贸易水平在 2008 年受到金融危机的影响以后出现大幅度下降，全球贸易总额至今尚未恢复到金融危机前的水平。2008 年是全球贸易格局发展变化的转折点，全球各国的贸易均进入低速增长期，全球贸易演变成一种更加复杂多元化的格局，传统衡量贸易的方式不能有效地描述一国在全球贸易中的地位和关系。尤其是在全球贸易复苏之际，2018 年美国挑起中美贸易摩擦，给中国的对外贸易和经济增长带来前所未有的压力和挑战。2020 年新冠疫情暴发以后，全球贸易总额出现大幅度下降，准确刻画各国在全球贸易网络中的地位和关系的变化趋势显得尤为重要。

世界各国通过国际贸易往来，逐渐形成错综复杂的全球贸易网络关系。随着全球经济一体化的发展，各国之间的贸易关系也变得相互联系与依赖、相互竞争与制约，由于贸易网络外部性的存在，各国之间通过贸易网络联系产生直接或间接影响。综观世界经济格局的演化过程，中国的贸易和经济脱颖而出，我国已逐步发展成为第一贸易大国和世界第二大经济体，是引领世界经济增长的重要引擎。但是，在全球贸易规则重构与全球贸易保护主义抬头相交织的环境下，中国将面临新的挑战。因此，本书将构建世界各国贸易网络邻接矩阵，通过各国双边贸易强度的出口份额加权平均值测度各国（地区）不同的贸易网络中心性，另外还将使用社会网络分析法测度贸易网络强度、贸易网络异质性等多种方法指标，为全面准确地研究全球贸易网络中心性提供了重要思路。世界贸易网络通过社会网络分析法进行描述，可以详细地说明全球经济一体化的进程，同时也有利于观察全球宏观经济的动态化发展。

三、跨境资本流动呈现剧烈波动特征

自 20 世纪 90 年代以来，各国金融开放水平逐渐提升，同时，快速发展的信息技术也促使全球金融通信网络不断完善，全球跨境资本在不同的国际市场间流动寻求套利机会，世界各国之间跨境资本流动的联系也越来越密切。2008 年金融危机爆发前，全球跨境资本流动总额占全球 GDP 的比重猛增至 20%左右，跨境资本流动的增长趋势早已超过全球贸易的发展，这段时期跨境资本流动的主要特点是跨国信贷投资（主要通过跨国银行间）的资本流动，同时，更多跨境资本流动在发达国家之间进行。受到 2008 年金融危机的冲击后，全球跨境资本流动总规模呈断崖式下跌，最早发达国家之间的跨国信贷投资的资本流动急剧萎缩，随后其他国家之间不同类型的跨境资本流动均出现快速下降。但是，金融危机发生不到两年，由于国际证券组合投资的高流动性和投机性等特征，2009 年春季后，出现发达经济体的国际证券组合投资大幅度流向新兴市场经济体，引起全球跨境资本流动总体规模的强力反弹。值得注意的是，金融危机后全球各国（地区）意识到通过跨国银行、证券、债券等金融中介提供的过度信贷对金融稳定的严重后果，各国开始逐渐减小跨国银行信贷和国际证券组合投资规模。2010 年以后全球跨境资本流动总量规模呈现较强的双向波动特点。

2020 年新冠疫情暴发以后，全球跨境资本流动的规模和速度都出现异常波动。IIF（国际金融协会）通过跟踪机构每日跨境资本流动数据发现，2020 年 1~5 月，新兴市场国家的股票与债券资金的累计流出将近 1030 亿美元。跨境资本流动的剧烈波动程度甚至超过 2008 年全球金融危机时期、2013 年美联储的"缩减恐慌"和 2015 年中国股市大量抛售等突发事件带来的波动。随后欧美疫情恶化，全球跨境资本流动为了避险，大量的跨境资本又重新流入新兴市场经济体，尤其是中国政府在新冠疫情防控方面的措

施合理，全球跨境资本大量流入以中国为代表的新兴市场经济体，截至2022年3月，全球流入新兴市场的投资总额为101亿美元，其中股权流量为39亿美元，流向中国股市的有38亿美元；债务流量为62亿美元，流入中国的债市投资总额为50亿美元，总体来看，流入中国的外资占比很大。综观全球跨境资本流动发展的背景，全球经济贸易格局因贸易保护、逆全球化、中美贸易摩擦、新冠疫情等多次外部冲击事件变得更加复杂多变。

基于上述背景可知，在金融开放的背景下，世界各国之间的贸易网络连接越来越紧密，自2008年金融危机以来，世界各国之间的跨境资本流动却长期处在剧烈变动中，叠加新冠疫情给全球经济带来巨大冲击，与之相应的全球贸易网络格局也产生了重大演变。研究金融开放背景下，贸易网络中心性对不同类型跨境资本流动的异质性影响，为中国逐步加快金融开放进程，实现中国资本未来在全球的布局和多元化具有实践指导意义。

四、问题提出

在2019年4月第二届"一带一路"国际合作高峰论坛上，习近平总书记强调要提高贸易投资便利化水平，扩大市场开放，提升我国在全球贸易网络中的地位，实现更高层次开放型经济的背景下，全球贸易规模和范围不断扩展，世界各国之间的经济联系日益紧密，不同国家之间的贸易也形成相互作用网络。自2008年金融危机以来，世界各国之间的跨境资本流动长期处在剧烈变动中，与之相应的贸易网络格局也发生重大演变。因此，贸易网络中心性如何影响不同类型的跨境资本流动、是否影响方向及程度存在显著的差异，这些问题都是近期学者需要关注的重要问题。

考虑到双边贸易无法全面反映各国在全球贸易网络中的地位和关系，针对如何构建贸易网络中心性、如何测度不同类型的跨境资本流动、贸易网络中心性与不同类型的跨境资本流动呈现什么样的关系及作用机制等问题，本书基于金融开放视角，将构建世界各国贸易网络中心性的多种测度方法，研究贸易网络中心性对不同类型的跨境资本流动的影响及作用机制。回答上述问题，将使中国金融开放的路径和方向更加清晰，对完善中国的跨境资本流动管理体系，促进构建双循环新发展格局具有重要的意义。

第二节　研究意义

随着全球贸易不断向"多极化"发展，中国如何维持并扩大已有的贸易网络地位和关系，实现更高层次的开放型经济？基于金融开放背景，本书选择贸易网络中心性、不同类型跨境资本流动为对象，测度全球范围内不同国家的贸易网络中心性和不同类型跨境资本流动，研究贸易网络中心性对不同类型跨境资本流动的影响及作用机制，具有十分重要的理论意义和现实意义。

一、理论意义

现有文献对贸易的测算方式较多，但是，传统的贸易分析指标存在局限性，双边贸易关系只能表明两国之间的关系，无法反映多国之间的联系，使用贸易网络能够更好地刻画各国之间的关系。学术界对跨境资本流动的研究较多地集中在影响跨境资本流动的因素，较少考虑不同国家在全球贸易中所处的地位和关系对跨境资本流动的影响。本书的理论意义主要表现在以下两个方面：

一方面，为如何测度贸易网络中心性提供了一种新的研究思路。社会网络分析法可以从"关系"的角度来分析一国在全球贸易网络中的相对地位和关系，使用贸易网络能够详细地说明各国融入全球经济一体化的进程，侧面反映一国的整体金融开放水平，有利于观察全球宏观经济的动态化发展。鉴于此，本书构建世界各国贸易网络邻接矩阵，基于各国双边贸易强度的出口份额加权平均值测度各国（地区）的贸易网络中心性，并使用社会网络分析法测度贸易网络中心性的其他特征变量，如网络联系强度和网络异质性。

另一方面，有助于深入开展跨境资本流动的理论和实证研究。在金融开放背景下，各国跨境资本波动频繁，因此深入分析贸易网络中心性对不同类型跨境资本流动的影响具有重要意义。一是构建一个基于生产的贸易网络多国模型，在均衡状态下，从理论上证实了处在贸易网络中心位置的国家更容易受到全球消费风险冲击，并推导出贸易网络中心性与总量跨境资本净流入呈现负向关系；二是从整体到特殊，实证检验贸易网络中心性对总量跨境资本流动、跨国直接投资、国际证券组合投资以及跨国信贷投资的影响及作用机制，丰富了跨境资本流动领域的相关研究。

二、现实意义

本书的现实意义表现在以下两点：

第一，有助于分析全球不同国家之间的贸易网络关系的地位和关系，为明晰贸易网络的结构与格局提供相应的理论依据和政策支撑。不同于传统的双边贸易测算模式缺乏空间维度分析，本书将运用社会网络和复杂网络技术分析不同国家之间的贸易网络的地位和关系，可以对国际贸易网络中心性进行准确测算，为中国如何利用在现有的国际贸易网络中的地位和关系促进跨境资本流动提供政策参考。

第二，不同国家的贸易网络中心性反映了国际风险资产价格的经济来源，对中国跨境资本未来在全球的布局和多元化具有实践指导意义。中国需要进一步深化与全球各国的贸易网络关系，兼顾国内金融市场的发展和银行业全球竞争力的提升；提升互联网发展水平并推动"互联网+"工程的实施，有效地发挥贸易网络中心性与跨境资本流动之间的协调作用，助力中国实现从商品输出特征为主的贸易大国逐渐转变为资本输出特征为主的投资大国。

第三节 文献综述

一、相关概念界定

1. 金融开放

金融开放（Financial Openness），也称为金融自由化，主要包括三个方面：国内金融部门开放、资本账户开放、证券市场开放（Kaminsky and Schmukler，2008）。由于各国的金融发展水平不同，现有文献对金融开放的概念界定及测度均存在差异，且不同国家的金融开放度没有统一的标准，因此，金融开放是一个相对复杂的概念。一般认为金融开放的过程是指一个国家消除资本管制，跨境资本流动实现自由化的趋势。

早期，有些学者将金融开放划分为不同方向，如股票市场开放、资本账户开放、ADR 与国家基金发行、银行改革、私有化、资本流动与对外直接投资等（Bekaert and Harvey，1995）。随着金融服务贸易规模的扩大，大量研究表明，金融开放应包含金融服务贸易开放，一国的金融开放程度越高，表明该国金融机构越能够为世界其他国家的居民、企业和政府提供不同类型的金融服务等（Levine and Zervos，1998）。各国在金融开放的过程中，面临不同程度的跨境资本流动市场管制以及消除相关的行政壁垒的问题。Le（2000）指出不同国家需要采取相应的措施，有些国家的金融市场通过吸引跨境资本流入，消除国内金融机构和国外金融机构之间的差异，最终实现类似商品市场的金融开放。金融开放的核心是取消限制跨境资本流动的资本账户开放（Eichengreen，2001）。张成思和朱越腾（2017）基于2000~2009 年中国多省数据发现，同时推进贸易和金融开放对金融发展具有重要的影响。董志勇等（2018）研究发现我国应推行汇率制度改革，加强与世界各国经济的相互依存性，基于共建"一带一路"的优势，继续推进人民币国际化进程，从而实现中国金融开放的新路径。张建伟和张谊浩（2020）研究表明，资本账户在内的金融开放有助于推进资源在全球范围内优化配置，有利于开放国金融深化、提高资源利用效率。Jardet 等（2022）认为，金融开放加剧了不确定性因素对新兴市场和发展中国家的影响。

由于世界各国实施金融开放策略的范围均不相同，同时，各国家的经济发展水平差异很大，因此，每个国家测度金融开放的方法需要根据自身的金融发展水平进行灵活调整。整体而言，国内外学者测度某个国家的金融开放程度主要分为以下两个方面：一方面，通过政策层面对跨境资本流动权力的约束来衡量法定开放度；另一方面，通过一国的跨境资本实际流动的程度来测度该国的实际金融开放度。

2. 贸易网络中心性及相关概念

网络中心性（Network Centrality）是衡量每个国家在网络中的位置和作

用的指标，一个国家在网络中处于中心的位置，表明该国在网络中对其他国家的影响较大。本书构建贸易网络中心性、贸易网络强度和贸易网络异质性三个指标分析网络中心性的特征。

贸易网络中心性（Trade Network Centrality）体现了一国在整体贸易网络中的地位，以及该国对其他国家的影响力或控制力。现有文献利用社会网络分析法计算贸易网络中心性。龚炯和李银珠（2021）研究表明，贸易网络中心性反映了个体或组织在社会网络中的中心性或权力程度的结构性，与边缘国家相比，处在贸易网络中心位置的国家具有更大的权力和更大的信息优势，对其他国家的影响力也更大。

贸易网络强度（Trade Network Strength）是衡量贸易网络中联系的综合指标，反映了贸易网络中不同国家之间联系的感情强度、亲密度、时间长度以及互惠活动等综合联系特征。该指标的计算方法主要基于无权网络中节点度数、融入节点的近邻数目和权重，贸易网络强度可以表明一国与网络中其他国家开展贸易的竞争实力或强度（任素婷等，2013；罗仕龙等，2016）。

贸易网络异质性（Trade Network Disparity）表明一国在贸易网络中是否存在结构洞或弱联系（Burt，2004；陈银飞，2011），反映了一国对外贸易的分布情况，该指标表示一国对外贸易集中在少数几个国家还是分散于很多国家。我们使用节点的差异性来衡量贸易网络异质性，描述了一国与其他国家相连的边上权重分布的离散程度。

3. 跨境资本流动

跨境资本流动（Cross-Border Capital Flows）是指不同国家（地区）之间的资本在一个方向、两个方向或多个方向的流入和流出，也涵盖国际金融组织之间的资金转移，这类跨境资本流动主要包括援助、贷款、输入、输出、投资、债务、债权、利息收支、买方和卖方信贷、证券发行及流通等。一般而言，很多学者也使用"国际资本流动"[①] 表示不同国家之间的资本流动。跨境资本流动的构成有诸多不同的解释，一般来说，跨境资本流动包括三种类型：跨国直接投资资本流动、国际证券组合投资资本流动和

---

① 国际资本流动的定义最早来源于《新帕尔格雷夫经济学大辞典》（2008）。

国际信贷资本流动。

大量文献针对国际资本流动的定义做了相应的研究，例如，小岛清（1987）基于购买力的视角定义国际资本流动，国际资本在不同国家之间流动的主要原因是购买力的转移，即一国通过购买另一国的商品或服务，从而实现两国之间的资本流动。Dornbusch 等（1995）指出，分散风险是国际资本流动进行跨国调整的主要原因，区分资产分配在国内还是国际都是国际资本流动定义的关键点。Obstfeld（2012）认为，界定国际资本流动的关键是资产所有者根据自有资产的安全性进行国际投资或者是选择国内的自由流动，如何降低资产风险是国际资本流动贷方需要考虑的问题，然而，借方关注的问题主要还是如何促进消费或投资。

二、贸易网络中心性相关文献

1. 社会网络分析法

全球贸易网络是世界各国之间从事国际贸易往来，形成的错综复杂的社会网络关系。本书从"关系"的视角出发，构建贸易网络中心性指标可以综合地反映一国在全球贸易网络中的相对地位及网络特征，并使用社会网络分析（Social Network Analisis，SNA）探索全球不同国家之间的贸易结构地位和关系作为稳健性替换。目前，社会网络分析法已成为研究国际贸易相关问题的主要方法之一。早期，一部分学者使用国际贸易网络法分析全球贸易的结构，研究发现世界贸易体系整体呈现"核心—半边缘—边缘"的贸易网络结构特征。但是，Nooy 等（2011）指出，传统的国际贸易网络的分析主要是根据块模方法展开，不能深入分析不同国家具体的贸易结构及其演变分析能力。

国内文献运用社会网络分析法分析贸易结构较晚。首先，在国际贸易网络分析上，张勤和李海勇（2012）分析了国际贸易网络的密度、中心性、聚类分析和"核心—边缘"架构。其次，在中国贸易网络分析上，李敬等（2017）基于2005~2015年中国与共建"一带一路"国家（地区）的贸易数据，运用社会网络分析法发现货物贸易的竞争性加剧，贸易集中化趋势明显，但是贸易互补关系大于贸易竞争关系。

李敬等（2014）基于1978~2012年中国区域经济增长的空间关联关系，

使用社会网络分析法发现中国区域经济空间网络具有稳定性和多重叠加性。王博等（2019）基于全球价值链视角，通过构建"一带一路"制造业增加值贸易网络，发现中国及其周边主要国家在贸易网络中发挥着重要的作用。唐晓彬和崔茂生（2020）使用动态网络分析方法分析共建"一带一路"国家（地区）货物贸易网络结构动态变化及其影响机制发现，经济发展水平是影响贸易关系形成和维持的重要因素，高经济发展水平国家之间具有较强的贸易联系。

2. 运用国际贸易网络对世界体系结构进行拓展分析

静态网络分析基于统计物理学视角，主要侧重分析贸易网络的拓扑结构，相较于传统的双边贸易关系，Albert 等（2002）、Fagiolo 等（2009）运用社会网络拓扑结构方法可以更好地展示每个国家在全球贸易网络中的地位和关系。Zhou 等（2016）对全球贸易网络进行深入分析，研究表明全球最大贸易伙伴国网络整体呈现树状分层结构。李振福等（2017）运用结构洞理论深入探索北极航线的开通与经济贸易的关系，发现中国已成为北极航线的重要节点。陈银飞（2011）对全球贸易网络结构分析发现存在富人俱乐部现象，中国在全球贸易网络中的核心地位显著上升。刘志高等（2019）基于1980~2018年全球贸易数据，研究发现世界贸易格局存在"稳中有变"的发展态势，并讨论了中国处在世界贸易组团核心的重要性。刑孝兵等（2020）利用社会网络分析法发现中国在世界贸易网络中的核心地位得到了进一步加强。

动态网络演化分析根据时间、空间变化能够更为准确地刻画全球贸易网络的地位和关系。早期 Su（2002）引入地理空间概念，对不同年份的全球贸易网络分别进行考察分析发现，现阶段全球经济存在国际贸易扩张和系统结构分裂两种形式交替出现的状态。Fagiolo 等（2007，2009，2010）加入权重概念，构建1981~2000年全球的贸易网络模型发现，与其他边缘国家相比，有些中心国家的规模较小，但是并不影响中心国家与其地理位置较近的国家构成紧密的贸易集群，促进中心国家与富裕的大国之间的贸易联系。Bhattacharya 和 Mukherjee（2007）将权重和流向均引入网络模型中，发现全球网络中心性指标对于国家而言是长期特征指标。许和连等（2015a）以共建"一带一路"国家（地区）为样本，使用 ERGM 回归分析发现 FTA 网络、贸易自由度、货币自由度、金融自由度和政府效能等多种因素都会影响高端制造业贸易网络，同时，中国在亚太高端制造业贸易网络中存在被边缘化的趋势。周文韬等（2020）在二元和加权视角下对世界服务贸易的结构特征进行分析，通过全球贸易网络中各国的随机游走中介中心性进行排名，发现了世界服务贸易网络从核心、中间到边缘发展的渐进稳定趋势。

3. 贸易网络的研究细化到区域、产业或产品内等不同方向

一方面，一些学者对"一带一路"贸易网络进行了研究。宋周莺等（2017）对比分析"一带一路"贸易网络和全球贸易网络的结构，发现中国在全球贸易网络中的节点尤为重要，我国与共建"一带一路"国家（地区）贸易联系有待进一步加强。郑智等（2020）基于 1995~2015 年中国与共建"一带一路"国家（地区）的样本数据，运用网络分析法发现不同国家之间的生产网络结构呈现重心转移和一体化趋势。龚炯和李银珠（2021）发现，中国与"一带一路"沿线国家的贸易联系日趋紧密，同时，经济发展水平对贸易网络中心性具有重要的作用，2013 年以后中国在贸易网络中的地位进一步提升，逐渐发展成为世界贸易格局的中心位置，贸易网络特征表现为"核心—半边缘—边缘"的动态结构特征。蔡宏波等（2021）运用加权极值优化算法探索分析发现"一带一路"倡议对民族地区的对外贸易总额存在较为显著的增长作用趋势，同时有利于民族地区货源型产品的进出口能力提升。刘林青等（2021）采用最新发展的指数随机图模型分析结构依赖对"一带一路"贸易网络的影响，实证结果表明内生性结构依赖对促进贸易网络的形成和演化具有较为明显的作用。

另一方面，部分学者研究分析了单一产品或行业的贸易网络特征，Gephart 等（2015）、马述忠等（2016）对一国农产品贸易网络特征进行多维度分析发现，全球农产品贸易网络整体呈现偏态分布，具有显著促进一国在全球农业价值链分工中的地位的作用。文献中对其他行业也有所涉及，许和连等（2015b）、洪俊杰和商辉（2019）以及袁红林和辛娜（2019）都对高端制造业的全球贸易网络的地位和关系特征进行分析，通过 QAP 分析贸易网络的影响因素。文献中还涉及一些其他行业如能源矿产业（An et al.，2014；刘劲松，2016；刘立涛等，2017；朱学红等，2020；韩梦玮、李双

琳，2020；计启迪等，2021）的贸易网络拓扑结构以及不同因素在贸易网络拓扑结构中的明显差异，甚至还有全行业对比（Ikeda et al.，2014；侯传璐、覃成林，2019）。以往的文献中涉及的不同行业不同产品的贸易网络特征结构的复杂度与全球贸易网络的复杂度在一定程度上具有正比关系，这些复杂和差别化的产品推动各国之间的贸易联系的加深，带来更多的国家参与全球贸易网络的结果。

4. 贸易网络中心性的度量

结合现有文献的研究结果，目前学者对贸易网络中心性的测度主要分为以下两种方法：

第一，通过社会网络分析法对不同国家的贸易网络中心性指标进行测度。这类文献的研究方法主要是二进制分析方法，即贸易网络关系利用"有无"关系进行标记，具体的贸易网络中不同国家在整体网络中的强度和贸易的方向无法表现。例如，Garlaschelli 和 Loffredo（2005）采用二进制无向网络对全球贸易网络图的特征进行展示；段文奇等（2008）对 1950～2000 年全球贸易网络度分布、群聚性、互惠性等拓扑结构进行分析，研究表明全球贸易网络不是典型的无标度网络，各国在贸易网络格局中的分工合作更加紧密；孙晓蕾等（2012）、孙天阳等（2014）、马述忠等（2016）使用网络中心性、点强度和点异质性三种网络特征指标分别对能源矿产业、高端制造业和农产品等进行研究。但是，这种二进制无向网络表现出来的特征相异的国家之间联系较少，同时，各国之间的网络关系长期不易改变，学者对经济一体化发展产生异议。

第二，随着国际贸易关系相关研究的进一步推进，学者尝试采用加权网络方法分析贸易网络。加权网络方法可以引入更加丰富的信息指标，使各国贸易强度和贸易研究更加科学。Fagiolo 等（2008，2009）比较加权网络分析与无权网络的差异结果，发现全球贸易加权网络的点强度呈右偏分布，而无权贸易网络的点度数呈左偏分布，意味着全球贸易网络中不同国家之间的贸易流向并不均衡，具有一定的异质性。许和连等（2015）在介数中心性、接近中心性、结构洞和度数中心性数据的基础上，对这些指标加入加权指标后得到一国贸易加权网络的多属性中心性特征分析。吕越等（2020）利用 PageRank 算法测度企业层面贸易网络中心度，实证分析发现企业的贸易网络与其出口国内附加值具有正向相关关系，且通过行业集中度、中间品投入和外资进入三种渠道强化这种促进作用。蒋为等（2019）加入企业上一期的出口额、平均地理距离和平均贸易联系等因素，计算企业出口贸易网络对企业 OFDI 的影响。Richmond（2019）利用标准化的双边贸易强度衡量国家联系，如果标准化的双边贸易强度大于截面中位值则表示存在联系，结果发现全球贸易网络中心的国家比边缘国家具有更低的利率和货币风险溢价。

本书借鉴 Richmond（2019）计算贸易网络中心性的方法，对各国的贸易网络中心性的特征进行准确计算，同时，在稳健性检验中使用传统的社会网络分析方法对各国的贸易网络中心性进行测度替代基准回归的中心性指标。运用多种指标可以更加全面、更加综合地刻画一国贸易网络地位，各国贸易网络中心性地位和关系的准确衡量对实证分析贸易网络中心性及其对跨境资本流动的作用有重要的理论意义和现实意义。

三、跨境资本流动相关文献

1. 跨境资本流动的类别划分

跨境资本流动情况记录在第六版《国际货币基金组织国际收支和国际投资头寸手册（BPM6）》的资本金融账户中，从流向上考察跨境资本流动可将其分为流入和流出，跨境资本净流入是跨境资本流入减去跨境资本流出计算得到的综合数据。目前，跨境资本流动的分类标准在学术界尚无统一界定，根据现有文献的归纳，一般而言，跨境资本流动主要依据资金使用时间的长短、目的性以及合法性作为标准，可以划分为短期跨境资本流动和长期跨境资本流动。国际上测度跨境资本流动的方式主要是根据 BPM6 中的资本和金融账户，一般来说，直接投资、证券投资、金融衍生工具和其他投资四个部分构成了资本和金融账户，但是此处的跨境资本流动不应包括储备资产变动，该方法剔除了汇率、资产价格变动等影响。Sebnem 等（2012）指出，跨境资本流动包括三种类型，即外国直接投资、债务投资和组合股权。Brzozowski 和 Tchorek（2018）认为，跨境资本流动不应该只有国际收支平衡表中的三种类型，其他投资中银行融资作为跨境资本流动的第四种类型，即跨境资本流动分为外国直接投资、证券投资债务、证券投资股权和其他投资（银行融资）。本书在谭小芬和虞梦微（2021）划分跨境资本流动方式的基础上，将跨境资本流动划分为三种：跨国直接投资、国际证券组合投资（债券和股权）以及跨国银行信贷投资。

2. 跨境资本流动的度量

目前，根据已有文献归纳，跨境资本流动的测度方法主要分为以下两种：

（1）根据流动性质来测度。这种测度方法需要将金融账户下划分为不同项目，例如，直接投资、证券投资、金融衍生工具（不包含储备）和雇员认股权、其他投资和储备资产等项目的跨境资本流动。本书将跨境资本流动划分为跨国直接投资、国际证券组合投资（股权和债权）以及跨国信贷投资这三种类型再进行测算，具体而言，这三种跨境资本流动的定义及度量如下：

第一，跨国直接投资，又称外商直接投资，根据经济合作与发展组织（OECD）与 IMF 的界定，表现为一国的企业或居民与另一个国家的企业存在商业利益投资的形式。外商直接投资者和企业存在长期关系。换言之，外商直接投资者对其投资的企业管理具有控制或者存在较大程度影响。当某国的企业或居民对其他国家的股份有限公司或非股份有限公司具有 10% 或以上的普通股或表决权均视为建立了直接投资的关系。跨国直接投资按照性质可以分为三类：跨国直接投资的权益资本、再投资收益和其他资本。跨国直接投资按照进入模式或所有权也分为两种：合资及独资企业、新建投资（绿地投资）和兼并与收购（棕地投资）。本书研究中使用跨国直接投资的资产和负债来分别度量跨国直接投资的流出和跨国直接投资的流入，并使用跨国直接投资的流入减去跨国直接投资的流出计算净流入，作为跨国直接投资的净流入量。

第二，国际证券组合投资，又称国际价格证券投资，这类投资的主要目标是增加资本收益，通常情况下，一个国家的居民或是企业利用股权和债权的证券投资方式，对另一个国家进行国际投资。国际证券组合投资的门槛并不高，不计算在直接投资项目下，且不涉及企业的管理和控制。具体地，国际证券组合投资可投资的种类包括如下：货币市场工具、债券、票据、共同基金或是海外基金 ETF 等。根据 IMF 的协调组织投资调查指南

（CPIS）中的说明，国际证券组合投资可以划分为两种类型：权益型国际证券组合投资和债务型国际证券组合投资，两种类型证券均具有可交易性。本书研究中使用国际证券组合投资的资产和负债来分别度量国际证券组合投资的流出和国际证券组合投资的流入，并使用国际证券组合投资的流入减去国际证券组合投资的流出计算净流入，作为国际证券组合投资的净流入量。

第三，跨国信贷投资，主要指其他投资中一国或地区的居民（企业）通过跨国银行借贷的形式对其他国家的居民（企业）的资本投资。跨国银行具有独立的经济预期，作为独立的微观交易主体。随着全球金融一体化推进，跨国信贷投资资本流动的规模和数量都出现增长趋势，国际贸易不仅是实物商品的交换，更是金融服务的交换。根据世界贸易组织（WTO）对金融服务贸易的分类可知，具体地，金融服务贸易主要包括以下四种类型：第一种类型为跨境债权流动，这类资本流动涵盖跨国借款和贷款、存款以及保险服务等；第二种类型为消费者在海外购买的金融服务；第三种类型为外资银行在其他国家新设分行或兼并其他银行的直接投资形式；第四种类型为本国为外国提供金融服务的人力资本输出等。跨境债券流动和外资银行直接投资这两种类型的金融服务贸易主要是通过跨国银行或者通过跨国银行业务的部门实现的。跨国信贷的数据记录在国际收支平衡表（BOP）的其他投资项目下，但是，从 1999 年开始，我们可以在国际清算行（BIS）获取跨国银行资本流动的数据。本书研究中使用跨国信贷投资的资产表示跨国信贷的流出，跨国信贷投资的负债表示跨国信贷的流出，跨国信贷投资的净流入等于跨国信贷的流入减去跨国信贷的流出。

（2）根据时间长短的性质。根据 IMF 的要求将跨境资本流动进行划分，短期跨境资本流动为一年以内的借贷或者投资，一年以上的投资或借贷为长期跨境资本流动，然后再对短期和长期跨境资本流动分别进行测度。现有文献也有只针对短期跨境资本流动（也称国际游资）的研究，具体的测度方法主要分为以下三种：

第一，直接法。Cuddington（1986）指出，短期跨境资本流动的测算公式为：跨境资本流动＝错误与遗漏项＋私人部门短期资本。刘莉亚等（2013）测算的中国跨境资本流动包含三类资本项目的加总，具体为贸易顺差、经常项目转移以及误差与遗漏项。

第二，间接法。1985 年世界银行对短期跨境资本流动的间接测算法进行界定，具体计算公式为：跨境资本流动=外汇储备变动-经常项目顺差-外商直接投资（FDI）-外债变动。

第三，混合法。Dooley（1988）使用混合法测算跨境资本流动，具体的测算公式为：跨境资本流动=误差与遗漏项-对外债券增加+外商直接投资（FDI）-世界负债表增量+国际收支平衡表外债增量+对外债券额。

四、贸易网络中心性影响跨境资本流动的相关文献

近几十年来，国际贸易与金融市场一体化的发展是全球化发展的重要趋势。首先，现有文献对于国际贸易的测算与衡量方式很多，但大部分的贸易指标都是从贸易总额的广度、数量以及质量等角度出发，采取这种方式衡量的国际贸易网络的指标只能从侧面反映两国之间的贸易状况。使用贸易网络中心性测度各国在全球贸易网络中的相对地位和关系，可以更加全面地反映一国在全球贸易网络中的整体情况。其次，近年来，全球跨境资本流动呈现双向流动的趋势越来越明显，不同类型的跨境资本流动方向等也越来越复杂。最后，本书基于金融开放背景，研究贸易网络中心性对不同类型不同流向的跨境资本流动的影响及机制具有重要指导意义。

1. 贸易网络中心性对跨国直接投资的影响研究

随着经济全球化的不断推进，世界各国之间的国际合作日益加深，世界贸易网络的连接密集度也进一步扩大，各国都在不断地发展自己的贸易网络获取收益，与此同时，各国利用外资和对外直接投资的数量都出现了大量增长。本节对贸易网络中心性与直接投资的关系的相关文献进行整理分析。

（1）贸易与跨国直接投资的关系。贸易与跨国直接投资的关系十分密切，现有文献对贸易影响跨国直接投资的观点总体分为以下三类：

第一，贸易与跨国直接投资存在替代关系。早期贸易与跨国直接投资研究中的对象大部分是发达经济体，结果表明一国对其他国家进出口贸易的增加会导致对其他国家的跨国直接投资减少。Mundell（1957）基于

H-O 模型发现，贸易和投资呈现替代关系的结果。Belderbos 和 Sleuwaegen（1998）利用日本的贸易和直接投资的数据进行实证分析，结果发现日本企业为了逃避高额的关税限制选择在欧洲市场进行直接投资，日本对欧洲的出口贸易被在欧洲市场的直接投资替代。Chu 等（2014）研究结果表明，自愿出口限制等措施促进跨国企业的质量升级，增加跨国企业对外直接投资的可能性。大量的实证文献表明，东道国的关税保护以及贸易壁垒（如歧视性技术）导致母国的外资流入显著增加（Dua and Garg, 2015；Litvin et al. , 2019）。Barry 等（2020）的研究表明，爱尔兰的农业企业在英国正式脱欧前，已对英国进行了一系列的"关税跨越型"对外直接投资。Paul 和 Jadhav（2019）基于中国等 24 个新兴市场国家样本研究发现，以关税和非关税壁垒衡量的贸易成本对这些国家的外资流入具有抑制作用。

第二，贸易与跨国直接投资存在互补关系。早期，小岛清（1987）对边际产业扩展理论深入分析发现，对外直接投资（OFDI）对国际贸易具有显著的促进作用，两者存在互补的关系。Markusen（1983）发现，国际贸易与对外直接投资之间具有互补的作用。Conconi 等（2013）研究认为，跨国企业存在动态的出口策略，为了消除信息不对称，跨国企业在海外市场会更加倾向选择出口后再对外直接投资。赵云辉（2020）运用 fsQCA 方法从组态视角出发，探索影响中国企业的 OFDI 区位选择的核心因素，揭示东道国制度环境因素、东道国经济禀赋等条件共同作用的组态结果。王会艳等（2021）研究表明，中国对外直接投资对共建"一带一路"国家和地区的出口贸易的积极作用有限。

第三，贸易与跨国投资之间的关系不确定，由不同国家之间的具体情况决定替代或互补关系，如东道国贸易市场开放、不同的区域、行业等因素影响替代或互补关系。Patrie（1994）分析发现，贸易与对外直接投资具有互补效应，值得注意的是，成本导向型的对外直接投资与市场导向型相比，成本导向型的对外投资与贸易之间的互补效应更强。Pain 和 Wakelin（1998）研究表明，对外直接投资受到国别类型等影响因素的作用，法国、德国和瑞典的贸易与对外直接投资出现替代关系，但是对日本、美国和英国却出现互补关系。Helpman 等（2004）指出，一国对外直接投资引起本国的资金、技术和人才等要素转移到其他国家，从而带动跨国公司内部的交易以及其对中间品贸易的需求，最终带动母国的对外贸易出口水平的提高。Handley 等（2022）的研究表明，贸易政策不确定性（TPU）已成为经济不确定性研究的重要来源，通过评估和量化贸易政策不确定的影响方法，并构建关于 TPU 的概念框架，分析了贸易政策不确定性在贸易协定中的作用。Jardet 等（2022）分析了贸易政策不确定对不同类型国家的外国直接投资流入的影响，通过推拉框架，发现全球的不确定性对不同国家的外国直接投资流入产生不成比例的影响。

综上所述，现有文献主要集中考察贸易与对外直接投资之间替代或促进关系，但是，却很少考虑世界各国在全球贸易网络中的地位和关系的变化对跨国直接投资影响。随着一国贸易网络的进一步扩张，一国处于全球贸易网络中心位置的国家与边缘国家相比，对全球可贸易商品产出很重要的国家的双边贸易强度更高，意味着对其他国家进出口的中间品贸易更多（Richmond，2019）。与此同时，该国在全球贸易网络中心地位的提升会带来本国最低工资的增加，从而抑制跨国直接投资的流入。因此，本书侧重于从贸易网络中心性的视角考察贸易与跨国直接投资的替代效应。

（2）最低工资与跨国直接投资的关系。近年来，学术界关于最低工资与跨国直接投资关系的相关研究所得结论并不一致，整体而言，最低工资与跨国直接投资的关系呈现两种类型：

第一，一国最低工资上涨对其跨国直接投资流入具有抑制作用。最早 Boddewyn（1983）基于 OLI 理论研究发现，当跨国企业的竞争优势减弱，或者其内部化优势不如外部交易时，跨国企业将选择退出东道国市场谋求母国之外的其他国家进行投资设厂生产。Aaronson 和 Phelan（2019）以发达经济体为研究对象，劳动力成本对跨国企业是否选择对外直接投资具有重要的影响。冯伟等（2015）发现，中国存在劳动力成本阈值，当劳动力成本大于阈值时，外资撤离的风险也相应地增加。尤其值得注意的是劳动密集型的跨国直接投资，最低工资的提升会降低利润，从而减少跨国直接投资的流入（李玉梅，2016；李磊等，2019；郭娟娟等，2019）。此外，王欢欢等（2019）将最低工资作为外部冲击事件，通过实证分析显示，特别是最低工资法律制度的强化对会投资效应产生显著的正向作用。

第二，最低工资的上涨有利于跨国直接投资的发展。杨用斌（2012）根据产出模型分析发现，提高最低工资促进内销型跨国直接投资企业规模的扩大，有利于这些跨国企业的产业结构的升级，从而增加跨国企业的跨国直接投资的数量。王晶晶等（2013）深入分析了我国 FDI 结构性的原因，实证分析发现工资上涨对于服务业 FDI 的流入具有显著的正向作用。Fan 等（2018）表明，最低工资水平的上涨对跨国企业对外直接投资具有明显的促进作用，尤其是在生产率较高的企业中最为突出。

综上所述，随着世界各国普遍存在的最低工资制度不断地完善和强化，为了降低成本，各国企业的跨国直接投资的数量也在不断增加。中国2004 年实施《最低工资规定》后，我国跨国企业频频出现境外投资设厂的事件。例如，2016 年，我国的汽车玻璃制造商福耀集团在美国投资成立新工厂；浙江华建鞋业有限公司在埃塞俄比亚增设新厂。这些跨国企业在外增设新厂的事件为贸易网络中心性提升后导致最低工资上涨，最终对跨国直接投资流入的抑制作用提供了初步证据。

（3）人力资本与跨国直接投资的关系。随着中国劳动力成本快速上涨，导致国内很多企业失去了劳动力的成本优势，在不能及时通过产业升级或者技术创新的背景下，迫使跨国企业去国外市场寻求更有效率的投资。现有文献主要集中在讨论人力资本与跨国直接投资的关系及作用机制研究上，人力资本对跨国直接投资的影响结论并未形成一致定论。Farhad 等（2001）考察外商直接投资与人力资本的互动作用，人力资本的增加对外商直接投资流入具有显著的促进作用，然而，提高外商直接投资也会通过增强外部性的渠道对人力资本产生正向影响。代谦和别朝霞（2006）从人力资本的角度出发，探索 FDI 对产业选择、技术进步以及经济增长的影响。孔群喜等（2019）基于门槛模型和 CH 模型发现，在人力资本吸收能力超过一定的门槛值时，中国 ODI 逆向技术对区域绿色生产率具有促进作用。丁一兵和刘紫薇（2020）以企业跨国并购为背景，研究结果表明，中国人力资本的全球流动对跨国并购企业生产率产生促进作用，并且呈现倒 U 形趋势，强化人力资本的流动有利于中国跨国企业资本"走出去"。

（4）产业结构与跨国直接投资的关系。随着跨国企业在全球范围内快速发展，跨国直接投资的规模不断扩大，现有国内外文献较多关注跨国直接投资对产业结构升级的影响。Padilla 等（2016）研究指出，发展中国家对发达国家进行直接投资，可以促进国内产业结构升级。王丽和张岩（2016）考察 1990~2014 年 OECD 国家样本数据发现，金融发展水平、人力资本、对外直接投资都是促进国内产业结构升级的正向因素。顾雪松等（2016）揭示了产业结构如何影响对外直接投资的出口效应，实证结果表明，母国和东道国之间的产业结构差异的扩大对母国的出口创造效应增强。张明源等（2020）实证分析外商直接投资对转型国家的产业结构升级的差异化影响，结果表明，外商直接投资对产业结构合理化具有正向作用，对产业结构的升级却产生负向作用。曾倩等（2021）实证检验发现，中国逆梯度直接投资和技术进步对国内的产业结构升级存在正向影响。

综上所述，当前文献主要集中考察国际贸易与对外直接投资之间替代或促进关系，但鲜有从世界各国在全球贸易网络中的地位和关系的变化角度考虑对跨国直接投资影响。随着一国贸易网络的进一步扩张，该国在全球贸易网络中心地位的提升会带来本国最低工资的增长、人力资本的提高和产业结构的升级，理论上将会抑制跨国直接投资的流入。因此，本书选择从贸易网络中心性的视角考察贸易与跨国直接投资的替代效应。

2. 贸易网络中心性对国际证券组合投资的影响研究

20 世纪 90 年代后期，随着经济全球化的推进，发达国家和发展中国家的金融市场的开放程度逐渐提升，金融工具的品种多样化，创新水平进一步提高，促使全球的国际证券组合投资的规模扩大，交易活动也更加活跃，国际证券组合投资已成为全球跨境资本流动的重要组成部分（杨海珍等，2020）。本书研究内容与五类文献相关：一是驱动国际证券组合投资的推力和拉力因素；二是贸易与国际证券组合投资的关系研究；三是消费增长协方差与国际证券组合投资的关系；四是国际贸易与国际资产价格的关系；五是国际贸易、国际资产价格与国际证券组合投资的关系。

（1）驱动国际证券组合投资的推力和拉力因素。国际证券组合投资资本流动的剧烈波动引发了学者对国际证券组合投资资本流动驱动因素的研究，在"推力—拉力"框架下（Fernandez and Montiel，1996），推力因素主要指东道国经济体以外的因素，如全球风险、全球流动性、美元利率和外部资产价格等外部因素（Fratzscher，2012；谭小芬等，2018）。拉力因素主要包括东道国国内资产价格、国内基本面、国内利率水平等内部因素（Avi-

at and Coeurdacier，2007；张明、肖立晟，2014）。但是，现有文献对于
"推力"和"拉力"哪种因素更加重要，不同学者得到的文献结论不一致。
Griffin 等（2004）研究发现，全球性因素和不同国家自身的因素对国际股票
投资的资本流动影响具有相同的重要性。杨继梅等（2020）研究表明，金
融开放不仅对跨境资本流动产生正向作用，也会增加跨境资本流动的波动
性风险，而提高金融发展水平可以抑制金融开放带来的跨境资本流动的波
动性风险。方芳等（2021）构建了全球金融不确定性指数，实证发现全球
金融不确定性变化是证券投资流动的主要原因。杨海珍等（2020）深入分
析全球国际证券资金流动的相关性网络特征，结论表明不同国家之间较高
的贸易、金融关联度、相似的经济基本面或政策等均对这些国家之间的国际
证券组合投资流动相关性具有显著的促进作用。王勇和马雨函（2021）选取
2008~2018 年全球 71 个经济体数据，验证提升营商环境对外国证券投资
（FDI）的驱动作用。阙澄宇和孙小玄（2021）基于 2000~2016 年不同国家
的数据为样本研究指出，当资本账户开放水平较高时，金融发展和制度质
量均对国际证券投资流入规模具有正向促进作用。

综上所述，"推力"和"拉力"是影响国际证券组合投资的重要因素，
经济周期处于不同阶段决定了"推力"或"拉力"为主导作用。一般而言，
在全球经济危机发生期间，各国之间的国际证券组合投资资本流动最先受
到全球的外部"推力"因素在发挥主要作用，随后再是国家的内部"拉力"
因素占据核心作用。

（2）贸易与国际证券组合投资的关系。贸易与国际证券组合投资的关
系是国际经济中比较热点的问题，研究两者关系的代表性文献如下：

有些学者针对国际证券投资与新产品国际贸易模型的关系，指出贸易
模式存在不确定性，传统贸易中的比较优势和规模报酬递增都不是一国贸
易模式的决定性因素（Qiu，1999）。通过构建存在流动性约束的贸易模型，
Chaney（2016）表明，企业只有在流动性充足的情况下才能出口。龚金国
和史代敏（2015）运用主成本分析方法构建中国金融自由化指数，结果显
示，中美之间的贸易强度与中美股市联动存在相互依存的关系，且中国金
融自由化对中美股市具有微弱的抑制作用。吕越等（2017）基于 Heckman
两阶段模型，实证分析发现，融资约束与企业增加值贸易的二元边际呈现

异质性的关系。朱民（2019）针对美国对贸易伙伴加征关税会对全球金融市场产生负面冲击。陈雅等（2020）基于 1990～2017 年共建"一带一路"国家（地区）的样本数据发现，一国的国际贸易对该国的股票市场国际一体化存在正向促进效应，该正向效应的主要渠道为金融开放、银行业发展和股市发展。现有文献大部分都是对国际证券组合投资对贸易影响的研究，但是，关于贸易如何影响国际证券投资的文献较少。因此，本书将全球贸易网络的地位和关系纳入贸易与国际证券组合投资的关系研究中具有重要的意义。

（3）消费增长协方差与国际证券组合投资的关系。Lucas（1978）和 Breeden（1980）基于传统的消费资产定价理论，提出人们拥有财富最终目的是消费，因此，资产收益对总消费变化的对冲作用最终会影响资产的风险溢价。然而，Campbell 和 Cochrane（2000）依据资本资产定价模型发现，在均衡条件下，消费风险是影响资产价格的主要因素。宿成建（2016）通过构建模型解释了现金流风险与股票收益定价的关系，实证表明，消费现金流贝塔可以解释不同资产的截面风险溢价差异。现有文献结论表明，不同的消费增长的协方差决定了不同的资产收益的差距，在均衡条件下，消费增长协方差较高的资产，其收益也会较高，投资者为较高的回报而保持该资产，不再为了改变投资组合去改变持有的资产，这是一种基于消费的资产价格跨期均衡机制（李治国、唐国兴，2002）。Richmond（2019）提出了一个基于生产网络的多国模型，实证结果显示，在全球贸易网络中处于中心地位的国家，受到全球共同消费风险的冲击更大，该国的利率和货币风险溢价也更低。

（4）国际贸易与国际资产价格的关系。国际贸易与国际资产价格的关系相关文献表明，国际资产价格受国际贸易、不同国家风险等因素的综合影响，并不是传统的资本资产定价模型（CAPM）的国际扩展。Lewis（2011）研究表明，一国的某项国际资产与世界资产组合的协方差是该国预期收益的决定性因素。Hassan（2013）考虑全球共同风险因素，认为国际资产的风险收益受不同国家的经济规模以及汇率波动风险影响。Ready 等（2017）通过构建国际贸易和货币定价的一般均衡模型发现，与出口资源品国家相比，出口制成品国家具有更低的利率，一国在国际贸易链条中的地位是该国与其他国家利率差异的经济来源，这种国家之间长期存在的利率差异是全球外汇套息交易持续盈利的主因。

（5）国际贸易、国际资产价格与国际证券组合投资的关系。现有文献关于国际贸易、国际资产价格和国际证券组合投资三者之间的关系结论并不一致。随着国际证券组合投资的流入和流出的不断增加，识别国际贸易对国际证券组合投资资本流动的影响及作用机制，有助于防范国际证券资金大幅度流入和流出引发的金融风险。早期 French 和 Poterba（1991）提出证券资产投资的"母国偏好"，国际投资者在面临本国与外国资产选择时，并不会出现国际资本定价模型预测现象，即国际投资者并不会在全球范围内分散化投资，而是主动放弃外国证券，更多地倾向于选择继续持有本国证券。基于国际证券投资"母国偏好"的问题，Benigno 和 Nistico（2012）尝试从实际汇率对冲的角度分析，在风险规避型消费者的国际资产定价组合中，一国贸易的"母国偏好"将导致该国也存在证券投资的"母国偏好"，该国投资选择本国股票资产而不是外国资产的原因是可以规避长期实际汇率风险。但是，Heathcote 和 Perri（2013）从不可交易收入风险的角度，考虑到各国投资者的部分收入（工资）并不能在金融市场中进行交易，因此选择本国资产可以较好地规避该风险。Coeurdacier 和 Rey（2013）基于信息不对称观点，认为一国投资者对本国信息的掌握更完备，对其他外国信息存在认知偏差，因此投资者对本国资产的信息比较优势导致选择本国证券资产的结论。

综上所述，大量学者关注的国际资产定价文献主要考虑外汇风险和其他市场分割等因素。本章通过将国际贸易市场与消费增长协方差、国际资产市场结合起来，考虑这三者的联系对国际资产价格定价的重要影响，本章丰富了国际贸易、国际资产定价和国际证券投资三个方面的研究。中国资本在海外投资过程中，尤其是在调整全球资产配置实践中不仅需要考虑外汇波动风险等传统因素，还需要结合不同国家在全球贸易格局中的地位和变化，判断投资的目标国资产定价是否合理以及可能的补偿损失等。

3. 贸易网络中心性对跨国信贷投资的影响研究

提高全球金融一体化程度有利于全球银行体系的发展，跨国银行作为各国金融系统中重要的金融机构，可以通过全球金融一体化分散风险。同时，也会通过这种全球风险分担渠道促使全球金融市场的联系更加密切。Schoenmaker 和 Wagner（2011）指出，跨国银行带来的金融风险在全球金融市场内快速传播，各国的金融风险通过跨国银行的分散渠道促使全球金融市场的联系更加密切。因此，探索贸易网络中心性对跨国信贷投资资本流动的影响因素及机制，有助于在制定合理的宏观审慎政策，实施必要的资本管制措施，避免全球风险对整体金融稳定带来负面影响。

（1）跨国信贷投资资本流动的驱动因素。跨国银行作为全球金融系统中独立特殊的交易主体，具有类似于跨境资本流动的驱动因素，然而跨国银行的资本流动也呈现其独特性。现有文献发现影响跨国银行投资资本流动的因素很多，如宏观层面的因素（贸易、基准利率等）、杠杆率、经济风险、政治风险，以及地理、文化、制度距离等变量都是影响跨国信贷资本流动的重要因素。2008 年金融危机后，各国的信贷增长具有显著的相关关系，全球金融周期现象也更突出，Bruno 和 Shin（2014）认为，全球金融周期现象会带来全球经济进一步深入融合，各国的国际贸易份额和跨国银行债权的增加，促使更多的国家参与全球金融一体化，研究分析美国联邦基金利率对跨国信贷资本流动的影响。类似研究还有 McCauley 等（2015）和 Avdjiev 等（2019）都指出美元汇率对跨国信贷投资资本流动的重要影响。Rey（2016）研究分析跨国银行杠杆率的变化对全球流动性的影响，尤其是受到全球金融周期的影响后，各国跨国银行杠杆率出现一致性的变化。Cerutti 等（2017）分析英国、欧洲地区的银行对全球其他国家的跨国信贷数据发现，全球金融中心国家的经济与金融环境是最为重要的外生驱动因素。换言之，处在全球金融中心的国家相应的经济和金融的变化会直接影响欧洲银行（欧元区银行和英国银行）的跨国信贷投资资本流动。Claessens（2017）强调地理距离、制度距离等变量并非影响欧元区内部银行间大量的资本流动的唯一因素，欧元区国家银行之间的资本流动受到经济、货币和政治一体化的综合影响。

综上所述，跨国信贷投资资本流动作为跨境资本流动中重要的部分，受到诸如宏观层面因素（贸易、基准利率等）、杠杆率变化、经济、政治一体化等多种因素的共同影响。因此，我们将贸易网络中心性纳入分析框架，研究其对跨国信贷资本流动的影响，有助于更加全面地分析一国在全球金融环境中面临的风险，对跨国银行流动性紧缩或扩张作出及时防范。

（2）国际贸易、国家风险与跨国信贷资本流动的关系。从现有文献来看，学者认为国际贸易对跨国信贷资本流动具有显著的影响。Focareli 和 Pozzolo（2005）研究结果表明，一个国家的国际贸易量对跨国银行的进入存在显著的正相关关系，特别是在该国的国际贸易活动迅速增加的时候，跨国银行给本国企业的贸易活动提供大量融资。但是，Seth 和 Mohanty（1998）研究发现，跨国银行的客户分布在不同的国家，因此，跨国银行的客户不仅包括本国客户，还包括很多其他国家的客户，跨国银行追随企业提供融资行为具有一定的限制性。近年来，还有很多文献考虑空间依赖效应，如 Fotopoulos 和 Louri（2011）使用空间计量的方法。研究结果发现跨国银行在目的国资本扩张范围不仅与其经济条件具有重要的联系，还受到邻近国家的跨国银行信贷规模的影响。钟红和刘家琳（2021）基于 32 个新兴市场国家 1999~2008 年的季度数据，研究分析跨国银行资本流入对主权债务违约风险所起的负面作用。

现有文献对国家风险与跨国信贷资本流动的关系并没有一致的结论。Buch 和 Lipponer（2007）认为，国家风险与跨国银行的海外扩张存在显著的相关关系，与此同时，跨国银行在海外扩张还受到目的地国家的市场规模、实际利率水平和货币升贬值幅度等其他因素的影响。Cetorelli 和 Goldberg（2012）考察发现，当一国内拥有全球业务的跨国银行时，该国的跨国银行可以避免本国货币政策在一定程度上的冲击；反之，该国内的跨国银行没有全球业务，其遭受本国货币政策变化的冲击影响更为明显。Claessens（2017）指出发生金融危机前，学术界认为跨国银行对其他国家资本流出的增加带来的风险收益净效应为正向，特别是在金融体系较为发达的国家，这些国家的风险分散效应更为明显。然而，对于新兴市场国家金融体系的相关要素并未达到对应的门槛值，面对外部融资劣势，反而更容易导致金融动荡，即风险收益净效应并不显著。Choi 和 Furceri（2019）研究发现一国股市波动率越高就会减少该国从其他国家的跨境借贷的总量。高杰英（2015）使用 SVAR 模型分析比较了金融危机前后发达经济体跨国信贷和国内信贷的相互冲击的效果，结果表明开放经济体国内银行更容易受到跨国银行借贷的冲击。范小云等（2018，2020）认为，跨国银行通过内部资产负债表调整和影子银行等行为参与全球流动过程，同时通过跨国投行业务进行全球资产配置。

综上所述，现有文献主要对国际贸易如何影响跨国信贷投资资本流动、国家风险与跨国信贷投资资本流动的关系研究较多。鉴于此，本书从各国在全球贸易网络中的地位和关系的角度出发，加入国家经济风险、政治风险和互联网发展水平等调节变量后，深入分析贸易网络中心性对跨国信贷投资资本流动的影响及机制研究。

五、文献评述

从已有文献来看，学者围绕着金融开放、贸易网络中心性、跨境资本流动的相关话题进行了大量研究，研究成果颇丰。但是关于贸易网络中心性影响跨境资本流动的研究较少，需要进一步深入研究。总结上述已有研究，现有文献存在如下几点不足之处：

第一，现有文献对于国际贸易的测算与衡量方式很多，但大部分的贸易指标都是从贸易总额的广度、数量以及质量等角度出发，即传统贸易分析较多的是从双边贸易流量的角度出发，无法反映国与国之间的复杂关系。本书构建贸易网络中心性指标，并使用社会网络分析方法能够较为准确地刻画全球多个国家之间复杂的贸易网络地位和关系。

第二，现有文献更多地基于经验分析的"推拉框架"分析跨境资本流动的驱动因素。近年来，由于全球跨境资本流动呈现双向流动的趋势越来越显著，跨境资本的种类、方向等也越来越复杂，跨境资本流动不仅通过不同国家之间的商品或服务贸易产生，还会通过跨国直接投资、国际证券组合投资和跨国信贷产生。现有文献较多从经验研究出发，缺乏理论分析的视角研究贸易与跨境资本流动的关系，从而无法从根本上去探讨贸易是否能够影响跨境资本流动。所以基于金融开放背景，以贸易网络中心性的视角切入，对全球不同类型跨境资本流动的作用机制进行研究，对全面理解贸易与跨境资本流动的关系显得十分必要。

第三，现有文献研究思路局限于对金融开放、贸易网络中心性和跨境资本流动某个单一主体的研究，基于一个完整的传导链条或结合多个核心问题分析的理论与实证研究较少。根据现有学者的研究方法，现有较多文献基于经验分析或实证分析的方法研究上述三个问题之间的联系，忽视基于理论分析贸易网络中心性影响跨境资本流动的内在传导机制的探讨，就研究视角而言，学者较多关注全球或某个国家的单一研究视角，缺乏从空间和时间两个维度深入探讨贸易网络中心性是否影响不同类型的跨境资本流动。

本书在充分借鉴现有文献的基础上，将理论与经验分析相结合、规范与实证分析相联系，从金融开放背景出发，提出一个基于生产的贸易网络多国模型，理论推导出贸易网络中心性对不同类型跨境资本流动的影响及作用机制，并基于全球 131 个国家（地区）1990~2019 年的贸易数据，通过构建贸易网络中心性测度指标，使用构建的贸易网络中心性指标对跨国直接投资、国际证券组合投资和跨国信贷的资本流动进行计量检验，得出了一系列稳健结论，丰富了跨境资本流动领域的相关研究。

第四节　贸易网络中心性与跨境资本流动的理论基础

一、贸易网络中心性的理论基础

1. 国际贸易理论

彭徽（2012）指出，国际贸易理论主要包括以下四个阶段：古典贸易理论、新古典贸易理论、新贸易理论和新新贸易理论。古典贸易理论中具有代表性的理论为绝对优势理论，该理论分析了国际分工与自由贸易的关系。新国际贸易理论也只是解释了国际贸易产生的原因，论述具体的贸易量的文献较少。第二次世界大战后，大量文献开始将研究方向偏向于国际贸易量的决定模式。Tinbergen（1962）和 Pöyhönen（1963）将引力模型应用于国际贸易量的分析中，运用物理学中的万有引力模型发现，一国与其他国家之间的贸易量受到经济规模的正向影响，国家之间的地理距离的负向影响。但是，引力模型由于缺乏相应的经济理论基础，无法预测两国之间潜在的贸易量。20世纪初，随着国际贸易和分工的进一步加深，进出口企业在国际贸易中具有极其重要的作用（柴忠东和施慧家，2008）。Help-man（2006）实证分析发现，出口企业与非出口企业之间存在显著的生产率异质性等相关结论。随着贸易实践的发展，国际贸易理论也在不断演进，不同时代的国际贸易理论都能很好地解释当时的贸易现象和特点。因此，很多的学者从不同的角度分析国际贸易的经济理论，至今没有形成一致结论。

2. 社会网络中心性理论

"中心性"衡量了网络中每个节点的结构影响力，相较于边缘位置，处于中心性位置的节点具有更大的影响力，中心位置的节点控制网络中的信息流动的能力，从而影响其他节点在网络中的交易行为。节点处在社会网络的中心位置的情况下，不仅说明该节点在整体网络中的地位，也反映了处在中心位置的节点快速获取信息的能力。早期，Freeman（1979）在社会网络分析的基础上，指出节点中心性主要包括度数中心度、中间中心度和接近中心度。但是，点强度和节点差异性也反映了社会网络分析的中心性指标特征（陈银飞，2011；邓光耀，2019）。因此，本书以国家为节点，以国家之间的双边贸易为边，构建世界贸易网络，并使用社会网络分析法中常用的网络中心性、网络联系强度和网络异质性等几个指标衡量各个国家在世界贸易网络中的地位。

二、跨境资本流动的理论基础

近年来，大量的学者对跨境资本流动的原因进行了系统研究，尤其是从不同的视角分析不同国家（地区）之间产生跨境资本流动的作用机制，为各国中央银行制定外资流动监管措施提供了重要的政策参考。早期文献更多地关注跨境资本流动的动因分析，因此，本节内容对跨境资本流动动因方面的相关理论进行归纳和总结，为理解和把握贸易网络中心性对跨境资本流动的作用机制奠定理论基础。

1. 传统利率和汇率决定理论

早期文献对于跨境资本流动的影响因素问题的认知较为简单，大部分研究发现跨境资本流动的动因是单一因素，主要驱动因素为利率。李嘉图

（2013）研究表明，跨境资本流动的动因是比较优势，在一国拥有比较优势资本的情况下，资本才能实现不同国家之间的流动。随着研究的发展，越来越多的文献表明，利率并不是唯一影响跨境资本流动因素，汇率也是跨境资本流动的重要影响因素之一。Keynes（1933）将利率、汇率与跨境资本流动联系在一个框架下，研究发现，短期利率之差对远期汇率具有决定性作用，远期汇率在均衡利率上下波动，但是，无论远期汇率如何变动，套期保值和套利都会引起跨境资本流动。Fleming（1962）研究表明，在固定汇率制度下，跨境资本流动受到浮动汇率制度的利率影响。

综上所述，传统的利率和汇率决定理论存在局限性，该理论强调跨境资本流动受到单一的利率因素、汇率因素或两大因素的联动影响。尽管跨境资本流动的动因并非完全取决于利率和汇率，当时的研究视角具有一定局限性，但是这些理论成果也为实证检验奠定了理论基础。

2. 跨境资本流动的"推—拉"框架

现有文献主要基于"推—拉"框架的视角，研究跨境资本流动的驱动因素。早期，Fernandez-Arias（1996）研究跨境资本流动的驱动因素发现，国家层面的"拉动因素"和外部层面的"推动因素"构成了主要框架。其中，框架结构中的拉动因素主要指跨境资本流动需求方面的因素，如不同国家的国内利率水平、资产价格、经济基本面、政策变量等因素；推动因素表示跨境资本流动供给面的因素，如美元利率、外部资产价格、外部经济基本面、全球流动性、全球风险等因素（Montiel and Reinhart，2001；张明、肖立晟，2014）。但是在"推—拉"框架的推力因素和拉力因素的重要性比较方面，现有文献得出的结论并不统一。Chuhan 等（1998）的研究表明，美国利率水平和经济周期对于跨境资本流动具有更重要的影响。Griffin等（2004）研究发现，跨境资本流动的影响因素中全球性因素和国别性因素具有相同的重要性。Forbes 和 Warnock（2012）指出，与拉动因素相比，推动因素对跨境资本流动的影响程度更高。Broner 等（2013）以不同时期的跨境资本流动研究不同时期的推动因素和拉动因素发现，危机期间驱动跨境资本流动的主要是推动因素，危机过后全球性因素减弱，不同国家的拉动因素成为影响跨境资本流动的主要动因。Nier 等（2007）研究表明，在全球风险偏好较低时，国家层面的拉动因素为驱动跨境资本流动的主要因素。在全球风险偏好较高时，外部的推动因素成为驱动因素。

综上所述，现有文献对于影响跨境资本流动的驱动因素主要采取"推—拉"框架。但是，Koepke（2019）指出，"推—拉"框架主要来自实证研究的总结，其背后并没有明确的经济学理论支撑，新兴市场国家的跨境资本流动更容易受到外部因素影响。

<h2 style="text-align:center">第五节　研究内容与框架</h2>

一、研究内容

本书深入分析了金融开放背景下贸易网络中心性对跨境资本流动的影响及作用机制。具体地，首先，构建一个基于生产的贸易网络多国模型，理论上分析贸易网络中心性与跨境资本流动的关系。其次，通过实证检验全球 131 个国家（地区）1990~2019 年的贸易数据显示，使用构建的贸易网络中心性指标分别对总量跨境资本流动、跨国直接投资、国际证券组合投资和跨国信贷投资进行计量检验，得出了一系列稳健结论。最后，根据上述理论和实证分析，基于金融开放视角，我国如何维系并拓展已有的贸易网络关系，并对防范跨境资本流动的不利影响提出了相应的政策建议，以实现更高层次的开放型经济。

二、研究框架

本书基于金融开放背景下，分析贸易网络中心性对不同类型跨境资本流动的影响研究。根据上述研究内容和研究方法，本书的研究框架结构如图 1-1 所示。

理论上，全球贸易实现"零引力"的状态形式是世界所有不同经济体之间没有关税和非关税壁垒的形式，但是这种形式在现有的贸易体系内无法实现（贺平，2012）。当前，全球仍处在贸易网络化时代，贸易网络结构的多样化更有利于减少中间环节，降低交易成本，各国在贸易过程中也在不

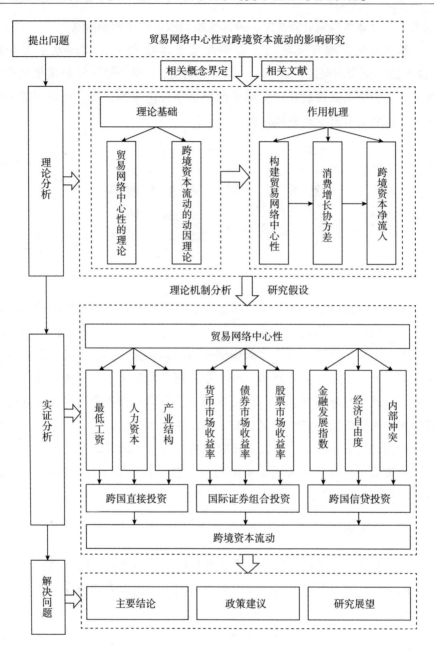

图1-1　本书的研究框架结构

资料来源：笔者根据研究内容自行设计。

停地拓宽销售、采购等中间渠道，促使全球贸易市场呈现多元化的特征。本书结合传统开放宏观经济模型，构建基于生产的贸易网络多国模型，在均衡状态下，各国均受到全球消费增长的冲击影响，处在贸易网络中心位置的国家比边缘国家更容易受到全球消费增长风险的冲击，同时，理论推导出贸易网络中心性与跨境资本净流入呈现负相关关系。

在实证分析上，一是贸易网络中心性地位的提升可以通过最低工资、人力资本和产业结构对跨国直接投资流动产生间接影响，具体地，一国贸易网络中心性地位的提升可能会引起该国最低工资的上涨、人力资本成本的增加和产业结构调整，最低工资的上涨和人力资本成本的增加会直接导致劳动力成本增加，产业结构调整会增加贸易网络中心国家的贸易壁垒，迫使这些国家的跨国企业在国际市场寻求更低的生产成本国家设厂，采取制造业外包、生产性服务业外包等形式，最终对跨国直接投资净流入产生抑制作用。二是贸易网络中心性地位的提升可以通过各国货币市场收益率、债券市场收益率和股票市场收益率对国际证券组合投资流入产生间接影响。具体地，一国贸易网络中心性地位的提升会带来该国金融市场的完善和成熟，从而引起该国货币市场收益率、债券市场收益率和股票市场收益率的减少，国际投资者在贸易网络中心的国家可套汇套利的空间减少，最终导致国际资本流动会从贸易网络中心的国家流出到边缘国家追求资本的高收益。三是一国处在贸易网络中心性地位也意味着该国同时也是国际金融中心或者结算中心，其金融发展指数水平、经济自由度也更高，一国受到内部冲击风险、经济风险和政治风险等国家风险更小，从而减少跨国信贷投资流出。

第六节 研究思路与方法

一、研究思路

本书的研究思路确定为"提出问题—理论分析—实证分析—政策建

议"，深入研究贸易网络中心性影响不同类型的跨境资本流动。因此，本书将从以下几个方面展开研究，具体见本书的研究框架部分（见图1-1）。

1. 提出问题

基于金融开放视角下，贸易网络中心对不同类型的跨境资本流动（跨国直接投资、国际证券组合投资和跨国信贷投资）有什么不同的影响以及作用机制？

2. 理论分析

结合贸易网络中心性和跨境资本流动的理论基础，构建一个基于生产的贸易网络多国模型，在均衡状态下，处在贸易网络中心位置的国家更容易受到全球消费风险的冲击，理论推导出贸易网络中心性对跨境资本净流入产生负向作用，并根据贸易网络中心性影响跨境资本流动的理论框架解释提出相应的假设。

3. 实证分析

本书将核心实证分为四部分，从整体到特殊进行详细剖析：第一，贸易网络中心性影响总量跨境资本流动的实证分析；第二，贸易网络中心性对跨国直接投资的影响及作用机制；第三，贸易网络中心性影响国际证券组合投资的实证分析；第四，贸易网络中心性与跨国信贷投资资本流动的关系进行实证分析。以上实证检验为后文的政策建议提供依据。

4. 解决问题

结合上述理论和实证研究，本部分基于金融开放背景下，一国如何维系并拓展已有的贸易网络关系，并对防范跨境资本流动的不利影响提出相应的政策建议，以实现更高层次的开放型经济。

二、研究方法

本书基于国际贸易学、国际金融学、计量经济学的相关理论，运用理论分析和实证分析相结合，研究贸易网络中心性对不同类型跨境资本流动的影响，具体的研究方法为：

1. 文献研究法

通过梳理现有文献，评述文献的共同点和不同点，得出相关研究的发展脉络及研究重点，并整理和归纳贸易网络中心性和跨境资本流动动因的

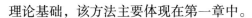

理论基础，该方法主要体现在第一章中。

2. 理论模型分析

在理论分析方面，构建一个基于生产的贸易网络多国模型，理论分析贸易网络中心性影响跨境资本流动，并根据贸易网络中心性影响跨境资本流动的理论框架解释提出相应的假设，主要体现在第二章中。

3. 实证分析法

本书使用 OLS 估计、固定效应面板效应、动态面板模型、工具变量等不同的计量方法，实证检验基于金融开放背景下，贸易网络中心性影响不同类型的跨境资本流动（包括跨国直接投资、国际证券组合投资和跨国信贷），分别体现在第三章至第六章的实证分析中，进一步验证理论模型及研究假设的结论。

4. 大数据处理框架下的可视化分析技术及社会网络分析相结合的方法

本书运用社会网络的分析方法，测度全球贸易网络的中心性的相关特征指标，对不同维度、不同年份等国际贸易网络发展特性进行比较，并使用相应的计量软件进行可视化展示，结合社会网络的分析理念对贸易网络的结构形成和发展机理进行综合分析，从而使网络分析技术与国际贸易研究之间形成有效的对接。

第七节 创新点与不足

一、本书创新之处

本书在金融开放背景下讨论了贸易网络中心性对跨境资本流动的影响研究，总体来说，本书的创新之处主要表现在以下几个方面：

1. 基于贸易网络中心性对跨境资本流动影响的新视角

一方面，现有文献对贸易的测算方式较多，但传统贸易分析较多的是从双边贸易流量的角度出发，无法反映国与国之间的复杂关系，本书基于社会网络分析法构建贸易网络中心性指标，可以更好地刻画各国在全球贸易网络中的地位与关系；另一方面，现有文献关于跨境资本流动的研究，较多从总量跨境资本流动层面的角度进行研究，本书不仅基于国际收支平衡表中跨境资本流动涉及的项目类别，将跨境资本流动细分为跨国直接投资、国际证券组合投资和跨国信贷三种不同类型、不同方向进行考察，还提出一个全新的视角，将贸易网络中心性引入跨境资本流动的分析框架中，在研究视角上具有一定的创新。

2. 提出了一个基于生产的多国贸易网络理论模型

现有文献较多地采用经验分析或实证分析的方法研究贸易网络中心性和跨境资本流动某个单一主体的研究，忽视基于理论分析贸易网络中心性影响跨境资本流动的内在传导机制的探讨。本书结合传统文献中影响跨境资本流动相关因素的理论基础，构建一个基于生产的贸易网络多国模型，在均衡状态下，从理论上证实了处在贸易网络中心位置的国家更容易受到全球消费风险的冲击，并推导出贸易网络中心性与跨境资本净流入呈现负相关关系，并根据贸易网络中心性影响跨境资本流动的理论框架解释提出相应的假设。

3. 发现了贸易网络中心性对不同类型跨境资本流动的不同影响与作用机制

基于金融开放背景下，从整体到特殊，实证检验贸易网络中心性对不同类型跨境资本流动的影响，并得出了一些新的结论。总体上看，处在贸易网络中心位置的国家，更容易受到全球消费风险冲击；同时，贸易网络中心性对总量跨境资本净流入存在负向作用；分不同类型的跨境资本流动来看。首先，贸易网络中心性通过提高最低工资、拓宽人力资本和优化国内产业结构等渠道，实现对跨国直接投资净流入的负向影响；其次，处在贸易网络中心位置的国家在货币市场、债券市场和股票市场具有更低的收益率，最终导致国际证券组合投资净流入的减少；最后，处在贸易网络中心位置的国家也是国际金融中心和结算中心，其金融发展指数水平、经济自由度也更高，受到内部冲击的风险也更小，从而减少该国跨国信贷投资流出。

二、本书不足之处

1. 贸易网络中心性指标的构建及影响机制研究仍有待加强

世界各国之间的国际贸易涉及经济、政治、文化、心理等诸多学科，不能简单地进行模型量化分析。在数据和资料处理方面，由于各国的贸易额相关的统计口径和标准不一致，引起各国进出口贸易数据有所差异，导致构建各国贸易网络中心性指标存在一定程度的偏差。在未来也可以考虑从贸易网络中心性动态化的视角进行相应的拓展。

2. 由于数据的可得性，本书相关的实证结果还不够深入

由于各国跨境资本流动的数据仅采集了年度数据，缺乏日度、月度和季度数据的检验。本书在全球金融开放视角下，只获得 131 个国家（地区）的数据，虽然这些国家（地区）的数据已经具有很好的代表性，但是往后的研究中仍可以进一步加强。最后，本书分析贸易网络中心性对跨境资本流动的传导机制还比较浅显，尚未形成统一的数理分析框架，在后续研究中需要加强机制分析的严谨性。

第二章　贸易网络中心性影响跨境资本流动的理论分析

本章基于主体研究框架，在第一章梳理现有文献以及相关理论的基础上，分析贸易网络中心性影响跨境资本流动的作用机理，并根据全球贸易网络中心性与跨境资本流动的关系提出对应的理论假设。首先，构建一个基于生产的贸易网络多国模型；其次，分析贸易网络中心性与消费增长协方差的关系；再次，推导出贸易网络中心性与跨境资本流动的关系；最后，针对不同类型的跨境资本流动（跨国直接投资、国际证券组合投资和跨国信贷）构建理论框架解释模型，并提出相应的假设。本章的理论分析有助于深入分析贸易网络中心性与跨境资本流动之间的逻辑关系，为后文的实证分析和政策建议提供相应的理论支撑。

第一节　模型基本框架

在本节中，基于一个生产的贸易网络多国模型，借鉴现有文献关于最优化问题的求解方法（Bergin et al.，2000；Korinek，2011；Baqaee et al.，2021），利用贸易网络模型，从理论上深入分析贸易网络中心性对不同类型跨境资本流动的影响及作用机理。

一、基本假设

假设开放经济体由 $i=1,\cdots,N$ 个国家共同组成，每个国家都有一个世代重叠的代表性家庭部门，一个只生产可贸易品（tradables）的生产部门，另一个只生产不可贸易品（nontradables）的生产部门。其中本国的可贸易品可在国际市场自由贸易，被其他国家的国际投资者用作投资生产其他可贸易品和消费的中间商品，不可贸易品供国内代表性家庭部门用于国内的消费。各国的资本可以自由流动，但是劳动力不能国际流动。

设定三个时间段，$t = 0$，1，2。$t = 0$ 时刻是开放经济体的社会计划期，$t = 1$，$t = 2$ 时刻，每个国家都受到一对 Z_{it} 和 Y_{it} 的冲击，每个国家代表性居民或投资者都被赋予 1 个单位的劳动力提供给各自的国内两个生产部门。不同时间段的生产冲击分布对数如下。

$$z_{i1} = \log(Z_{i1}) = 0 \tag{2.1}$$

$$y_{i1} = \log(Y_{i1}) = 0 \tag{2.2}$$

$$z_{i2} = \log(Z_{i2}) \sim F_{Zi} \tag{2.3}$$

$$y_{i2} = \log(Y_{i2}) \sim F_{yi} \tag{2.4}$$

其中，Z_{i1} 是每个国家两个生产部门共同的外生冲击，Y_{i2} 是对非贸易品部门特殊的冲击，反映了非贸易生产部门相对于贸易品特殊的冲击。首先，假设在不同国家之间（$i \neq j$），对非贸易品部门产出的冲击是不相关的，即 $\mathrm{corr}(y_{i2}, y_{j2}) = 0$；其次，不同的外部冲击在一个国家内也是不相关的，即 $\mathrm{corr}(z_{i2}, y_{i2}) = 0$；最后，各国生产部门的同一种外部冲击方差都是相同的，即 $\mathrm{Var}(z_{i2}) = \sigma_z^2$，$\mathrm{Var}(y_{i2}) = \sigma_y^2$。因此，上述假设限定了不同国家异质性的来源，模型中各国生产部门出现的任何异质性都是有不同的其他原因，并不是由假设的不同方差引起的。

二、基于生产的贸易网络多国模型构建

为了简化模型，参考 Negishi（1960）的研究结论，每个国家代表性家庭在对不同的商品进行消费的过程中都有一系列帕累托最优。本书假定每个国家代表性家庭的消费偏好可分，商品不可储存，各国代表性家庭通过消费不同生产部门的可贸易品和不可贸易品，最终获得最大化跨期投资效用决策：

$$\max_{\{C_{ijt},\, X_{ijt}\}_{i,j=1,\cdots,N}} \sum_{i=1}^{N} \left(U(\overline{C}_{i1}) + \beta E[U(\overline{C}_{i2})] \right)$$

$$\{L_{it}^N, \ L_{it}^T\}_{i,j=1,\cdots,N} \tag{2.5}$$

其中，$U(\overline{C}_{i1})$，$U(\overline{C}_{i2})$ 分别为 $t=1$ 期和 $t=2$ 期代表性消费者当前（第 1 期）和未来（第 2 期）的效用函数，在本章接下来的应用中，我们只关注特殊情况 $U(\overline{C}_{i1}) = \log(\overline{C}_{i1})$ 以便获得分析解；$\beta \in (0, 1)$ 代表主观折现因子或时间偏好因素，$E[U(\overline{C}_{i2})]$ 为 i 国家代表性家庭 $t=2$ 期的预期效用，C_{ijt} 代表在 t 时期 i 国的代表性家庭从 j 国进口可贸易品作为国内的消费品数量，X_{ijt} 是 t 时期 i 国的代表性家庭从 j 国进口可贸易品作为本国的中间品数量，L_{it}^T 和 L_{it}^N 分别是 t 时期 i 国的代表性家庭提供给国内的贸易品和非贸易品生产部门的劳动力。

式（2.5）代表性家庭面临的预算约束为：

$$\overline{C}_{it} = ((Z_{it})^k (L_{it}^N)^k (Y_{it})^{1-k})^\theta \Pi_{j=1}^N ((C_{ijt})^{\frac{1}{N}})^{1-\theta} \tag{2.6}$$

式（2.6）中，$\overline{C}_{it}$ 是 t 时期 i 国的代表性家庭消费本国和其他国家的贸易品和非贸易品总量，令 $N_{it} = (Z_{it})^k (L_{it}^N)^k (Y_{it})^{1-k}$ 表示 t 时期 i 国家的非贸易品总量，即 i 国家利用本国资源在 $t=1$，2 时期的非贸易品生产部门的产量。L_{it}^N 是 t 时期 i 国家国际投资者提供给非贸易生产部门的劳动力。$k \in (0, 1]$ 是两种冲击之间的加权参数，当 $k<1$ 时，表示不可贸易品的数量取决于两种冲击 Z_{it} 和 Y_{it} 的共同作用；当 $k=1$ 时，不可贸易品的数量仅是冲击 Z_{it} 的函数，Z_{it} 冲击与式（2.7）中影响可贸易品产出部门的冲击相同。

C_{ijt} 表示 t 时期 i 国家对 j 国家可贸易品作为最终消费品的数量；参数 $\theta \in (0, 1)$ 衡量了非贸易和贸易品的偏好权重，为了强调贸易网络中心性是国家异质性的主要来源，所有国家的国际投资者都有对称的偏好，即每个国家的可贸易商品 C_{ijt} 都有相同的权重为 $\dfrac{1-\theta}{N}$。

$$\overline{X}_{it} = (Z_{it})^\alpha (L_{it}^T)^\alpha \Pi_{j=1}^N (X_{ijt})^{(1-\alpha)\omega_{ij}} = \sum_{j=1}^N X_{jit} + \sum_{j=1}^N C_{jit} \tag{2.7}$$

令式（2.7）左边 $\overline{X}_{it} = (Z_{it})^\alpha (L_{it}^T)^\alpha \Pi_{j=1}^N (X_{ijt})^{(1-\alpha)\omega_{ij}}$，整体为 $t=1$，2 时期 i 国家在国内生产部门生产的可贸易商品数量，Z_{it} 与上式（2.6）中冲击相同，L_{it}^T 是提供给生产贸易品部门的劳动力，参数 $\alpha \in (0, 1)$ 衡量了可贸易品产出对劳动力的弹性，X_{ijt} 是 t 时期 i 国家利用 j 国家可贸易品作为中间品投入，进而在 i 国家国内生产部门生产其独特的可贸易品商品。这里每个国家的可贸易品部门的生产网络结构是由 i 国与 j 国的生产权重 ω_{ij} 决定的，$\omega_{ij} > 0$ 代表不同国家的生产权重是国家不对称的一个关键来源，ω_{ij} 越大，意味着生产一单位国家 i 的可贸易商品需要更多国家 j 的可贸易商品作为投入。

$$1 = L_{it}^{N} + L_{it}^{T} \tag{2.8}$$

式（2.8）中，L_{it}^{N} 表示提供给非贸易品部门的劳动力，L_{it}^{T} 表示提供给贸易品部门的劳动力，L_{it}^{N} 和 L_{it}^{T} 的加总为每个国家的国际投资者提供给非贸易品和贸易品生产部门的总劳动力必须等于每个国家的国际投资者的初始值1。

因此，我们假设 $\sum_{j=1}^{N} \omega_{ij} = 1$ 表示所有 i 国家的可贸易品产出具有规模报酬不变的特征。式（2.7）的右边表示第 i 国的贸易品的产出必须等于其他 j 国在贸易品生产中使用 i 国的可贸易品作为中间品和消费的总量，即 X_{jit} 表示 j 国利用 i 国的可贸易品作为中间品去生产可贸易品的数量，C_{jit} 表示 j 国利用 i 国的可贸易品作为最终消费品的数量。

第二节　均衡求解

一、求解均衡产出的贸易网络

根据上述模型及假定，求解方程（2.5）的最大化。我们需要对式（2.6）中每个国家生产部门的资源约束分配拉格朗日乘数 ψ_{it}，对式（2.8）的劳动力市场约束分配拉格朗日乘数 H_{it}，构建各国消费者的跨期效用拉格朗日函数：

$$H(C_{ijt}, X_{ijt}) = \sum_{i}^{N} \left(\log(\overline{C}_{it}) + \beta E[\log(\overline{C}_{it})] \right) + \psi_{it} \Big[((Z_{it})^{\alpha} (L_{it}^{T})^{\alpha} \Pi_{j=1}^{N}$$
$$(X_{ijt})^{(1-\alpha)\omega_{ij}} - \Big(\sum_{j=1}^{N} X_{jit} + \sum_{j=1}^{N} C_{jit} \Big) + H_{it} [1 - (L_{it}^{N} + L_{it}^{T})] \tag{2.9}$$

式（2.9）考虑关于 C_{ijt} 的一阶条件，可得：

$$\frac{\partial H}{\partial C_{jit}} = \frac{1}{\overline{C}_{jt}} \times \overline{C}'_{jt} - \psi_{it} = 0 \Rightarrow \frac{1}{((Z_{jt})^{k}(L_{jt}^{N})^{k}(Y_{jt})^{1-k})^{\theta} \Pi_{i=1}^{N}((C_{jit})^{\frac{1}{N}})^{1-\theta}} \times$$

$$\frac{1-\theta}{N}((Z_{jt})^k(L_{jt}^N)^k(Y_{jt})^{1-k})^\theta[\Pi_{i=1}^N(C_{jit})^{\frac{1-\theta}{N}-1}]-\psi_{it}=0 \Rightarrow C_{jit}=\frac{1-\theta}{N\psi_{it}}$$

(2.10)

将式（2.9）代入式（2.6），关于 X_{jit} 的一阶条件为：

$$X_{jit}=\frac{\psi_{jt}\overline{X}_{jt}(1-\alpha)\omega_{ji}}{\psi_{it}}$$

(2.11)

式（2.11）变换可得生产权重 ω_{ji} 与各国的支出份额的关系：

$$X_{jit}=\frac{\psi_{jt}\overline{X}_{jt}(1-\alpha)\omega_{ji}}{\psi_{it}}\Rightarrow\frac{\psi_{it}X_{jit}}{\psi_{jt}\overline{X}_{jt}}=(1-\alpha)\omega_{ji}$$

(2.12)

式(2.12)显示国家 j 利用 i 国家可贸易商品作为中间品生产的可贸易品生产支出，以 j 国的产值为标准，与生产权重 ω_{ji} 成正比。

将式（2.10）和式（2.11）代入 i 国家的可贸易商品资源约束式（2.7）可得：

$$\overline{X}_{it}=\sum_{j=1}^N X_{jit}+\sum_{j=1}^N C_{jit}=\sum_{j=1}^N\frac{\psi_{jt}\overline{X}_{jt}(1-\alpha)\omega_{ji}}{\psi_{it}}+\sum_{j=1}^N\frac{1-\theta}{N\psi_{it}}$$

(2.13)

式（2.13）中定义 $\Gamma_{it}=\psi_{it}\overline{X}_{it}$，将式(2.10)左右两边同时乘以 ψ_{it}，并令 $\sum_{j=1}^N\frac{1}{N}=1$ 为 1 的向量，可得：

$$\Gamma_{it}=(1-\alpha)(\sum_{j=1}^N\Gamma_{jt}\omega_{ji})+(1-\theta)1$$

(2.14)

式（2.14）叠加成向量，令 $\Gamma_t=[\Gamma_{1t},\cdots,\Gamma_{Nt}]'$，$I$ 为适当维数的单位矩阵，求解可知：

$$\Gamma_t=(1-\alpha)W'_t\Gamma_t+(1-\theta)1\Rightarrow(I-(1-\alpha)W'_t)\Gamma_t=(1-\theta)1$$

$$\Rightarrow\Gamma_t=(I-(1-\alpha)W')^{-1}((1-\theta)1)$$

(2.15)

式（2.15）表明，Γ_t 是一个随时间不变的参数模型，因此省去下标 t，定义 $\Gamma_t=\Gamma$。将式(2.10)分别求关于 L_{ij}^N 和 L_{ij}^T 的一阶条件为：

$$L_{it}^N=\frac{k\theta}{H_{it}}$$

(2.16)

$$L_{it}^T=\frac{\psi_{it}\overline{X}_{it}\alpha}{H_{it}}=\frac{\Gamma_{it}\alpha}{H_{it}}$$

(2.17)

将式（2.16）和式（2.17）代入劳动力市场约束函数（2.8）可知：

$$1 = L_{it}^N + L_{it}^T = \frac{k\theta}{H_{it}} + \frac{\Gamma_{it}\alpha}{H_{it}} \Rightarrow H_{it} = k\theta + \Gamma_{it}\alpha \qquad (2.18)$$

可贸易品的生产函数式（2.14）中新定义的 Γ_{it}，式（2.17）和式（2.18）结合可得 $L_{it}^T = \frac{\Gamma_{it}\alpha}{k\theta + \Gamma_{it}\alpha}$，式（2.12）中 X_{jt} 变换成 X_{ijt} 同时代入 Γ_{it} 可知 $X_{jit} = \frac{\Gamma_i(1-\alpha)\omega_{ij}}{\Gamma_j}\overline{X}_{jt}$，定义常数 $a_i = \log\left(\frac{\Gamma_{it}\alpha}{k\theta + \Gamma_{it}\alpha}\right) + (1-\alpha)\sum_{j=1}^N \omega_{ij}\log\left(\frac{\Gamma_i(1-\alpha)\omega_{ij}}{\Gamma_j}\right)$ 得到如下表达式：

$$
\begin{aligned}
\log(\overline{X}_{it}) &= \log\left((Z_{it})^\alpha (L_{it}^T)^\alpha \Pi_{j=1}^N (X_{ijt})^{(1-\alpha)\omega_{ij}}\right)\\
&= \alpha\log Z_{it} + \alpha\log L_{it}^T + (1-\alpha)\sum_{j=1}^N \omega_{ij}\log(X_{ijt})\\
&= \alpha\log Z_{it} + \log\left(\frac{\Gamma_{it}\alpha}{k\theta + \Gamma_{it}\alpha}\right) + (1-\alpha)\sum_{j=1}^N \omega_{ij}\log\left(\frac{\Gamma_i(1-\alpha)\omega_{ij}}{\Gamma_j}\overline{X}_{jt}\right)\\
&= \alpha\log Z_{it} + \alpha_i + \pi(1-\alpha)\sum_{j=1}^N \omega_{ij}\log\overline{X}_{jt} \qquad (2.19)
\end{aligned}
$$

将式（2.19）叠加成向量处理为：

$$\overline{x}_t = \alpha z_t + a + (1-\alpha)W\overline{x}_t \Rightarrow (I - (1-\alpha)W)\overline{x}_t = \alpha z_t + a$$
$$\Rightarrow \overline{x}_t = (I - (1-\alpha)W)^{-1}(\alpha z_t + a) \qquad (2.20)$$

式（2.20）中的 $\overline{x}_t = [\log(\overline{X}_{it}), \cdots, \log(\overline{X}_{Nt})]'$，$\overline{z}_t = [\log(\overline{Z}_{it}), \cdots, \log(\overline{Z}_{Nt})]'$ 和 $a = [a_1, \cdots, a_n]'$ 的向量形式，$W = [\omega_{ij}]$ 是生产权重的矩阵，式（2.20）可根据泰勒展开式变为：

$$
\begin{aligned}
\overline{x}_t &= (I - (1-\alpha)W)^{-1}(\alpha z_t + a)\\
&= (I + (1-\alpha)W + (1-\alpha)^2 W^2 + (1-\alpha)^3 W^3 + \cdots)(\alpha z_t + a) \qquad (2.21)
\end{aligned}
$$

式（2.21）表明，贸易品产出是由于各国生产部门的相互依赖性而产生冲击传播的结果，这里冲击传播的方式主要通过各国生产部门的权重矩阵 W 决定，均衡产出是贸易网络结构直接和间接影响的结果。当 i 国家的产出受到外部冲击 z_t 时，i 国的可贸易品产出会影响到所有其他 j 国家依赖该国产品作为中间品国家的产出，进而其他 j 国家的可贸易品产出的变动反过来又会影响 i 国贸易品产出，Horvath（2000）和 Acemoglu 等（2012）也得出类似结论。

二、求解均衡消费总量

在此基础上，进一步对每个国家不同时期的均衡消费总量求解可知，

将新定义的 Γ_{it}，式（2.17）和式（2.18）结合可得 $L_{it}^N = \dfrac{\Gamma_{it}\alpha}{k\theta+\Gamma_{it}\alpha}$，式（2.10）中

C_{jit} 变换成 C_{ijt} 同时代入 Γ_j 可知 $C_{ijt} = \dfrac{1-\theta}{N\Gamma_j}\overline{X}_{jt}$，定义常数 $b_i = \theta k\log\left(\dfrac{k\theta}{k\theta+\Gamma_{it}\alpha}\right) +$

$\dfrac{1-\theta}{N}\log\left(\dfrac{1-\theta}{N\Gamma_j}\right)$，$z_{it}=\log(Z_{it})$，$y_{it}=\log(Y_{it})$，$x_{it}=\log(X_{it})$ 代入式（2.6）得到

如下表达式：

$$
\begin{aligned}
\log\overline{C}_{it} &= \log\left(\left((Z_{it})^k(L_{it}^N)^k(Y_{it})^{1-k}\right)^\theta \Pi_{j=1}^N\left((C_{ijt})^{\frac{1}{N}}\right)^{1-\theta}\right)\\
&= \theta\left(k\log(Z_{it})+k\log(L_{it}^N)+(1-k)\log(Y_{it})\right)+\frac{1-\theta}{N}\sum_{j=1}^N\log(C_{ijt})\\
&= \theta\left(kz_{it}+k\log\left(\frac{\Gamma_{it}\alpha}{k\theta+\Gamma_{it}\alpha}\right)+(1-k)y_{it}\right)+\frac{1-\theta}{N}\sum_{j=1}^N\log\left(\frac{1-\theta}{N\Gamma_j}\overline{X}_{jt}\right)\\
&= \theta\left(kz_{it}+(1-k)y_{it}\right)+b_i+\frac{1-\theta}{N}\sum_{j=1}^N\overline{X}_{jt} \qquad\qquad (2.22)
\end{aligned}
$$

式（2.22）代入式（2.20）$\overline{x}_t$ 的表达式，令 $d_i = b_i+\dfrac{1-\theta}{N}\left((I-(1-\alpha)W)^{-1}a\right)'1$，

因此 d 为一个常数向量，即 $d=[d_i, \cdots, d_N]'$，令 $\overline{c}_t=[\log(\overline{C}_{it}),\cdots,$

$\log(\overline{C}_{Nt})]'$，$\overline{y}_t=[\log(\overline{Y}_{1t}),\cdots,\log(\overline{Y}_{Nt})]'$，$b=[b_1,\cdots,b_N]'$，同时 $z_t=$

$[\log(\overline{Z}_{it}),\cdots,\log(\overline{Z}_{Nt})]'$ 并通过叠加成向量处理为：

$$
\begin{aligned}
\overline{c}_t &= \theta(kz_{it}+(1-k)y_t)+b_i+\frac{1-\theta}{N}\overline{x}'_t 1\\
&= \theta(kz_t+(1-k)y_t)+b+\frac{1-\theta}{N}\left((I-(1-\alpha)W)^{-1}(\alpha z_t+a)\right)'1\\
&= \theta(kz_t+(1-k)y_t)+\frac{1-\theta}{N}\left((I-(1-\alpha)W)^{-1}(\alpha z_t)\right)'1+d\\
&= \theta(kz_t+(1-k)y_t)+\frac{(1-\theta)\alpha}{N}\left(z'_t(I-(1-\alpha)W')^{-1}1\right)+d \qquad (2.23)
\end{aligned}
$$

式（2.23）中 t 时期 i 国家的总投资量取对数，令 $s_j=\left[(I-(1-\alpha)W')^{-1}1\right]_j$，

$F_t=\dfrac{(1-\theta)\alpha}{N}\left(\sum_{j=1}^N s_j z_{jt}\right)$ 可将式（2.23）求解得：

$$
\overline{c}_{it}=\theta(kz_{it}+(1-k)y_{it})+\frac{(1-\theta)\alpha}{N}\left(\sum_{j=1}^N s_j z_{jt}\right)+d_i=\theta(kz_{it}+(1-k)y_{it})+F_t+d_i
$$

$$
(2.24)
$$

由式（2.24）可知，每个国家的投资总量取决于两个因素，一是 $\theta(kz_{it}+(1-k)y_{it})$ 为任意 i 国家的非贸易品产出，二是所有国家面对相同冲击，生产可贸易品产出份额的加权总和。

三、构建贸易网络中心性

根据式（2.24）中 F_t 具体为：

$$F_t = \frac{(1-\theta)\alpha}{N}\left(\sum_{j=1}^{N} s_j z_{jt}\right) \tag{2.25}$$

式（2.25）表示的这一组成部分在各国之间是对称的，可以解释为全球投资增长的共同风险因素（Lustig et al.，2011）。这是因为所有国家的国际投资者都投资了大量全球生产的可贸易品，而且一些国家对可贸易品的生产影响比其他国家更重要，全球共同组成部分的变化对生产更多可贸易品国家的冲击影响要大于生产较少的可贸易品国家。

由于各国对式（2.12）中的国际投资共同因素的暴露程度不同，根据上文假设的冲击相关结构，各国的冲击方差都是相同的。因此，出现任何异质性都是因为其他原因，而不是假设的不同方差。借鉴国际宏观经济学大量文献研究的双边商业周期相关性结论，发现各国双边商业周期相关性存在异质性（Backus et al.，1992）。因此，我们假设各国具有不同的商业周期相关性。

$$\mathrm{corr}(z_{it},\ z_{jt}) = \rho_{ij} \tag{2.26}$$

根据 Frankel 和 Rose（1998）、Baxter 和 Kouparitsas（2004）、Kose 和 Yi（2006）等的研究结论，我们知道一个国家的双边贸易强度和商业周期相关性之间的关系是正相关关系，因此我们这里用双边贸易强度的大小来表示各国之间的商业周期相关性，具体表示为：

$$\rho_{ij} = \frac{\widetilde{X}_{ijt} + \widetilde{M}_{ijt}}{\widetilde{G}_{it} + \widetilde{G}_{jt}} \tag{2.27}$$

式（2.27）中，$\widetilde{X}_{ijt}$ 表示 t 时期 i 国对 j 国的出口总额，$\widetilde{M}_{ijt}$ 表示 t 时期 i 国对 j 国的进口总额，$\widetilde{G}_{it}$ 和 $\widetilde{G}_{jt}$ 分别表示 t 时期 i 国对 j 国的国内生产总值，$\dfrac{\widetilde{X}_{ijt} + \widetilde{M}_{ijt}}{\widetilde{G}_{it} + \widetilde{G}_{jt}}$ 表示 t 时期 i 国对 j 国的双边贸易强度。

结合式（2.26）和式（2.27），在各国面对全球风险冲击时，每个国家的相同部分 F_t 为共同风险敞口，即各国对全球冲击的暴露程度，我们将这个定义为贸易网络中心性。对于国家 i 的贸易网络中心性可表示为：

$$v_i = \sum_{j=1}^{N} \rho_{ij} s_j \tag{2.28}$$

式（2.28）中，s_j 表示 i 国家对 j 国家的进出口总额占其全球出口总额的百分比，ρ_{ij} 与双边贸易强度成正比，v_i 表示贸易网络中心性。式（2.28）表明贸易网络中心性实际上是一国与所有其他国家双边贸易强度的产出份额的加权平均值。如果 i 国与全球可贸易商品产出很重要的国家之间双边贸易强度很高，那么 i 国就处于中心位置；如果 i 国与大多数国家的双边贸易强度较低，或者 i 国与全球可贸易品产出很重要的国家双边贸易强度不高，那么 i 国就是边缘国家。

第三节　命题及机理分析

一、贸易网络中心性与消费增长协方差的关系

根据上述推导，均衡状态下 t 时期 i 国家的代表性家庭总消费表述为：

$$\bar{c}_{it} = \theta(kz_{it} + (1-k)y_{it}) + F_t + d_i = \theta(kz_{it} + (1-k)y_{it}) + \frac{(1-\theta)\alpha}{N}v_{it} + d_i \tag{2.29}$$

式（2.29）中，t 时期 i 国家的代表性家庭总消费主要由两部分构成：第一部分 $\theta(kz_{it} + (1-k)y_{it})$ 为任意 i 国家代表性家庭使用非贸易品的产出所引起的消费，这部分的消费各国都是不相同的；第二部分 $\frac{(1-\theta)\alpha}{N}v_{it}$ 为各国代表性家庭受到可贸易品产出影响而导致的消费，此处的 v_{it} 为不同 i 国家在不同时期 t 的贸易网络中心性值，这部分为不同国家受到全球冲击相同的部分。在均衡状态下，在全球冲击共同影响的情况下，对可贸易品和非贸易品的冲击均为正相关，处在贸易网络中心的国家比边缘国家更容易受到负面冲击。因此，贸易网络中心的国家其经济周期与可贸易品产出重要的

国家高度相关，也更容易受到全球冲击的影响。

为了研究各国在消费增长中受到的共同成分的差异，对应不同的国家 $i=1$，2，…，N，我们假设 $t=1$ 和 $t=2$ 的消费变化为 $\Delta\bar{c}_{i2}$，这期间每个国家面对共同消费冲击都存在的部分变化假定为 ΔF_2。当 $t=1$ 时，根据前文假定可知，此时所有的国家 i 都不存在共同冲击，即 $z_{i1}=y_{i1}=0$。根据式（2.6）求得 $\Delta\bar{c}_{it}$ 的表达式，从而得到 $\Delta\bar{c}_{i2}$ 的表达式为：

$$\Delta\bar{c}_{i2}=\theta(kz_{i2}+(1-k)y_{i2})+\frac{(1-\theta)\alpha}{N}(\sum_{j=1}^{N}s_jz_{j2}) \tag{2.30}$$

根据式（2.25）可以得到不同国家面对共同的消费冲击部分的变化 ΔF_2 的表达式如式（2.3）所示：

$$\Delta F_2=\frac{(1-\theta)\alpha}{N}(\sum_{j=1}^{N}s_jz_{2t}) \tag{2.31}$$

根据上文的假定 $\mathrm{corr}(z_{i2}, y_{i2})=0$，$\mathrm{Var}(z_{i2})=\sigma_z^2$，$\mathrm{Var}(y_{i2})=\sigma_y^2$ 和式（3.44）中关于各国不同的商业周期相关性的表达式，并结合式（2.28）中贸易网络中心性 v_i 的定义，我们求得国家 i 和国家 j 在 $t=1$ 和 $t=2$ 时期的消费增长协方差之差如下：

$$\mathrm{Cov}(\Delta\bar{c}_{i2}, \Delta F_2)-\mathrm{Cov}(\Delta\bar{c}_{j2}, \Delta F_2)=\theta(1-\theta)\alpha k\sigma_z^2\left(\frac{1}{N}(\sum_{k=1}^{N}s_k\rho_{ik})-\right.$$
$$\left.\left(\frac{1}{N}\sum_{k=1}^{N}s_k\rho_{jk}\right)\right)$$
$$=\theta(1-\theta)\alpha k\sigma_z^2(v_i-v_j) \tag{2.32}$$

式（2.32）等号右边，当 $v_i>v_j$ 时，表示 i 国家的贸易网络中心性大于 j 国家的贸易网络中心性，由 $\theta>0$，$1-\theta>0$，$\alpha>0$，$k>0$，$\sigma_z^2>0$，可知：

$$\mathrm{Cov}(\Delta\bar{c}_{i2}, \Delta F_2)>\mathrm{Cov}(\Delta\bar{c}_{j2}, \Delta F_2) \tag{2.33}$$

式（2.33）表示 i 国家的消费增长协方差大于 j 国家的消费增长协方差。因此，提出命题 2-1 如下：

命题 2-1：贸易网络中心性的提升对消费增长协方差具有正向影响，即处在贸易网络中心的国家，其消费增长协方差较大，具体表现如下：

若 $v_{jt}>v_{it}$，则 $\mathrm{Cov}(\Delta\bar{c}_{i2}, \Delta F_2)>\mathrm{Cov}(\Delta\bar{c}_{j2}, \Delta F_2)$。

在均衡状态下，当全球冲击共同影响时，处在贸易网络中心的国家比边缘国家更容易受到负面冲击，即处在贸易网络中心位置的国家更容易受到全球消费风险的冲击。与边缘国家相比，处在贸易网络中心位置的国家消费增长与全球消费增长共线性越大，即对全球消费增长风险的总敞口就越大。相比于边缘国家，贸易网络中心国家的消费增长协方差越大，越容易受到全球冲击的影响。因此，处在全球贸易网络中心位置的国家相比于边缘国家具有更低的利率和货币风险溢价（Richmond，2019），从而贸易网络中心的提升对跨境资本流入具有负向影响。

二、贸易网络中心性与跨境资本流动的关系

为了考察全球贸易网络中心性对一国跨境资本流动的影响，我们在传统的开放宏观经济框架中融入贸易网络中心性和跨境资本流动。假设各国的资本可自由流动，每个国家代表性家庭 t 时期通过劳动获得收入进行消费后，仍有剩余的劳动收入用于本国或外国的金融机构进行储蓄，这部分储蓄通过本国或外国的金融机构进行投资获利。在传统的开放宏观经济分析框架中，从收入角度看，i 国代表性家庭总体收入为：

$$Y_{it}^{in} = \bar{c}_{it} + I_{it} + NX_{it} \qquad (2.34)$$

式（2.34）中，Y_{it}^{in} 表示 t 时期 i 国家的代表性家庭的总体收入，$\bar{c}_{it}$ 与上文表述一致，即 t 时期 i 国家的代表性家庭对不可贸易品和可贸易品的消费，I_{it} 表示 t 时期 i 国家的代表性家庭对本国或国外的投资，NX_{it} 表示 t 时期 i 国家的净出口总和。

如果从 i 国家的代表性家庭支出角度出发，该国代表性家庭的总支出为：

$$Y_{it}^{ou} = \bar{c}_{it} + s_{it} \qquad (2.35)$$

式（2.35）中，Y_{it}^{ou} 表示 t 时期 i 国家代表性家庭的总支出，$\bar{c}_{it}$ 表示消费，s_{it} 表示 t 时期 i 国家代表性家庭的储蓄。

基于国际收支平衡理论，不考虑储备以及误差与遗漏项目，i 国家经常账户差额 CA（等于净出口 NX_{it}）与资本和金融账户差额 KA（等于 t 时期 i 国家的跨境资本净流动 CF_{it}）是平衡的，等式可表示如下：

$$CA + KA = 0 \qquad (2.36)$$

或

$$NX_{it}+CF_{it}=0 \tag{2.37}$$

式（2.36）和式（2.37）可转换为：

$$CA=-KA \tag{2.38}$$

或

$$NX_{it}=-CF_{it} \tag{2.39}$$

式（2.37）和式（2.39）表明 CA 经常账户资本流入（或流出）等于 KA 资本和金融账户资本流出（或流入）。

根据模型假定每个国家都有一个代表性家庭，当全球贸易网络中 t 时期 i 国家的代表性家庭的收入 Y_{it}^{in} 等于支出，根据式（2.34）和式（2.35）我们可以发现：

$$\bar{c}_{it}+I_{it}+NX_{it}=\bar{c}_{it}+s_{it} \tag{2.40}$$

结合式（2.39）、式（2.40）转化可得到：

$$s_{it}-I_{it}=NX_{it}=-CF_{it} \tag{2.41}$$

式（2.41）表明 t 时期 i 国家的代表性家庭储蓄减去投资的缺口等于跨境资本净流动。参考张明等（2014）文献计算方法，跨境资本净流动等于总量跨境资本流出减去总量跨境资本流入。因此，式（2.41）的右边（$-CF_{it}$）表示跨境资本净流动的表达式，整理可知 CF_{it}＝总资本流入－总资本流出，CF_{it} 表示跨境资本净流入，对式（2.41）两边同时除以收入 Y_{it}^{in} 或者 Y_{it}^{ou}，此处简写为 Y_{it}，此时表达式为：

$$\frac{s_{it}-I_{it}}{Y_{it}}=\frac{-CF_{it}}{Y_{it}} \tag{2.42}$$

当 t 时期 i 国家在全球国家中的国内生产总值（GDP）规模较大，相比于其他国家，跨境资本流动的规模也较大，为了避免不同类型国家之间的跨境资本流动规模不具有可比性，参照 Hassan（2013）的做法，使用各国的国内生产总值（GDP）来控制国家规模。式（2.42）两边同时除以总收入可以标准化处理，剔除国家规模变量对贸易网络中心性的影响，一国总收入也可以用 GDP 表示。

根据凯恩斯消费理论，总消费是总收入的函数，假设 t 时期 i 国家代表性家庭的消费线性函数形式表示为：

$$\bar{c}_{it}=a+bY_{it}^{in} \tag{2.43}$$

其中，a、b 为消费函数的参数，a 为自发消费，b 为边际消费倾向，b 介于 0 和 1 之间，即 $0<b<1$，Y_{it}^{in} 为 t 时期 i 国代表性家庭的收入。将式（2.43）中消费函数转化为收入的表达式为：

$$Y_{it}^{in}=\frac{\bar{c}_{it}-a}{b} \tag{2.44}$$

结合 t 时期 i 国家的代表性家庭的收入和支出相等、消费函数式（2.43）可推导出：

$$s_{it}=Y_{it}^{ou}-\bar{c}_{it}=Y_{it}^{in}-\bar{c}_{it}=Y_{it}^{in}-(a+bY_{it}^{in})=-a+(1-b)Y_{it}^{in} \tag{2.45}$$

将式（2.45）代入式（2.44）Y_{it}^{in} 的表达式，结果可得：

$$s_{it}=-a+(1-b)Y_{it}^{in}=-a+(1-b)\frac{\bar{c}_{it}-a}{b} \tag{2.46}$$

假设在要素投入不变的情况下，投资受利率水平 r 和技术水平 A 的影响，即 $I_{it}=I_{it}(r,A)$，根据式（2.43）的结论，代入式（2.46）的结果，可得出 t 时期 i 国的跨境资本净流入 CF_{it} 与总收入的占比值为：

$$\frac{NX_{it}}{Y_{it}}=\frac{-CF_{it}}{Y_{it}}=\left[-a+(1-b)\frac{\bar{c}_{it}-a}{b}-I_{it}(r,A)\right]\bigg/Y_{it}$$

$$=\left[-a+\frac{(1-b)}{b}\bar{c}_{it}-\frac{a(1-b)}{b}-I_{it}(r,A)\right]\bigg/Y_{it}$$

$$=\left[\frac{(1-b)}{b}\bar{c}_{it}-\left(\frac{a}{b}\right)-I_{it}(r,A)\right]\bigg/Y_{it} \tag{2.47}$$

式（2.47）代入基础理论模型，进一步推导出式（2.29）的 $\bar{c}_{it}$，结果可知：

$$\frac{CF_{it}}{Y_{it}}=\frac{-NX_{it}}{Y_{it}}=-\left[\frac{(1-b)}{b}\bar{c}_{it}-\left(\frac{a}{b}\right)-I_{it}(r,A)\right]\bigg/Y_{it}$$

$$=-\left[\frac{(1-b)}{b}\left(\theta(kz_{it}+(1-k)y_{it})+\frac{(1-\theta)\alpha}{N}v_{it}+d_j\right)-\left(\frac{a}{b}\right)-I_{it}(r,A)\right]\bigg/Y_{it} \tag{2.48}$$

式（2.48）中设定：

$$T_{it}=\left[\frac{(1-b)}{b}(\theta(kz_{it}+(1-k)y_{it})+d_j)\right]\bigg/Y_{it} \tag{2.49}$$

$$g=\frac{(1-b)(1-\theta)\alpha}{bNY_{it}} \tag{2.50}$$

$$M_{it} = \left[\frac{a}{b} + I_{it}(r, A) \right] \Big/ Y_{it} \qquad (2.51)$$

由于 $\frac{(1-b)}{b} > 0$，$\theta(kz_{it} + (1-k)y_{it}) > 0$，$\frac{(1-\theta)\alpha}{N} > 0$，$d_i > 0$，$\left(\frac{a}{b}\right) > 0$，$Y_{it} > 0$ 假设 $I_{it}(r, A) > 0$，可推出 $T_{it} > 0$，$g > 0$，$M_{it} > 0$。因此，我们将式（2.48）转变为：

$$\frac{CF_{it}}{Y_{it}} = \frac{-NX_{it}}{Y_{it}} = -\left[T_{it} + gv_{it} - M_{it} \right] \qquad (2.52)$$

式（2.52）中，CF_{it} 表示跨境资本净流入与贸易网络中心性 v_i 的关系，由上节可知，CF_{it}＝总资本流入-总资本流出，这里我们用 $CFin_{it}$ 表示 i 国家 t 时期的总资本流入，$CFou_{it}$ 表示 i 国家 t 时期的总资本流出，式（2.52）可转变为：

$$\frac{CF_{it}}{Y_{it}} = \frac{CFin_{it} - CFou_{it}}{Y_{it}} = -(T_{it} - M_{it}) - gv_{it} \qquad (2.53)$$

式（2.53）中我们设定：$Q_{it} = T_{it} - M_{it}$，将 Q_{it} 代入式（2.53）中可得：

$$\frac{CF_{it}}{Y_{it}} = \frac{CFin_{it} - CFou_{it}}{Y_{it}} = -Q_{it} - gv_{it} = -(Q_{it} + gv_{it}) \qquad (2.54)$$

式（2.54）我们将 i 国 t 时期的跨境资本净流入与总收入（GDP）的比值标准化处理简写为 CF_{it-gdp}，j 国 t 时期的跨境资本净流入与总收入（GDP）的比值标准化处理简写为 CF_{jt-gdp}，因此，结合式（2.53）和式（2.54），t 时期 i 国家与 j 国家的跨境净流入与总收入（GDP）的比值之间的差值为：

$$CF_{it-gdp} - CF_{jt-gdp} = (Q_{jt} - Q_{it}) + g(v_{jt} - v_{it}) \qquad (2.55)$$

式（2.55）中我们假设 $Q_{jt} - Q_{it}$ 为常数且为正数，即 $Q_{jt} > Q_{it}$。根据上文推导可知 $g > 0$，因此，对 i 国家和 j 国家而言，如果 $v_{jt} > v_{it}$ 表示 j 国家的贸易网络中心性值高于 i 国家的贸易网络中心性值，式（2.55）等号右边均大于 0，那么可以推导出：

$$CF_{it-gdp} - CF_{jt-gdp} = (Q_{jt} - Q_{it}) + g(v_{jt} - v_{it}) > 0$$
$$\Rightarrow CF_{it-gdp} - CF_{jt-gdp} > 0 \Rightarrow CF_{it-gdp} > CF_{jt-gdp} \qquad (2.56)$$

式（2.56）表明在 t 时期 i 国家大于 j 国家的跨境资本净流入占总收入（GDP）的比值，根据上文假设的条件 $v_{jt} > v_{it}$ 表明 j 国家相比于 i 国家是处在贸易网络中心位置的国家，但是 j 国家却小于 i 国家的跨境资本净流入占总收入（GDP）的比值。因此，我们有如下命题。

命题 2-2：贸易网络中心性的提升对跨境资本净流入具有负向影响，即处在全球贸易网络中心位置的国家具有较低的跨境资本净流入占总收入（GDP）的比值，具体表现如下：

若 $v_{jt} > v_{it}$，则 $CF_{jt-gdp} < CF_{it-gdp}$。

其中，$v_{jt} > v_{it}$ 说明 j 国家相比于 i 国家是处在贸易网络中心位置的国家，但是 j 国家却小于 i 国家的跨境资本净流入，此处的跨境资本净流入剔除了国家规模因素，使用跨境资本净流入占总收入的比值作为标准化处理。因此，对于贸易网络中心国家而言，其国家全球化程度较高，通常金融开放程度也较高，较多涉及跨境资本业务，跨境资本流动的双向特征较为明显。具体表现为贸易网络中心性的提升，会带来大量的跨境资本流入和跨境资本流出相互抵消，从而引起跨境资本净流入的减少。McGuire 和 Von Peter（2012）研究发现，2008 年美国次贷危机期间，欧洲银行从美国货币基金市场借入美元，并通过持有大量次级抵押贷款债券，再将美元重新贷给美国的居民和企业。由于从欧洲流出的资本与流入欧洲的资本相匹配，因此这种循环往复的资本流动造成跨境资本净流入的减少，即便欧洲和美国之间的双向总资本流动快速增加，但是跨境资本净流入却越来越小。

在传统理论中，一般使用跨境资本净流入评估一个国家面对外部融资骤停时的金融脆弱性。Obstfeld（2012）的研究表明，开放的经济体更有能力从外部借款，这些国家可以从全球其他国家的金融市场获取低利率的借款，因此，相较于封闭经济体，开放经济体的本国汇率和国内通胀压力也更大。例如，美国是处在全球贸易网络中心位置的国家，与此同时，美国也是跨境资本流动规模较大的国家，从资本流动的方向来说，美国的跨境资本流入和跨境资本流出规模均较大。对外直接投资和证券投资组成了美国的资本流出的重要部分，这部分资本主要投资于收益率较高的外国资本市场以及跨国公司的子公司；美国的资本流入主要来源于贸易顺差国家的外汇储备，这部分资本对安全性和流动性较高，资本对收益性要求不高，主要投向美国政府债券和准政府债券。

因此，随着一国贸易网络中心的提升，一方面，当全球冲击共同影响的情况下，处在贸易网络中心的国家比边缘国家受到负面冲击越容易，对全球消费增长风险的总敞口也就越大，处在全球贸易网络中心位置的国家相较于边缘国家的利率和货币风险溢价也越低（Richmond，2019），从而贸易网络中心的提升对跨境资本流入具有负向影响；另一方面，对于贸易网络中心国家而言，他们的金融开放程度越高，涉及的跨境资本业务更多，中心国家有能力以较低的利率从国外借款，跨境资本可以流出到国外寻求收益水平较高的国外资本。因此，相较于边缘国家，贸易网络中心国家出现大量的跨境资本流入和跨境资本流出相互抵消，从而造成跨境资本净流入的减少。

第四节　贸易网络中心性影响跨境资本流动的理论框架解释

一、框架构建

根据上述理论模型推导结论，结合现实情况可知，各国的国际贸易需求使全球跨境资本流动的规模越来越大。本书将跨境资本流动划分为跨国直接投资、国际证券组合投资和跨国信贷三个方面进行解释。通过厘清贸易网络中心性与不同类型的跨境资本流动之间的相互关系，建立全球贸易网络中心性对跨境资本流动影响的解释模型（见图2-1）。

在上文的理论模型分析的基础上，本书认为贸易网络中心性的提升不利于跨境资本净流入国内生产总值的增加。在图2-1的解释模型中，在全球金融开放背景下，A国家与世界其他国家之间通过双边贸易、多边贸易和全球贸易网络的贸易关系，对不同类型的跨境资本流动（包括各国企业之间的跨国直接投资、间接投资中的国际证券组合投资和跨国信贷投资）的规模和方向产生差异化的影响。

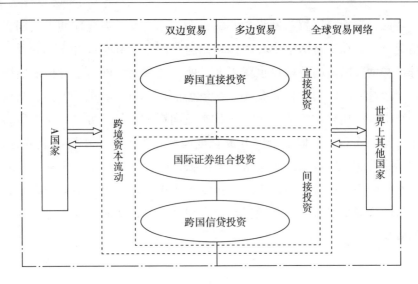

图 2-1 全球贸易网络中心性与跨境资本流动的关系解释模型

资料来源：笔者自行绘制。

二、框架解释

1. 贸易网络中心性影响跨国直接投资的理论假设

随着贸易网络的进一步深入发展，越来越多的跨国直接投资发生在贸易及相关部门之间（王伟等，2013）。现有文献关于贸易与投资之间的关系研究存在不确定，根据不同国家之间的具体情况存在替代或互补关系，如东道国贸易市场开放、不同的区域、行业等因素影响替代或互补关系。近期研究中，Conconi 等（2013）研究表明，贸易与投资之间存在互补关系，不同企业的出口策略呈现动态化特征，跨国公司优先选择出口，获取信息后才会确定是否在海外市场进行跨国直接投资。一国贸易网络中心性的提升，意味着该国的可贸易商品相对价格的提升，从而国家整体劳动力成本也会相应地提高，跨国企业逐步考虑将对外直接投资业务转移到劳动力成本较低的国家，或者加大企业已有的海外直接投资的投入份额，最终实现国内业务的转移。对于这些处在贸易网络中心的国家而言，最终导致其对跨国直接投资净流入的负向影响，具体作用机制分析详见第四章。本书考虑基于贸易网络中心性的视角，分析贸易与投资的关系，并提出如下假设：

假设 2—1：贸易网络中心性对跨国直接投资的资本净流入产生负向影响。

2. 贸易网络中心性影响国际证券组合投资的理论假设

2008 年金融危机后，新兴市场经济体参与国际货币体系的意愿日益增强，在全球金融市场主动配置资产，国际证券组合投资规模也越来越大。2020 年新冠疫情导致全球股市动荡更加剧烈，全球金融市场演变成一个整体，单一国家（地区）的偶然事件能够通过国际证券组合投资流动迅速在全球各国的金融市场之间进行传播。随着中国在全球贸易网络中的地位提升，国际证券组合投资将成为中国调整对外投资结构和优化海外资产收益比的关键问题（刘昌阳等，2020）。

Ready 等（2017）认为，各国利率差异是由国际贸易网络中的地位决定的，这是各国外汇套息持续盈利的主因。根据理论模型分析可知，处在贸易网络中心位置的国家与全球可贸易商品产出重要的国家之间具有较高的双边贸易强度，意味着中心国家更容易受到全球消费风险冲击的影响，具有更高的消费增长协方差（Beta）值。Richmond（2019）研究指出，贸易网络中心性越高的国家利率和货币风险溢价越低。最终，国际投资者预期处在贸易网络位置越接近中心的国家风险越高，货币市场收益率、债券市场收益率和股票市场收益率越低，可套利、套汇、套价的空间越小，从而减少对其投资配置，具体作用机制分析详见第五章。因此，本章深入分析贸易网络中心性对国际证券组合投资的影响，并提出如下假设：

假设 2—2：一国贸易网络中心性的提升对国际证券组合投资净流入产生负向作用。

3. 贸易网络中心性影响跨国信贷投资的理论假设

随着全球经济和金融一体化进程的发展，全球金融中心宽松的信贷环境直接影响其他国家（地区）的借贷（BIS，2011）。各国跨国银行体系的杠杆率以及信贷规模对全球总量跨境资本流动规模的快速增长发挥了重要作用（Borio，2011）。与此同时，各国之间的贸易联系日益紧密，一国在全球贸易网络中所处的位置和关系，决定了该国在贸易及其相关部门跨国信贷的资本流动。当一国处在贸易网络中心位置，意味着该国同时也是国际金融中心或全球结算中心，获得比边缘国家更多的资源及进出口经验，更有利于该国金融市场的发展、经济自由度的提升，减少各国的内部冲突风险，从而影响跨国信贷投资的资本流出，具体作用机制详见第六章。因此，本章考虑贸易网络中心性对跨国信贷投资流出的影响，提出如下假设：

假设2-3：一国贸易网络中心性的提升能够降低该国跨国信贷投资的资本流出。

第五节　本章小结

本章根据主体研究框架，在贸易网络中心性和跨境资本流动动因的理论基础上，通过构建一个基于生产的贸易网络多国模型，在均衡状态下，求解均衡产出的贸易网络和均衡消费总量，构建贸易网络中心性的表达式，提出贸易网络中心性与消费增长协方差、跨境资本流动相关的命题，分析其中机理。在全球消费风险冲击下，处在贸易网络中心的国家比边缘国家更容易受到负面影响，中心国家的消费增长协方差与全球消费增长协方差存在显著的共线性，说明中心国家对全球消费增长风险的总敞口较大。理论模型推导发现，贸易网络中心性对跨境资本净流入占总收入（GDP）的比值产生负向作用，并根据贸易网络中心性影响跨境资本流动的理论框架解释提出相应的假设。

第三章　金融开放背景下贸易网络中心性与总量跨境资本流动的测度及分析

20 世纪 80 年代以来，世界贸易网络高度密集联结，越来越多的国家为了获取高额回报而扩大各自的贸易网络，在全球价值链分工体系下，全球经济深度融合。与此同时，各国跨境资本流动规模的扩大也使全球金融市场的稳定面临挑战。本章根据金融开放的不同阶段，构建贸易网络中心性相关指标，对全球贸易网络的多个特征进行测度，全面刻画各国之间的贸易网络联系，并对不同类型的总量跨境资本流动进行测度及特征分析。在此基础上，实证分析贸易网络中心性与总量跨境资本流动之间的相互关系。

第一节　引　言

一、全球金融开放视角下世界贸易总体格局

一国的贸易总量可以衡量该国的对外开放程度，但不能表示该国在全球贸易网络中的地位和关系。笔者考虑使用社会网络分析方法，可以将一国与其他所有国家之间的贸易关系进行定量分析。随着经济全球化的推进，全球贸易规模发展迅速。此外，信息技术带来的网络革命，不同国家之间贸易联系的空间距离也逐渐被打破。图 3-1 展示了 1990~2020 年全球贸易

格局的变化过程。

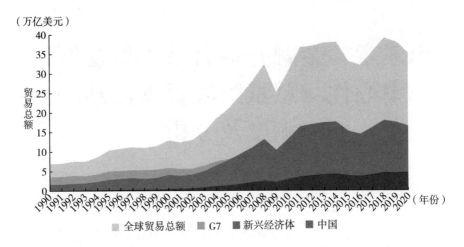

图 3-1　1990~2020 年全球、G7、新兴经济体和中国贸易规模对比

资料来源：UN comtrade 全球贸易数据库，笔者整理。

由图 3-1 发现，1990~2020 年，随着经济全球化不断发展，全球货物贸易总量正在快速增长。总体来说，传统的工业化强国（G7）一直在全球贸易格局中占据主导地位，新兴经济体国家的贸易规模增速迅猛，尤其以中国为代表的新兴经济体国家，在全球贸易市场具有强大的需求和供给能力，推动全球贸易格局的新变化。

由图 3-2 的结果可以看出，1990~2020 年，全球贸易平均增长率为 6.29%，GDP 的平均增长率为 2.80%，从结果可知，全球贸易平均增长率显著高于 GDP 的平均增长率水平。从图形的整体情况来看，由于受到国际政治、经济等外部事件的影响，与 GDP 的平均增长率相比较，全球贸易的波动起伏更大，对外部事件冲击的影响也更敏感。

从图 3-3 可知，1990~2000 年，由于传统的 G7 占据全球贸易格局的主导地位，全球贸易额增长率与 G7 贸易额增长率的趋势比较一致，也就是发达经济体国家主导着全球贸易。2000~2008 年，随着经济全球化的进一步推进，G7、中国、新兴经济体和全球贸易额增长率均呈现大幅度上升的趋势，值得注意的是，以中国为首的新兴经济体的快速增长超过发达经济体的增长

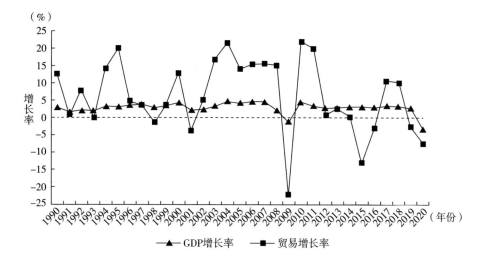

图 3-2 1990~2020 年全球 GDP 与贸易增长率对比

资料来源：GDP 增长率数据来源于世界银行（The World Bank）。

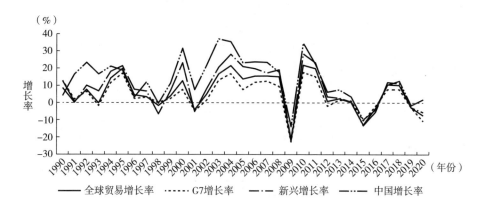

图 3-3 1990~2020 年全球、G7、新兴经济体和中国贸易额增长率对比

资料来源：UN comtrade 全球贸易数据库，笔者整理。

速度，中国的贸易额逐年攀升，出现了持续的高速增长态势，与此同时，中国在全球贸易格局中的地位也在不断提升。2008 年的全球金融危机给全球贸易带来重大影响，2009 年全球贸易额迅速下降，所有经济体都受到巨大的冲击。2011 年全球各经济体的贸易额出现快速反弹，但是全球各经济体在 2011 年后的贸易增长率整体呈现下降趋势，尤其在 2014 年以后全球各经济体出现负增长率。与世界贸易额负增长率相比较，中国在全球贸易额的份额却在不断增加。

从以上结果可以发现，2008 年是全球贸易格局发展变化的转折点，后危机时代全球各国的贸易均呈现低速增长的趋势，G7 经济体贸易份额的持续下降也意味着全球贸易"核心—边缘"格局的演化，值得注意的是，以中国为代表的新兴经济体已经在靠近世界的中心。因此，全球贸易演变成一种更加复杂多元化格局，传统的衡量贸易的方式不能准确地描述一国在全球贸易中的地位和关系。本章将构建世界各国贸易网络邻接矩阵，通过各国双边贸易强度的出口份额加权平均值测度各国（地区）不同的贸易网络中心性，另外还使用社会网络分析法计算点强度、节点差异性等多种贸易网络中心性特征指标，为全球贸易网络的相关研究提供思路。

二、跨境资本流动的结构分解

首先，不同类型跨境资本流动的划分标准不同，主要依据国际货币基金组织的 BPM6 的规定，国际收支平衡表（BOP）的金融账户中记录了跨境资本流动的具体情况。本章将金融账户结构中不同类别的跨境资本流动进行分类和归纳，详细见图 3-4。

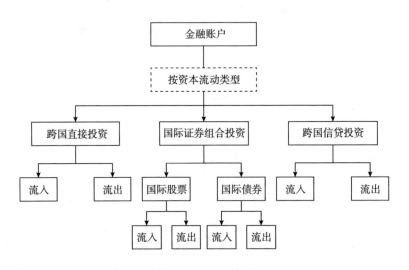

图 3-4　金融账户结构

资料来源：国际货币基金组织（IMF），笔者整理。

图 3-4 是根据 IMF 数据库国际收支平衡表（BOP）归纳整理的金融账户结构图，将不同类型的跨境资本流动划分为三种：跨国直接投资、国际证券组合投资和跨国信贷投资的资本流动；国际证券组合投资项目下又可以继续细分为国际股票和国际债券投资；不同类型的跨境资本流动根据流向划分为流入和流出两个方向。同时，我们根据"净流入=流入-流出"的公式，计算出不同类型的跨境资本净流入量。

其次，随着金融开放水平的进一步提升，全球跨境资本流动的结构也发生相应的变化。值得注意的是，图 3-5 为金融账户结构跨境资本流入分解图，可以发现，1990~2000 年，全球跨境资本流动总体呈现平缓上升的趋势，跨国直接投资、国际证券组合投资和跨国信贷流入都呈现不同程度增长，尤其是跨国直接投资和证券投资流入的规模稳步扩大。现有文献通过实证分析发现，金融开放水平对发展中国家（地区）的跨国直接投资、国际证券组合投资流入都有显著的促进作用（Forbes et al.，2015）。2000~2008 年，全球跨境资本流动呈现大幅度增加的趋势，跨境资本流入结构中跨国信贷流入占比最高，国际证券组合投资流入占比次之，直接投资流入最少，说明世界各国的跨境投融资主要通过银行中介和证券组合中介渠道进行对外投资。2008~2019 年，跨国信贷资本流入和国际证券组合投资流入

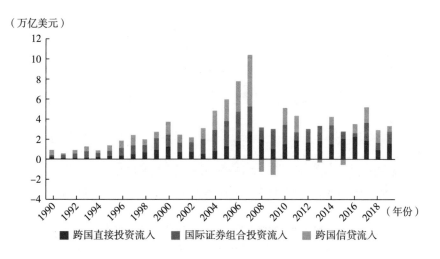

图 3-5　金融账户结构中跨境资本流入分解

资料来源：国际货币基金组织（IMF）数据库，图中数据为样本国家加总所得。

都呈现大幅度减少，直接投资流入持续保持在相应的水平，反映了金融危机后世界各国意识到通过跨国银行、证券、债券等金融中介提供的过度信贷对金融稳定的严重后果，各国开始逐渐缩小跨国银行信贷规模，导致跨国信贷在全球跨境资本流入中的占比在逐渐减少。

图 3-6 为金融账户结构中跨境资本流出分解图，1990~2007 年全球跨境资本流出呈现上升趋势，特别是在 2001~2007 年，国际证券组合投资流出和跨国信贷投资流出的增幅巨大，值得注意的是，跨国信贷投资流出的占比最高，国际证券组合投资流出次之，跨国直接投资流出最少。2008 年爆发的金融危机对全球跨境资本流出产生了巨大影响，与跨国直接投资流出相比较，国际证券组合投资流出和跨国信贷流出均呈现大幅度减少，这也说明了国际证券组合投资流出和跨国信贷投资流出更容易带来金融波动或经济失衡（Obstfeld et al.，2019）。2008 年以后，全球各国（地区）意识到通过跨国银行、证券、债券等金融中介提供的过度信贷对金融稳定造成的严重后果，各国开始逐渐缩小跨国银行信贷和国际证券组合投资规模。

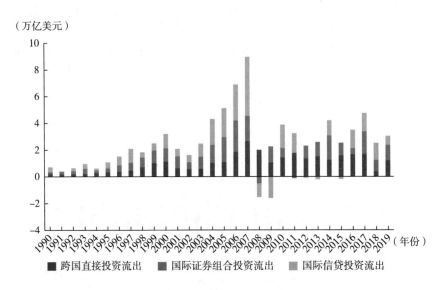

图 3-6　金融账户结构中跨境资本流出分解

资料来源：国际货币基金组织（IMF）数据库，图中数据为样本国家加总所得。

根据上述对不同类型跨境资本流动的结构分解，本章认为分析跨国直接投资、国际证券组合投资和跨国信贷投资的资本流动具有重要的现实意义，能够为世界各国金融开放的路径提供有效的经验。

三、本章问题

从世界贸易总体格局来看，随着经济全球化的推进，全球贸易规模发展迅速，此外，信息技术带来的网络革命，各国之间的贸易联系的空间距离被逐渐打破。全球贸易演变成一种更加复杂多元化的格局，传统的衡量贸易的方式不能准确地描述一国在全球贸易中的地位和关系。与此同时，随着金融开放水平的进一步提升，全球跨境资本流动的规模迅速增长，世界各国之间的贸易网络联结更加密切，然而各国之间的跨境资本流动是联系实体经济与货币金融体系的重要支柱，基于此，研究贸易网络中心性与跨境资本流动之间的关系，对中国逐步从贸易大国向投资大国转型具有重要的意义。

如何测度不同类型的跨境资本流动？贸易网络中心性与不同类型的跨境资本流动呈现什么样的关系及作用机制？鉴于此，在金融开放视角下，本章将构建世界各国贸易网络中心性的多种测度指标，研究贸易网络中心性对不同类型的跨境资本流动的影响及作用机制。回答上述问题，并使中国金融开放的路径和方向更加清晰，将有助于完善中国的跨境资本流动管理体系。

第二节　贸易网络中心性测算及特征分析

随着全球经济一体化的快速发展，采用国际贸易网络解决贸易和经济问题已成为新的研究方向。现有文献运用社会网络分析法对国际贸易网络的研究，将全球贸易网络中每个国家视为不同的节点，不同国家之间的进出口贸易关系视作连边，通过网络的节点中心性指标给出不同国家的排名，用于衡量系统中国家的贸易地位和变化。本章通过各国双边贸易和国内生产总值数据构建贸易网络中心性的计算公式，另外还使用社会网络分析法测度联系强度和网络异质性，可以更加全面地刻画各国贸易网络中心性，对准确衡量一国贸易网络地位具有重要的意义。

一、贸易网络中心性的测算

贸易网络中心性（Trade Network Centrality）指标反映了一个经济体在整个贸易网络中的地位，处在中心位置的国家比边缘国家的影响力更强，具有更大的信息优势和更大的权力。本章利用 1990~2019 年全球 131 个国家（地区）的双边进出口年度数据和各国 GDP 数据，构建世界各国贸易网络邻接矩阵，通过各国双边贸易强度的出口份额加权平均值测度各国（地区）不同的贸易网络中心性。为了更好地反映各国参与贸易网络的广度、深度，本章还利用社会网络分析法中常用的联系强度（点强度）和网络异质性（节点差异性）[1] 指标衡量贸易网络中心性特征，用来反映各国在世界贸易网络中的地位，并作为稳健性检验的替换，具体测算如下。

1. 贸易网络中心性（Trade Network Centrality）

本章借鉴 Richmond（2019）的做法，利用各国的双边贸易数据和国内生产总值数据来测度贸易网络中心性，其公式为：

$$TNC_{it} = \sum_{j=1}^{N} \left(\frac{\widetilde{X}_{ijt} + \widetilde{M}_{ijt}}{\widetilde{G}_{it} + \widetilde{G}_{jt}} \right) \widetilde{S}_{jt} \tag{3.1}$$

式（3.1）中，i 和 j 为国家，t 为年份，TNC_{it} 为 i 国在时间 t 的贸易网络中心性，$\widetilde{X}_{ijt}$ 为 t 时期 i 国对 j 国的出口值，$\widetilde{M}_{ijt}$ 为 t 时期 i 国对 j 国的进口值，分子其实就是 i 国的双边贸易总额，$\widetilde{G}_{it}$ 为 t 时期 i 国的名义 GDP 值，$\widetilde{G}_{jt}$ 为 t 时期 j 国的名义 GDP 值，分母整体表示为两国 GDP 的总和。分子（$\widetilde{X}_{ijt} + \widetilde{M}_{ijt}$）除以分母（$\widetilde{G}_{it} + \widetilde{G}_{jt}$）为两国贸易总额除以两国 GDP 总额，反映了 t 时期 i 国和 j 国的双边贸易强度。$\widetilde{S}_{jt}$ 为 t 时期 i 国对 j 国的出口份额占 i 国的出口份额和进口份额总和的百分比。因此，整体式（3.1）贸易网络中心性是 i 国与其他各国双边贸易强度的进出口份额的加权平均值。

式（3.1）表明，如果一个国家与全球可贸易商品产出中占很大比例的国家有较高的双边贸易强度，那么这个国家就是中心国家。根据 Frankel 和

---

① 点强度和节点差异性参考 Burt（2004）、Brown 和 Konrad（2001）的方法使用加权无向贸易网络矩阵计算。数据来源于国际货币基金组织贸易统计方向中各国的双边进出口数据。

Rose（1998）的研究结论，较高的双边贸易密集度导致较高的双边商业周期相关性，因此，贸易网络中心的国家更容易受到全球商业周期波动的影响。例如，荷兰和新加坡等国家拥有世界上最大的港口，它们是欧洲、亚洲乃至全球的贸易枢纽。这些国家与全球生产可贸易品的大国之间的双边贸易强度较高，处于贸易网络中非常重要的位置，也更容易受到全球商业周期的影响。相比之下，新西兰和澳大利亚等国家彼此之间的贸易量占GDP 很大的比重，但是它们与其他国家（美国和加拿大等生产全球可贸易品大国）之间的贸易占比很少，这导致新西兰、澳大利亚等国处在边缘状态，不易受到全球经济波动的影响。

2. 网络联系强度（点强度）

贸易网络中心性可以较为全面地反映各国参与贸易网络的广度与深度，当然还有其他很多种方法衡量贸易网络特征，但运用社会网络分析方法来构建全球贸易网络，不仅可以直观地呈现全球贸易的整体格局，还可以通过节点属性全面反映一国在贸易强度和异质性的程度。本节采用网络联系强度（点强度）衡量贸易网络中心性特征。

本节参照 Fagiolo 等（2009）的相关方法，构建加权贸易网络矩阵 B^t，其中 $t = 1990$，1991，$\cdots$，2019。对于加权网络矩阵 B^t 中的元素 b_{ij}^t 值用 i 国和 j 国的进出口贸易值来表示，即 $b_{ij}^t = (export_{ij}^t + import_{ij}^t)/2$，其中 $export_{ij}^t$ 表示 t 时期 i 国对 j 国的出口贸易值，$import_{ij}^t$ 表示 t 时期 i 国从 j 国的进口贸易值。由于每个国家的统计口径存在差异，t 时期 i 国对 j 国的出口贸易值与 j 国从 i 国的进口贸易值并不相等，根据以上方法计算出来的 B^t 不对称，但是 b_{ij}^t 与 b_{ji}^t 相差很小。借鉴马述忠等（2016）、吕越和蔚亚宁（2020）等的方法对加权贸易矩阵 B^t 中所有的值都除以 t 时期的矩阵元素 b_{ij}^t 的最大值，得到加权无向贸易网络矩阵 W^t。采取这种方法对最终的分析结果影响不大，且加权无向贸易网络矩阵的所有元素均在 0 和 1 之间，具体可表述为 $W_{ij}^t \in [0, 1]$。因此，加权无向贸易网络通过"节点"和"连边"构建了整体贸易网络，该贸易网络既能反映节点之间是否有联系，也能反映各节点之间联系的强弱。

网络联系强度也称为点强度，可运用加权无向贸易网络矩阵计算不同国家的点强度。该指标不仅考虑节点附近的其他节点数量，还加入了节点与近邻节点之间的权重，测度方法的公式为：

$$Strength_{it} = \sum_j w_{ij}^t \qquad (3.2)$$

式（3.2）中，w_{ij}^t 表示加权无向贸易网络矩阵 w^t 中的元素。一国的点强度越高，意味着与该国直接建立联系的国家越多，该国的贸易广度越广；同时，还反映了该国与其他国家的贸易强度。

3. 网络异质性（节点差异性）

节点差异性也称为网络异质性，反映贸易网络中是否存在结构洞或弱联系。该指标刻画了与节点 i 相连的边上权重分布的离散程度，可衡量一国的贸易分布情况，即一国对外贸易是集中在少数几个国家还是分散在很多国家。参考 Burt（2004）、Brown 和 Konrad（2001）等方法，具体如式（3.3）所示。

$$Disparity_{it} = \frac{(N-1)\sum_j \left(\dfrac{w_{ij}^t}{strength_i}\right)^2 - 1}{N-2} \qquad (3.3)$$

式（3.3）中，w_{ij}^t 与 $strength_i$ 同式（3.2）中的 w_{ij}^t 表述一致，对于节点 i 的 d_i 条边，如果所有权重相差不大，权边分布比较均匀，$Disparity_{it}$ 接近于 0。$Disparity_{it}$ 的值表示节点 i 国家的差异性，如果 $Disparity_{it}$ 的值越大，即越接近 1，说明一国的对外贸易都集中在另一个国家；如果 $Disparity_{it}$ 的值越接近 0，则一国与其他国家的贸易量分布较为均匀。$Disparity_{it}$ 的值越小，网络异质性越大。因此，一国的节点差异性越大，该国的贸易就越集中在少数几个国家，这从侧面也反映了一国的贸易处于边缘的位置，网络异质性与贸易网络中心性指标反映的中心性是相反的结果。

二、贸易网络中心性的特征分析

基于上述指标度量方法，为了考察全球贸易网络中各国进行贸易往来的总体特征，我们对 1990~2019 年的全球贸易网络中心性、网络联系强度和网络异质性分别进行了测算，比较各国不同年份的核密度图和结构图。

1. 各国贸易网络中心性、网络强度和网络异质性核密度分布

为了进一步观察全球贸易网络的总体特征，本章绘制了 1990~2019 年代表性年份的全球贸易网络中心性、网络强度和网络异质性核密度分布图，

具体分析如图 3-7 所示。

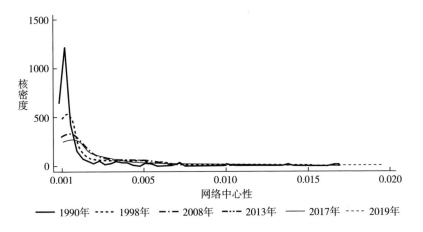

图 3-7　贸易网络中心性指标的核密度

资料来源：根据测算的贸易网络中心性指标，笔者自行绘制。

图 3-7 为贸易网络中心性指标的核密度图，总体来看，贸易网络中心性呈现右偏分布，说明大多数国家的贸易网络中心性指标值较低，少数国家的贸易网络中心性指标值较高，也就是说大多数国家拥有的贸易伙伴较少，与其他国家联系不够紧密，只有少数国家拥有较多的贸易伙伴，能够与其他国家产生较多的联系。同时，伴随着时间的推移，贸易网络中心性的整体分布逐渐向右侧移动，说明两国之间的贸易关系越来越紧密，且具有良好的发展趋势。

图 3-8 为代表性年份的贸易网络强度（点强度）指标的核密度图，总体来看，点强度呈现右偏分布的特征，说明样本中大部分国家之间的贸易网络强度值均较小，只有少数国家的贸易强度较大。随着时间的推移，各国的核密度峰值也在减少，说明贸易量较小的国家与贸易量较大的国家之间的差距还很大，但是这种差距在不断缩小。

图 3-9 贸易网络异质性指标的核密度图。总体来看，贸易网络异质性的分布表现为右偏分布。很明显，样本中大部分国家的贸易呈现出分散的特征，只有少数国家的贸易集中度较高。但是，随着时间的推移，核密度峰值仍然在逐步上升，意味着大多数国家与不同国家的可贸易品呈现较为

分散的态势，并不是集中分布的特征。总体而言，1990~2019 年的 30 年全球贸易总体格局发生了很大变化，全球贸易网络越来越呈现出"多中心"的现象。

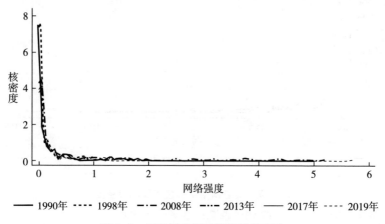

图 3-8   贸易网络强度指标的核密度

资料来源：根据测算的贸易网络中心性指标，笔者自行绘制。

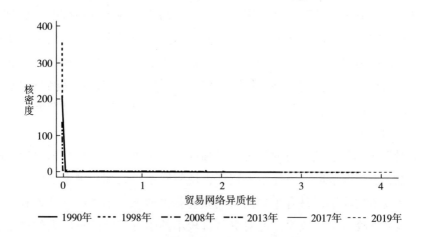

图 3-9   贸易网络异质性指标的核密度

资料来源：根据测算的贸易网络中心性指标，笔者自行绘制。

2. 各国贸易网络特征的国际比较

为了更加直观地研究全球贸易网络特征，本节运用 UCINET 软件中的

Netdraw 绘制 1990 年以及 2019 年全球无向有权贸易网络的结构图（见图 3-10 和图 3-11）。我们参考吕越等（2020）的研究方法，将阈值设定为 t 年全球最大进出口额的 0.0075，t 年 i 国和 j 国之间存在连线，说明这两个国家之间

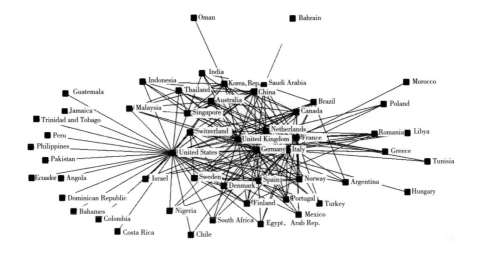

图 3-10　1990 年全球贸易网络结构

资料来源：根据测算的贸易网络中心性指标，笔者自行绘制。

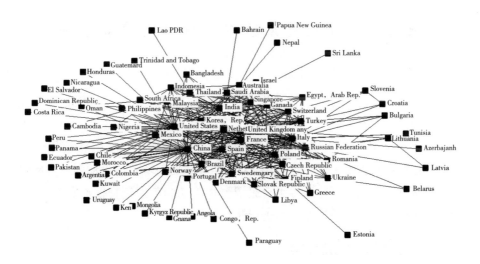

图 3-11　2019 年全球贸易网络结构

资料来源：根据测算的贸易网络中心性指标，笔者自行绘制。

的进出口总额超过了 t 年全球最大进出口额的 0.0075，两国之间的联系更密切。不同国家之间连线的粗细表示了国家贸易网络的强弱，两个国家之间的连线越粗表示进出口贸易额越大，两国的贸易网络也越密集；反之，连线越细说明两国之间的联系越不紧密，进出口贸易额也越小。

从图 3-10 和图 3-11 中可以发现，全球贸易网络中心性结构特征不仅十分显著，而且具有较强的稳定性。在全球贸易网络中，任何国家都不是独立的，国家之间具有显著的通达性和非均衡性。结果表明，新加坡、新西兰、法国、德国、美国等一直处于全球贸易网络的核心地位，与其他国家都有着密切的联系；危地马拉、牙买加、秘鲁、安哥拉等国家与其他国家的贸易联系较少，这些国家处在边缘位置。总体来说，1990~2019 年，全球贸易网络中各国之间的贸易联系日益紧密，相较于 1990 年全球贸易网络结构图，2019 年全球贸易网络结构图的节点之间的连线更多，且粗连线的数量也更多。全球贸易网络结构呈现出明显的"多中心"发展特征，整体网络结构较为严密，网络中的每个国家都不可或缺。1990~2019 年，中国在贸易网络中的位置也发生了很大变化，2019 年中国在全球贸易网络中的位置比 1990 年的位置更靠前，与其他国家的贸易网络联系更紧密。

第三节　跨境资本流动的测算及特征分析

随着全球经济一体化的快速发展，各国跨境资本流动的规模呈现快速扩大的趋势。尤其对新兴经济体来说，如何利用好国际资本流入和应对大规模资本流动对经济发展和金融稳定具有重要的作用。本节将使用全球 131 个主要国家（地区）1990~2019 年的数据，将跨境资本流动划分为跨国直接投资资本流动、国际证券组合投资资本流动和跨国信贷投资资本流动，分别对不同类别的跨境资本流动进行测算及特征分析。

一、跨境资本流动的测算

1. 跨境资本流动的概念界定及基本指标说明

跨境资本流动也称国际资本流动，是指各类资本在跨国（地区）之间的自由流动，主要包括跨境资本流入和跨境资本流出两个方向。国际收支平衡表中资本与金融账户的变化反映了跨境资本流动的情况。最早的跨境资本流动主要表现在商品贸易中，随着国际资本跨出国界的发展形成了新特征和规律。跨境资本流动主要分为两类：一类是与实物有直接关系的资本流动，如直接投资等；另一类是与实物没有直接联系的资本流动，如证券投资、其他投资等。从流向来看，跨境资本流动主要指跨境资本净流入、跨境资本流入和跨境资本流出。跨境资本净流入是流入与流出的综合结果；如果只考虑净流入，则可能会忽略流入和流出的特征，总量资本流动是不同类型市场主体行为的叠加；如果只考虑总量层面，可能会忽略不同主体具体的特征。因此，本章将对不同类别的跨国直接投资（外商直接投资形式的跨境资本）、国际证券组合投资（债券类、股票类证券投资形式的跨境资本）、跨国信贷（跨境银行贷款形式的跨境资本）的资本流动进行细致深入的研究。

本章使用的跨境资本流动相关数据主要包括三大类：直接投资、证券投资和其他投资（此处只考虑跨国信贷投资）。直接投资和证券投资的数据均来自国际货币基金组织（IMF）的 BOP 数据库，每一类跨境资本流动均包括净流入、流入和流出。需要特别说明的是，由于国际收支平衡表（BOP）中各项目核算的单位都是以百万美元衡量的，因此，本章所涉及的不同类型的跨境资本流动情况的图表，单位均为百万美元。

2. 跨境资本流动的测算方法

在一国的国际收支平衡表中，跨境资本流动项目主要包括四大类：直接投资、证券投资、其他投资和金融衍生品工具，不同类别的资本流动中都包括了资产和负债，还有误差项，本章将不包括衍生品的各项目进行研究。具体来说，一国的跨境资本流动除了上述不同类别项目，还分为不同方向，主要包括资本流入和资本流出两个部分。由于不同国家、市场和制度等因素的差异，目前使用的跨境资本流动的测算指标并不统一。结合已有研究，本节将从宏观层面对流入和流出进行区分，并对不同类别的跨境资本流动分别进一步研究，有助于深入分析资本流动的特性。

第一，总体层面的状况。本章参考 Forbes 等（2012）、张明等（2014）的研究方法，总量跨境资本流入＝直接投资流入额+证券投资流入额+其他投资流入额的总和占 GDP 的比值；总量跨境资本流出＝直接投资流出额+证券投资流出额+其他投资流出额的总和占 GDP 的比值；总量资本净流入＝总量跨境资本流入−总量跨境资本流出。

第二，细分指标层面的状况。参考孙天琦等（2020）的研究方法，按不同类别细分的跨境资本流动数据，具体计算公式如下：跨国直接投资流入＝跨国直接投资流入额与 GDP 之比；跨国直接投资流出＝跨国直接投资流出额与 GDP 之比；跨国直接投资净流入＝跨国直接投资流入−跨国直接投资流出。国际证券组合投资流入＝国际证券组合投资流入额与 GDP 之比；国际证券组合投资流出＝国际证券组合投资流出额与 GDP 之比；国际证券组合投资净流入＝国际证券组合流入−国际证券组合投资流出。其他投资主要考虑的是跨境银行贷款形式的资本流动，跨国银行总资本流动（又称为跨国信贷资本总流动）是指涵盖所有金融工具、所有交易币种、所有汇报行的债券，跨国银行总债权和债务中包括银行部门和非银行部门的债券流动。因此，跨国信贷资本流入＝跨国信贷资本流入规模占 GDP 的比值；跨国信贷资本流出＝跨国信贷资本流出规模占 GDP 的比值；跨国信贷资本净流入＝跨国信贷资本流入−跨国信贷资本流出。

本章的后续研究中，针对全球不同国家的不同类型跨境资本流动情况中，都使用上述公式计算的跨境资本流动指标，但是在稳健性检验中，我们使用不同类型的跨境资本流动规模直接取对数的处理方法。

二、总量跨境资本流动的特征分析

随着金融全球化进程的推进，全球跨境资本流动的规模扩大和波动性的增强，2021 年全球跨境资本流动出现总量规模扩大，同时跨境资本流动的波动日益加剧、全球国际证券组合投资占比上升等特征。但是，具体到各个项目的差异，不同经济体的跨境资本流动的情况，本节将使用跨境资本流动的相关数据对此进行深入分析。

图 3-12 为总量跨境资本流入和流出额的情况。结果显示，1990～2008年全球跨境资本流动整体趋势呈现扩大上升的态势，2008 年至今呈现剧烈震荡趋势，1990～2019 年的整体趋势主要分为以下三个阶段：

第一个阶段为 1990～2002 年，这个阶段的整体趋势呈现平稳增长的态

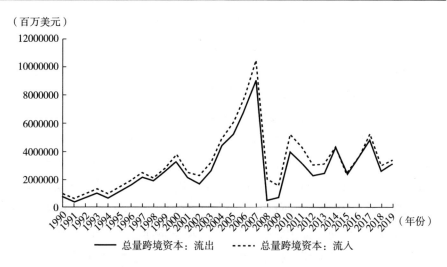

图 3-12　总量跨境资本流入额和流出额

资料来源：根据 IMF 数据库各国总量跨境投资的汇总数据，笔者整理。

势。在平稳增长期，从总体规模来看，全球总量跨境资本流动较小，1997 年受到亚洲金融危机的影响，总量跨境资本流入和流出额出现小幅度下降，2001 年美国科技股泡沫破裂危机也造成跨境资本流动下降，但是在此阶段全球总量跨境资本流动的整体规模依然呈现增长的趋势，1990 年总量跨境资本流入额为 9190.87 亿美元，流出额为 7229.54 亿美元，到 2002 年总量跨境资本流入额、流出额分别扩张到 22039.57 亿美元、16247.10 亿美元。

第二阶段为 2003～2008 年，这个阶段的整体趋势呈现快速增长态势，没有出现较大的全球性金融危机。在快速增长期间，全球经济运行状况良好，与此同时，各国金融市场的开放程度也在不断增强，总量跨境资本流动的整体规模出现高速增长，总量跨境资本流入额（流出额）从 2003 年的 30906.60 亿美元（24806.26 亿美元）一直上升至 2007 年的最高点 104305.81 亿美元（89691.38 亿美元）。

第三阶段为 2008 年金融危机发生以来至 2020 年，这个阶段的整体趋势呈现剧烈震荡态势。在剧烈震荡期，由于受到 2008 年金融危机的影响，全球总量跨境资本流入额和流出额从 2007 年的最高点开始急剧缩减，2018 年各国贸易保护主义开始流行，总量跨境资本流入和流出均存在较大跌幅。

2017 年，总量跨境资本流入额为 52142.72 亿美元，流出额为 47521.32 亿美元；到 2018 年，总量跨境资本流入额下跌至 29121.38 亿美元，流出额下跌至 25280.25 亿美元。2019 年，总量跨境资本流入呈现小幅度上升趋势，全球经济受到金融危机等不确定性因素的影响加深，因此，2008 年金融危机后，总量跨境资本流动呈现较强的双向波动特点。

图 3-13 为总量跨境资本净流入的情况，1990~2019 年总量跨境资本净流入的整体趋势呈现正三角的态势，总量跨境资本流入的值总体大于总量跨境资本流出的值。1990~1998 年，总量跨境资本流入大于总量跨境资本流出，总量跨境资本规模的缺口并不大；随后 1998~2008 年，全球总量跨境资本规模缺口持续扩大，1998 年的总量跨境资本净流入为 1511.61 亿美元，到 2008 年总量跨境资本净流入上涨至 14730.61 亿美元；2008 年之后，总量跨境资本流出缺口开始逐年减少，并在 2014 年期间出现总量跨境资本流入规模低于总量跨境资本流出规模，该现象一直持续到 2015 年达到最低点 -1170.93 亿美元，2016 年开始总量跨境资本流入与流出的缺口又开始缓慢增加。2018 年的总量跨境资本净流入为 3841.13 亿美元，比 2017 年总量跨境资本净流入为 4621.40 亿美元要小，直到 2019 年总量跨境资本净流入持续减少到 2742.44 亿美元，总量跨境资本流动的缺口开始缓慢减少。因此，

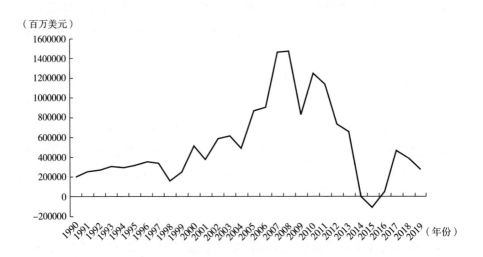

图 3-13　总量跨境资本净流入

资料来源：根据 IMF 数据库各国总量跨境资本净流入的汇总数据，笔者整理。

2008 年至今的总量跨境资本流动的缺口也存在波动特点。

第四节　贸易网络中心性影响总量跨境资本 流动的模型设定及变量说明

一、模型设定

参考 Richmond（2019）的研究，本章选取贸易网络中心性作为核心解释变量，总量跨境资本流动作为被解释变量，并根据跨境资本流动驱动因素的"推—拉"框架从国际因素和国内因素分别选取控制变量（Obstfeld et al.，2019；刘莉亚等，2013；杨海珍等，2021；陈雷等，2021），构建模型如下：

$$FL_{it} = \beta_0 + \beta_1 TNC_{it} + \beta_2 X_{it} + CE_i + YE_t + \varepsilon_{it} \tag{3.4}$$

式（3.4）中，FL_{it} 表示 i 国家 t 时期的不同类型的跨境资本流动占 GDP 的比值，具体为总量跨境资本流动（包括净流入、流入和流出）占 GDP 的比值，TNC_{it} 表示 i 国家 t 时期的贸易网络中心性，X 表示控制变量，包括国际因素和国内因素的控制变量，以及国家规模变量，CE_i 和 YE_t 分别为国家（个体）固定效应和年度固定效应，ε_{it} 为随机误差，β_0、β_1 为待估参数。

二、变量选取

考虑到全球贸易网络的变化和数据的可获得性，本章以全球范围内 131 个国家（地区）的年度数据为考察基础，样本区间为 1990～2019 年，构建的相关指标涉及的基础数据主要来源于 IFS 数据库、WDI 数据库和 Wind 数据库。

1. 被解释变量

总量跨境资本流动（FL_{it}）。FL_{it} 为 t 时期 i 国家的总量跨境资本流动。本章参考 Forbes 等（2012）、张明等（2014）的计算方法，将总量跨境资本流动细分为不同方向（净流入、流入和流出）占 GDP 的比率。具体的计算方法为：总量跨境资本流入 =（直接投资流入额 + 证券投资流入额 + 其他投资流入额）/GDP；总量跨境资本流出 =（直接投资流出额 + 证券投资流出额 + 其他投资流出额）/GDP；总量跨境资本净流入等于总量跨境资本流入减去总量跨境资本流出（孙天琦等，2020）。

2. 核心解释变量

（1）贸易网络中心性（TNC_{it}）。TNC_{it} 为 t 时期 i 国家的全球贸易网络中心性，表示一国在全球贸易网络中的地位和关系，也反映了该国对其他国家的控制力或影响力。处在中心位置的国家比边缘国家的影响力更大，具有更大的信息优势或更大的权力。本章的基础数据使用各国的双边贸易数据和 GDP 数据，一国的贸易网络中心性值越大，意味着该国处在全球贸易网络中心枢纽位置，引领能力也较其他边缘国家强，该值是一国参与国际贸易网络的综合性统计指标。

（2）贸易网络联系强度（$Strength_{it}$）。$Strength_{it}$ 是指 t 时期 i 国家的贸易网络联系强度（Freeman，1979），贸易网络联系强度也称为点强度，该指标主要衡量贸易网络中联系的时间长度、亲密性、感情强度和互惠活动等代表不同国家之间联系特征的相关变量。在全球贸易网络中，点强度不仅可以表示一国与其他国家贸易联系的紧密程度，还反映了一国在全球贸易中对外贸易的强度。贸易网络联系强度的基础数据为不同国家的双边进出口数据，使用 UNINET6.0 测算的点强度，取值范围为 $[0, +\infty)$。

（3）贸易网络异质性（$Disparity_{it}$）。$Disparity_{it}$ 是指 t 时期 i 国家的贸易网络异质性，也称为差异性，该指标说明了贸易网络中是否存在结构洞或弱联系（Burt，2004）。因此，贸易网络异质性值越大，说明节点的网络异质性越小。基础数据为各个国家或地区的双边进出口贸易值，使用社会网络分析法对不同国家在全球贸易网络中结构洞进行测算。运用 UNINET6.0 测算的贸易网络异质性指标与贸易网络中心性指标反映一国的中心性关系是相反的，即一国的贸易网络异质性值越大，就意味着该国的结构洞越多，说明该国的贸易集中在少数几个国家，侧面也反映了该国贸易处在全球贸易网络中的边缘位置。

3. 其他解释变量

（1）国内生产总值占全球 GDP 份额（$GDPshare_{it}$）。$GDPshare_{it}$ 是指 t 时

期 i 国家占世界国内生产总值的比例，其中世界国内生产总值是 t 时期样本中所有国家的国内生产总值之和。该指标反映了一国的国内生产总值占全世界 GDP 总体规模的比值。

（2）贸易与国内生产总值比率（$TRADEgdp_{it}$）。$TRADEgdp_{it}$ 是指 t 时期 i 国家总贸易额占国内生产总值比率，表示一国贸易在国内的总体规模大小，该值越大表示 i 国的贸易占国内生产总值的比率越高，也可以衡量一国的贸易开放度。

（3）消费增长协方差（Beta）值。使用每个国家人均消费增长对世界消费增长进行 20 年滚动窗口回归的 Beta 系数，求得每个国家消费增长协方差的衡量标准，各国的实际消费数据来自宾夕法尼亚大学的世界表（Penn World Tables 10.0）。一国的消费增长协方差（Beta）值越大，意味着该国越容易受到全球消费风险的冲击，国际投资者对该国的总量跨境资本投资规模可能受到相应的影响。

4. 工具变量

（1）班轮运输指数（$LSCI$）。$LSCI$ 来自联合国贸发会议（UNCTAD）数据库，根据海运部门船舶数量、集装箱运载能力、最大船舶尺寸、服务数量以及在一国港口部署集装箱船的公司数量这五个组成部分计算，每个国家的这五个组成部分被平均化处理后除以 2004 年的最大平均值，再乘以 100 求得班轮运输指数，该指数对 2004 年平均指数最高的国家而言其指数为 100。

（2）航空货运公里数（AIR）。AIR 来自国际货币基金组织的 IMF 数据库，该指标是指每个飞行阶段（飞机从起飞到下一次着陆的操作）携带的货物、快递和外交邮袋的数量，以公吨乘以旅行公里数来衡量。

5. 控制变量

参考已有相关文献，本章在"推—拉"框架下，选择国际因素和国内因素作为控制变量。

（1）全球风险指数（$\ln VIX$）。$\ln VIX$ 为美国标准普尔 500 指数波动率，参考张明和肖立晟（2014）、陈雷等（2021）的研究方法，该指标反映了全球投资者风险意识变化以及全球金融市场的动荡程度，一国的全球风险指数越高，意味着该国全球动荡程度和风险偏好越强。

（2）全球流动性（GF）。GF 表示全球流动性，较高的全球流动性将推动国际资本流入新兴经济体国家以追求高收益。借鉴阙澄宇和程立燕（2021）的做法，采用"G4 经济体"（美国、英国、日本和欧元区）的广义货币供应量（M2）总和的同比增长率衡量。

（3）金融开放度（*KAOPEN*）。*KAOPEN* 表示一国的金融开放程度，使用 Chinn-Ito 指数[①]表示金融开放程度，该指数越高表示资本账户开放程度就越高。

（4）汇率波动率（*NEV*）。*NEV* 表示一国的汇率波动率水平，如果一国汇率水平波动幅度较大，会影响跨国直接投资的流动（彭红枫和祝小全，2019），我们使用各国兑美元的月度汇率数据，取对数求差分求得年度数据的标准差测度汇率波动率。

（5）经常账户余额占 GDP 的比重（*CURRENT*）。*CURRENT* 表示一国的经常账户余额占 GDP 的比率，长期处于较高的经常账户赤字的国家，不仅说明该国严重依赖国际资本流入，该国的国际竞争力下降，更容易受到外部冲击（刘莉亚等，2013；陈中飞等，2021）。

（6）外汇储备资产的变动占 GDP 的比重。*RESERVES* 表示一国外汇储备资产的变动占 GDP 的比率。参考刘粮等（2018）和陈雷等（2021）的方法，该指标反映了一国央行在外汇市场通过对外汇资产进行调整，从而改变该国货币汇率的能力。

三、描述性统计

本章实证模型变量的描述性统计结果如表 3-1 所示。

表 3-1　描述性统计

变量类型	变量	符号	样本量	均值	标准差	最小值	最大值
	总量跨境资本净流入	NFL_{GDP}	3930	0.030	0.159	-1.712	5.716
被解释变量	总量跨境资本流入	$FLIN_{GDP}$	3930	0.093	0.380	-5.191	8.111
	总量跨境资本流出	$FLOU_{GDP}$	3930	0.063	0.369	-5.251	7.980

---

① Chinn-Ito 构建的（KAOPEN）指数是用于衡量一个国家资本账户开放程度，是基于国际货币基金组织出版的《汇兑安排与汇兑限制年报》中关于国际资本流动数据测算所得。该指数来源于网站 http：// web. pdx. edu/~ito/Chinn-Ito_website. htm。

续表

变量类型	变量	符号	样本量	均值	标准差	最小值	最大值
解释变量	贸易网络中心性	TNC	3930	0.002	0.003	0	0.026
	贸易网络强度	$Strength$	3930	0.222	0.588	0	5.582
	贸易网络异质性	$Disparity$	3930	0.054	0.300	-0.008	4.140
	国内生产总值占全球 GDP 份额	$GDPshare$	3930	0.007	0.025	0	0.317
	贸易额占国内生产总值的比率	$TRADEgdp$	3930	0.592	0.376	0	3.438
	消费增长协方差	$Beta$	2295	0.671	1.273	-6.684	3.210
控制变量	全球风险指数	$\ln VIX$	3930	2.909	0.291	2.406	3.487
	全球流动性	GF	3930	0.021	0.039	-0.171	0.068
	汇率波动率	NEV	3930	0.021	0.064	-0.167	2.711
	金融开放度	$KAOPEN$	3874	0.262	1.535	-1.920	2.334
	经常账户余额国内生产总值份额	$CURRENT$	3930	-0.003	0.012	-0.300	0.054
	外汇储备资产的变动占 GDP 的比重	$RESERVES$	3930	0.024	0.290	-1.120	5.057
工具变量	班轮运输指数	$\ln LSCI$	1739	2.851	0.942	-0.916	5.023
	航空货运量	$\ln AIR$	3099	3.691	3.086	-6.006	10.669

资料来源：主要来源于 IFS 数据库、WDI 数据库和 Wind 数据库。

首先，被解释变量总量跨境资本净流入 NFL_{GDP} 的最大值为 5.716，最小值仅为 -1.712，说明不同国家的总量跨境资本净流入差异较大。总量跨境资本流入 $FLIN_{GDP}$ 的最大值为 8.111，最小值为 -5.191，标准差为 0.380；总量跨境资本流出 $FLOU_{GDP}$ 的最大值为 7.980，最小值为 -5.251，标准差为 0.369，说明不同国家的总量跨境资本流入与总量跨境资本流出之间的差异较大，且波动幅度较大。

其次，核心解释变量贸易网络中心性 TNC 最大值为 0.026，最小值为 0，贸易网络强度最大值为 5.582，最小值为 0；贸易网络异质性最大值为 4.140，最小值为 -0.008，说明不同国家的贸易网络中心性值相差较大。

最后，其他变量中 $Beta$、$GDPshare$、$TRADEsgdpe$、$\ln VIX$、GF、NEV、

KAOPEN、*CURRENT* 和 *RESERVES* 的最大值与最小值均存在一定的差异，侧面表明了贸易小国与贸易大国之间还有很大的差距。

综合来看，上述变量具有足够的差异性，较为适合构建实证方程。

第五节 贸易网络中心性影响总量跨境资本流动的实证结果分析

一、基准回归结果

1. 贸易网络中心性对总量跨境资本流动的影响

在本节中，我们使用本章第二节构建的贸易网络中心性指标作为核心解释变量，因变量选取总量跨境资本流动，检验基准回归方程（3.4）。表3-2列出了相应的回归结果，清晰地显示了不同模型之间的差异。贸易网络中心国家的贸易规模并不一定很大，例如，新加坡、荷兰、比利时和马来西亚等处在贸易网络中心位置，但是这些国家在全球的贸易份额远远不及美国等贸易伙伴国在全球贸易的规模，所以，我们使用跨境资本流动的规模除以各国的 GDP 剔除了国家规模等因素。

表3-2　贸易网络中心性对总量跨境资本流动的影响

变量	（Ⅰ）	（Ⅱ）	（Ⅲ）	（Ⅳ）	（Ⅴ）	（Ⅵ）
	NFL_{GDP}	NFL_{GDP}	$FLIN_{GDP}$	$FLIN_{GDP}$	$FLOU_{GDP}$	$FLOU_{GDP}$
TNC	−4.660 **	−7.840 **	−10.013 *	−13.873 **	−5.353	−6.033
	（−2.06）	（−2.58）	（−1.80）	（−2.08）	（−1.08）	（−1.11）
KAOPEN		0.002		0.019		0.017
		（0.47）		（1.45）		（1.17）
ln*VIX*		0.090		−0.297		−0.387 **
		（1.04）		（−1.42）		（−2.04）
GF		−0.777		1.284		2.061
		（−1.13）		（0.65）		（1.16）
NEV		−0.100 ***		−0.047		0.054
		（−3.39）		（−0.79）		（1.03）

续表

变量	（Ⅰ）NFL_{GDP}	（Ⅱ）NFL_{GDP}	（Ⅲ）$FLIN_{GDP}$	（Ⅳ）$FLIN_{GDP}$	（Ⅴ）$FLOU_{GDP}$	（Ⅵ）$FLOU_{GDP}$
CURRENT		−1.475 *** (−2.59)		−1.272 *** (−2.89)		0.203 (0.65)
RESERVES		0.224 (1.07)		0.196 (0.99)		−0.028 * (−1.68)
CE	YES	YES	YES	YES	YES	YES
YE	YES	YES	YES	YES	YES	YES
常数项	0.025 *** (4.05)	−0.200 (−0.87)	0.029 (1.32)	0.884 * (1.67)	0.003 (0.14)	1.083 ** (2.24)
adj_R^2	0.131	0.079	0.002	0.034		0.022
Obs	3930	3874	3930	3874		3874

注：①CE 为国家（个体）固定效应，YE 为年度效应。②括号内为相应的 t-统计量。③ *** 、 ** 和 * 分别表示在 1%、5% 和 10% 水平下显著。④NFL_{GDP} 为总量跨境资本净流入的规模占 GDP 的比值；$FLIN_{GDP}$ 为总量跨境资本流入的规模占 GDP 的比值；$FLOU_{GDP}$ 为总量跨境资本流出的规模占 GDP 的比值。⑤TNC 为贸易网络中心性。

资料来源：TNC、NFL_{GDP}、$FLIN_{GDP}$、$FLOU_{GDP}$ 的基础数据来源于 IFS 数据库和 WDI 数据库，在此基础上，笔者对基础数据进行了一系列的预处理和计算工作，包括数据的清洗、去除缺失值以及对某些变量进行标准化处理。KAOPEN 来源于网站 http：//web. pdx. edu/~ ito/Chinn – Ito _ website. htm；lnVIX 来源于 Wind 数据库；GF 来源于 IMF 数据库；NEV、CURRENT 和 RESERVES 的基础数据 Wind 数据库和 IMF 数据库，笔者根据不同指标方法自行计算整理。

表 3-2 中的第（Ⅰ）列~第（Ⅱ）列的被解释变量为总量跨境资本净流入，回归结果显示：首先，第（Ⅰ）列的结果表明，不加控制变量时，贸易网络中心性（TNC）与总量跨境资本净流入在 5% 水平上呈负显著关系；第（Ⅱ）列在加入国际因素和国内因素的控制变量后，贸易网络中心性的回归系数为-7.840，相应的 t-统计量为-2.58，在 5% 水平下负向显著，说明一国的贸易网络中心性的提升，对该国的总量跨境资本净流入具有负向影响，这与第二章命题 2-2 的结果一致，证实了我们的结论。之所以出现这种结果，是由于处在贸易网络中心位置的国家通常金融开放程度较高，对于中心国家而言，其国家全球化程度较高，较多涉及跨境资本业务，跨境资本流动的双向特征较为明显，最终表现为贸易网络中心性的提升，出现大量的跨境资本流入和跨境资本流出相互抵消造成跨境资本净流入的减少。2008 年金融危机爆发前，在美国和欧洲美元市场之间存在大量的资本

流入和资本流出，二者相互抵消并没有对净资本流动产生太大影响，但是通过美国影子体系和欧洲跨国银行之间的资产证券化行为形成的跨境总资本流动规模却达到了峰值。因此，随着一国贸易网络中心性的提升，对跨境资本净流入产生了负向影响。

其次，第（Ⅲ）列和第（Ⅳ）列的结果发现，无论是否加入控制变量，贸易网络中心性对总跨境资本流入均呈现负向显著关系，贸易网络中心性的提升对跨境资本流入具有负向影响。具体地，在加入控制变量后，贸易网络中心性的回归系数为-13.873，相应的t-统计量为-2.08，在5%水平下负向显著。结合第二章的理论分析，出现这种结果的原因是，相较于边缘国家，处在全球贸易网络中心位置的国家更容易受到共同的全球消费增长冲击，即对全球消费增长风险的总敞口也就越大，受到外部冲击时，中心国家具有较低的利率和风险溢价（Richmond，2019）。一方面，跨境资本流入体现的是跨期消费路径选择，符合套利资本的运动规律，而且跨境资本流入对收益因素更敏感，当中心国家具有较低的利率和风险溢价时，该国的跨境资本流入也相应地较小（Obstfeld and Rogoff，1996）；另一方面，对于贸易网络中心的国家而言，金融开放程度更高，涉及的跨境资本业务更多，有能力以较低的利率从国外借款，使本国汇率和国内通胀所面临的压力比边缘国家要小（Obstfeld，2012），跨境资本可以流出到国外追求较高的收益水平。因此，一国贸易网络中心性的提升对跨境资本流入产生负向影响。

最后，第（Ⅴ）列为不加控制变量，第（Ⅵ）列加控制变量，结果发现，贸易网络中心性对总量跨境资本流出不敏感，原因是样本中的国家大部分属于发展中国家，大部分国家的资本项目并未实现完全可兑换，阻断了这些国家的总量跨境资本流出对贸易网络中心性差异的反应。

2. 引入不同国家规模变量的回归

参照以往文献的结果，如 Hassan（2013）使用国内生产总值份额来表示国家规模，贸易额占国内生产总值比率表示一个国家的贸易在整体 GDP 中的规模。那么，是否一个国家的规模越大就表示该国贸易网络中心值越大？为了解决此问题，我们在基准回归贸易网络中心性对总量跨境资本流动的模型中，分别加入每个国家的国内生产总值份额和贸易额与国内生产总值的占比来控制国家规模的因素。检验结果如表3-3所示。

表 3-3　贸易网络中心性与国家规模变量对总量跨境资本流动的影响

变量	（Ⅰ）	（Ⅱ）	（Ⅲ）	（Ⅳ）	（Ⅴ）	（Ⅵ）
	NFL_{GDP}	NFL_{GDP}	$FLIN_{GDP}$	$FLIN_{GDP}$	$FLOU_{GDP}$	$FLOU_{GDP}$
TNC	-7.715^{***}	-11.642^{***}	-13.785^{**}	-16.231^{*}	-6.070	-4.590
	(-2.66)	(-3.00)	(-2.09)	(-1.91)	(-1.11)	(-0.67)
$GDPshare$	-3.594		-2.542		1.052^{**}	
	(-1.52)		(-1.11)		(2.29)	
$TRADEgdp$		0.052^{***}		0.032		-0.020
		(2.81)		(0.78)		(-0.50)
控制变量	YES	YES	YES	YES	YES	YES
CE	YES	YES	YES	YES	YES	YES
YE	YES	YES	YES	YES	YES	YES
常数项	-0.184	-0.205	0.894^{*}	0.880^{*}	1.079^{**}	1.085^{**}
	(-0.81)	(-0.89)	(1.69)	(1.65)	(2.23)	(2.24)
adj_R^2	0.092	0.082	0.035	0.034	0.022	0.022
Obs	3874	3874	3874	3874	3874	3874

注：①CE 为国家（个体）固定效应，YE 为年度效应。②括号内为相应的 t 统计量。③ $***$、$**$ 和 $*$ 分别表示在 1%、5% 和 10% 水平下显著。④NFL_{GDP} 为总量跨境资本净流入的规模占 GDP 的比值；$FLIN_{GDP}$ 为总量跨境资本流入的规模占 GDP 的比值；$FLOU_{GDP}$ 为总量跨境资本流出的规模占 GDP 的比值。⑤TNC 为贸易网络中心性；$GDPshare$ 为国内生产总值占全球 GDP 份额；$TRADEgdp$ 为贸易额占国内生产总值的比率。

资料来源：TNC、NFL_{GDP}、$FLIN_{GDP}$、$FLOU_{GDP}$ 的基础数据来源于 IFS 数据库和 WDI 数据库，在此基础上，笔者对基础数据进行了一系列的预处理和计算工作，包括数据的清洗、去除缺失值以及对某些变量进行标准化处理。$GDPshare$ 和 $TRADEgdp$ 的基础数据主要来源于 IFS 数据库和 Wind 数据库，笔者根据不同指标的构建方法对基础数据进行计算和整理。

表 3-3 的第（Ⅰ）列至第（Ⅱ）列的被解释变量为总量跨境资本净流入占 GDP 的比值，第（Ⅰ）列为加入每个国家的国内生产总值占全球 GDP 份额（$GDPshare$），第（Ⅱ）列为加入各国的贸易额占国内生产总值的比率（$TRADEgdp$）。回归结果显示，贸易网络中心性对总量跨境资本净流入均在 1% 水平上呈现负显著关系。第（Ⅲ）列和第（Ⅳ）列的被解释变量为总量跨境资本流入，回归结果表明，分别加入国家规模变量国内生产总值占全球 GDP 份额（$GDPshare$）和贸易额占国内生产总值的比率（$TRADEgdp$）后，贸易网络中心性依然与跨境资本流入呈现负显著关系，回归系数分别为 -13.785 和 -16.231，相应的 t 统计量分别为 -2.09 和 -1.91。第（Ⅴ）列和第（Ⅵ）列的结果表明，加入国家规模变量后，贸易网络中心性与总量跨

境资本流出没有显著关系，与基准回归结果一致，说明国家规模变量并不影响贸易网络中心性系数的显著性，意味着贸易网络中心性是一国高度持久的特征，但是随着时间的推移，一些国家的中心性也会增加或减少，从而影响该国的总量跨境资本流动。

综上所述，加入国家规模变量并不会影响贸易网络中心性对跨境资本流动的显著性，进一步说明贸易网络中心性衡量的是一个国家因可贸易商品贸易联系而遭受全球冲击的程度，即贸易网络中心性与该国占全球 GDP 份额没有直接对应关系。例如，贸易网络中心性排名荷兰、新加坡和马来西亚等国家都属于中心国家，但是相对于它们的中心位置而言，这些国家的国内生产总值占全球 GDP 份额却较低；同时，某个国家的贸易额占国内生产总值的比率很大，也并非意味着该国就处在贸易网络中心的位置，由于该国很可能是与另一个相同地处边缘位置的国家进行贸易往来，如新西兰和澳大利亚两国之间的贸易占国内生产总值的比率很高，但是它们与处在贸易网络中心的国家如美国、加拿大等其他国家之间的贸易占比却很低，这将导致它们处在边缘的地位，较少受到全球波动的影响。

二、异质性分析

在前文基准回归基础上，我们区别发达国家、发展中国家以及金融危机前后贸易网络中心性对跨国直接投资流动的差异性影响。该部分将通过使用虚拟变量与核心解释变量的交互项进行分析，回归模型如下：

$$FL_{it} = \beta_0 + \beta_1 TNC_{it} + \beta_2 Dummy_{it} + \beta_3 Dummy_{it} \times TNC_{it} + \beta_4 X_{it} + CE_i + YE_t + \varepsilon_{it} \quad (3.5)$$

式（3.5）中，FL_{it} 表示 i 国家 t 时期的不同类型的总量跨境资本流动，具体为总量跨境资本流动（包括净流入、流入和流出）；TNC_{it} 表示 i 国家 t 时期的贸易网络中心性；$Dummy_{it}$ 分别表示两个虚拟变量是否发达国家（$if\_developed$）和金融危机前后（$CRISIS$）；X 表示控制变量，包括国际因素和国内因素的控制变量，CE_i 和 YE_t 分别表示国家（个体）固定效应和年度固定效应，ε_{it} 表示随机误差，β_0、β_1 表示待估参数。

首先，根据联合国人类发展指数（HDI）对世界各国进行分组，$HDI > 0.9$ 表示发达国家，虚拟变量 $if\_developed = 1$；$HDI \leqslant 0.9$ 表示发展中国家，虚拟变量 $if\_developed = 0$。其次，现有文献发现贸易网络可以作为预警信号预测金融危机，因为贸易网络的失衡会早于金融危机。因此本章生成虚拟变量 *CRISIS*，*CRISIS* = 1 为 2009 年及以后；*CRISIS* = 0 为 2009 年以前。最后，本章还控制了国家及时间固定效应，回归结果见表 3-4 所示。

表 3-4　贸易网络中心性影响总量跨境资本流动的异质性分析

变量	不同经济发展水平			金融危机前后		
	（Ⅰ）	（Ⅱ）	（Ⅲ）	（Ⅳ）	（Ⅴ）	（Ⅵ）
	NFL_{GDP}	$FLIN_{GDP}$	$FLOU_{GDP}$	NFL_{GDP}	$FLIN_{GDP}$	$FLOU_{GDP}$
TNC	−8.434***	−14.167**	−5.733	−6.345**	−0.835*	−4.797
	(2.89)	(−2.14)	(−1.00)	(−2.43)	(−0.21)	(−0.92)
if_developed	0.049	−0.035	−0.084**			
	(1.18)	(−0.68)	(−2.08)			
TNC×if_developed	−10.540**	−0.141	10.400**			
	(−2.11)	(−0.02)	(2.30)			
CRISIS				0.195	−0.028*	−0.344*
				(1.04)	(−1.90)	(−1.79)
TNC×CRISIS				−6.062***	−11.713***	−5.014
				(−3.46)	(−2.77)	(−0.88)
控制变量	YES	YES	YES	YES	YES	YES
CE	YES	YES	YES	YES	YES	YES
YE	YES	YES	YES	YES	YES	YES
常数项	−0.209	0.896*	1.105**	−0.311	0.138**	1.249**
	(−0.92)	(1.69)	(2.27)	(−0.96)	(2.22)	(2.16)
adj_R^2	0.081	0.034	0.023	0.082	0.005	0.022
Obs	3874	3874	3874	3874	3874	3874

注：①*CE* 表示国家（个体）固定效应，*YE* 表示年度效应。②括号内为相应的 t-统计量。③ *** 、** 和 * 分别表示在 1%、5% 和 10% 水平下显著。④*NFL*$_{GDP}$ 表示总量跨境资本净流入的规模占 GDP 的比值；*FLIN*$_{GDP}$ 表示总量跨境资本流入的规模占 GDP 的比值；*FLOU*$_{GDP}$ 表示总量跨境资本流出的规模占 GDP 的比值。⑤*TNC* 表示贸易网络中心性。

资料来源：构建的关键指标所依赖的基础数据主要来源于 IFS 数据库、WDI 数据库和 Wind 数据库。在此基础上，笔者对原始数据进行了一系列的预处理工作，包括数据的清洗、去除缺失值以及对某些变量进行标准化处理。

表 3-4 第（Ⅰ）列至第（Ⅲ）列为贸易网络中心性与虚拟变量是否发达国家的交乘项，结果表明，提升贸易网络中心性的水平，对发达国家的总量跨境资本净流入产生较大的负向影响；交乘项与总量跨境资本流入并不显著，却与总量跨境资本流出呈正向显著的关系，原因是发达国家可以通过贸易网络中心性地位的提高获得比发展中国家更多的出口经验和资源，

促进企业对外投资活动的增加，进而引起总量跨境资本流出增加，最后导致交乘项与总量跨境资本净流入呈负向显著的关系。

表3-4第（Ⅲ）至（Ⅵ）列为贸易网络中心性与虚拟变量金融危机前后的交乘项（$TNC \times CRISIS$）对不同类型的总量跨境资本流动的影响。第（Ⅳ）列和第（Ⅴ）列的结果表明，交乘项与总量跨境资本净流入、总量跨境资本流入均在1%水平上负显著，这说明在后金融危机时代，提高贸易网络中心性地位会显著地减少各国的总量跨境资本净流入和总量跨境资本流入，即处在贸易网络越中心位置的国家对总量跨境资本净流入和总量跨境流入的负向作用更强。根据上文的分析可知，贸易网络中心性对金融危机有预警作用，导致危机后比危机前具有更强的负向作用。第（Ⅵ）列的交乘项与总量跨境资本流出不存在显著的关系，是因为样本中的国家大部分属于发展中国家，许多国家的资本项目还未完全可兑换，阻断了资本流出对贸易网络中心性差异的反应，刘莉亚等（2013）的研究存在相似结果。

三、作用机制分析

基于以上分析，为了探究贸易网络中心性是如何影响总量跨境资本流动的，本章将考虑深入分析贸易网络中心性与消费增长协方差（Beta）值的关系，检验第二章的命题2-1。根据上文理论分析，处在贸易网络越中心的国家与全球可贸易商品产出重要的国家之间具有较高的双边贸易强度，这将导致中心国家更容易受到全球风险冲击的影响，从而具有更低的利率和货币风险溢价（Richmond，2019）。因此，一国贸易网络中心性的提升引起该国的消费增长协方差增加，从而对总量跨境资本净流入产生负向影响。

借鉴 Richmond（2019）的研究方法，我们使用每个国家的人均消费增长对数与世界消费增长对数进行回归，得到每个国家的消费增长协方差（Beta）值的计算方法，具体公式如下：

$$\log \Delta \tilde{C}_{it} = \alpha_{it} + \beta_{it} \log \Delta \tilde{C} \omega_{\tau} + \varepsilon_{i\tau}, \quad \tau = t-19, \cdots, t \tag{3.6}$$

式（3.6）中，$\log \Delta \tilde{C}_{it}$ 表示 i 国家 t 时期的人均消费增长率取对数；$\log \Delta \tilde{C} \omega_{\tau}$ 表示剔除 i 国家的世界其他国家人均消费取对数的值，通过每个国家的人均消费增长对世界消费增长进行20年滚动窗口回归，求得每个国家消费增长协方差的衡量标准。一国的消费增长协方差（Beta）值越大，意味着该国更容易受到全球消费风险的冲击，国际投资者对该国的总量跨境资本投资规模受到相应的影响。

表3-5第（Ⅰ）至（Ⅳ）列的被解释变量为各国家的消费增长协方差（Beta）值，第（Ⅰ）列为不加控制变量，第（Ⅱ）列为加控制变量，结果表明，无论是否加入控制变量，贸易网络中心性（TNC）与消费增长协方差（Beta）值均呈现正向显著的关系，具体地，贸易网络中心性的回归系数分别为2.037和1.364，相应地，t统计量分别为2.35和1.73，分别在5%和10%水平上正显著，这一结果与第二章的命题2-1保持一致。第（Ⅲ）列和第（Ⅳ）列分别为加入国家规模变量 GDPshare 和 TRADEgdp 的回归，结果表明，加入国家规模变量后，贸易网络中心性与消费增长协方差依然存在正显著的关系，并不会受到国家规模变量的影响。

表3-5　贸易网络中心性与消费增长协方差（Beta）的关系

变量	（Ⅰ）	（Ⅱ）	（Ⅲ）	（Ⅳ）
	消费增长协方差（Beta）			
TNC	2.037**	1.364*	1.359*	0.719**
	(2.35)	(1.73)	(1.73)	(2.10)
GDPshare			0.120	
			(0.71)	
TRADEgdp				0.010***
				(5.01)
控制变量	NO	YES	YES	YES
CE	YES	YES	YES	YES
YE	YES	YES	YES	YES
常数项	0.007***	0.016	0.016	−0.016***
	(2.82)	(0.93)	(0.91)	(−3.50)
adj_R^2	0.030	0.118	0.112	0.100
Obs	3930	3930	3930	3930

注：①CE 表示国家（个体）固定效应，YE 表示年度效应。②括号内为相应的 t-统计量。③***、**和*分别表示在1%、5%和10%水平下显著。④Beta 表示消费增长协方差。⑤TNC 表示贸易网络中心性；GDPshare 表示国内生产总值占全球 GDP 份额；TRADEshare 表示贸易额占国内生产总值的比率。

资料来源：构建的关键指标所依赖的基础数据主要来源于 IFS 数据库、WDI 数据库、宾夕法尼亚大学的世界表和 Wind 数据库。在此基础上，笔者对原始数据进行了一系列的预处理工作，包括数据的清洗、去除缺失值以及对某些变量进行标准化处理。

以上结果表明，与边缘国家相比较，处在贸易网络中心位置国家的消费增长协方差（Beta）值更大，意味着贸易网络中心国家更容易受到全球消费风险的冲击，从而验证第二章均衡状态下命题2-1的结论。

Frankel 和 Rose（1998）指出双边贸易强度较高的国家之间存在较高的商业周期相关性，在均衡条件下，贸易网络中心位置国家与全球可贸易品产出占比较大的国家之间存在很强的贸易联系，更容易受到全球共同风险的影响。

在全球冲击共同影响的情况下，处在贸易网络中心位置国家比边缘国家更容易受到负面冲击，对全球消费增长风险的总敞口也就越大，处在全球贸易网络中心位置的国家相较于边缘国家具有更低的利率和货币风险溢价（Richmond，2019），从而使贸易网络中心的提升对跨境资本流入具有负向影响。

四、稳健性检验

1. 更换核心解释变量的测度方法

本章使用文献中常用的几种衡量贸易网络中心性的方法，采用贸易网络中的网络联系强度（点强度）和网络异质性（节点差异性）衡量贸易网络中心性特征（Burt，2004；Brown and Konrad，2001；马述忠等，2016）。点强度和节点差异性的构建方法在本章第二节已详细说明，使用国际货币基金组织的贸易统计方向（International Monetary Fund's Direction of Trade Statistics）数据库中各国 1990~2019 年的双边贸易数据进行构建测算，回归检验的结果都与基准结果一致，具体可见表3-6。

表3-6　点强度和节点差异性对总量跨境资本流动的影响

变量	（Ⅰ）	（Ⅱ）	（Ⅲ）	（Ⅳ）	（Ⅴ）	（Ⅵ）
	NFL_{GDP}	$FLIN_{GDP}$	$FLOU_{GDP}$	NFL_{GDP}	$FLIN_{GDP}$	$FLOU_{GDP}$
$Strength_i$	−0.178** (−2.03)	−0.182* (−1.95)	−0.004 (−0.13)			
$lndisparity_i$				0.014** (2.37)	0.014*** (2.78)	0.001 (0.03)
$lnVIX$	0.052 (0.62)	−0.345 (−1.66)	−0.398** (−2.07)	−0.813* (−1.65)	−0.793 (−1.61)	0.020 (0.30)

续表

变量	（Ⅰ）	（Ⅱ）	（Ⅲ）	（Ⅳ）	（Ⅴ）	（Ⅵ）
	NFL_{GDP}	$FLIN_{GDP}$	$FLOU_{GDP}$	NFL_{GDP}	$FLIN_{GDP}$	$FLOU_{GDP}$
GF	−0.838	1.396	2.234	6.092	6.962*	0.870*
	(−1.21)	(0.70)	(1.26)	(1.51)	(1.72)	(1.81)
NEV	−0.085***	−0.033	0.052	0.165	−0.023	−0.187
	(−2.75)	(−0.54)	(1.01)	(0.81)	(−0.11)	(−1.36)
KAOPEN	0.001	0.018	0.016	−0.003	−0.004	−0.001
	(0.29)	(1.35)	(1.13)	(−0.04)	(−0.07)	(−0.02)
CURRENT	−1.636***	−1.413***	0.222	−7.850	−0.266***	−2.416***
	(−2.61)	(−2.79)	(0.68)	(−0.29)	(−3.93)	(−2.69)
RESERVES	0.319	0.291	−0.029	−0.023***	−0.016***	0.007
	(1.46)	(1.37)	(−1.56)	(−2.85)	(−2.77)	(0.94)
CE	YES	YES	YES	YES	YES	YES
YE	YES	YES	YES	YES	YES	YES
常数项	−0.056	1.042*	1.099**	2.215*	2.129	−0.087
	(−0.25)	(1.98)	(2.24)	(1.75)	(1.68)	(−0.47)
adj_R^2	0.051	0.001	0.020	0.010	0.002	0.209
Obs	3874	3874	3874	800	800	800

注：①CE 表示国家（个体）固定效应，YE 表示年度效应。②括号内为相应的 t-统计量。③*** 、** 和 * 分别表示在 1%、5% 和 10% 水平下显著。④NFL_{GDP} 表示跨国直接投资净流入的规模占 GDP 的比值；$FLIN_{GDP}$ 表示跨国直接投资流入的规模占 GDP 的比值；$FLOU_{GDP}$ 表示跨国直接投资流出的规模占 GDP 的比值。

资料来源：构建的关键指标所依赖的基础数据主要来源于 IFS 数据库、WDI 数据库和 Wind 数据库。在此基础上，笔者对原始数据进行了一系列的预处理工作，包括数据的清洗、去除缺失值以及对某些变量进行标准化处理。

表3-6 中第（Ⅰ）列的点强度对总量跨境资本净流入的回归系数为 −0.178，t 统计量为 −2.03，在 5% 水平下负向显著，这说明贸易网络中心性指标在考虑点强度表示网络联系强度时，对总量跨境资本净流入的负向影响依然稳健；第（Ⅱ）列的被解释变量为总量跨境资本流入，点强度对总量跨境资本流入的回归系数为 −0.182，存在负向显著的关系，与基准回归结果保持一致；第（Ⅲ）列的被解释变量为总量跨境资本流出，点强度与总量跨境资本流出不存在显著关系，与表 3-2 基准回归结果一致。第（Ⅳ）列至第（Ⅵ）列的核心解释变量为节点差异性，当一国的节点差异性指标越高，也就意味着该国对外贸易越分散，从贸易网络中心性的角度来看，该国的位置越处在边缘国家。与之相反，当一国的节点差异性

越小，就意味着该国处在贸易网络中心性的位置。因此，节点差异性与贸易网络中心性的指标表示的结果相反。第（Ⅳ）至第（Ⅴ）列的被解释变量分别为总量跨境资本净流入和总量跨境资本流入，实证结果表明，节点差异性对总量跨境资本净流入和总量跨境资本流入均存在正显著相关关系，节点差异性与贸易网络中心性的指标表示的结果相反，即节点差异性越小意味着该国处在贸易网络中心的国家，对总量跨境资本净流入和总量跨境资本流入具有正向显著的关系，侧面说明了上文结果的稳健性。综上所述，在更换贸易网络中心性的指标为点强度和节点差异性后，贸易网络中心性与总量跨境资本净流入、总量跨境资本流入均存在显著的关系。

2. 内生性检验

在以往的文献中都提及贸易和跨境资本流动之间的内生性问题（蒋为等，2019），本章的贸易网络中心性的指标是根据世界各国的双边贸易进出口数据构建，一国贸易网络中心性地位的提升会影响该国与其他国家之间的贸易关联性，进而可以影响两国之间的跨境资本流动；反之，一国对其他国家的跨境资本流出的增加，有利于该国在全球贸易网络中的地位提升。考虑逆向因果等内生性问题，也为了消除回归结果的误差。本章将各国的班轮运输指数和航空货运旅行公里数这两个工具变量加入回归方程中，然而，有效的工具变量必须具备相关性和外生性条件，合理性分析如下所示：

首先，班轮运输相关指数与贸易高度相关，Braconier 等（2005）的研究指出两国之间缺乏直接海运连接情况下的出口额也相对较低。班轮运输指数反映了一国与全球的贸易联系程度，同时对于一国进入全球市场也起到重要的作用（王介勇等，2021）。由于各国的资本收益差异不同引起的跨国资本流动，不会受本国的船舶和港口规模等海运联通程度的影响，具有较好的外生性。因此，本章采用班轮运输相关指数取对数的滞后一期作为工具变量符合相关性和外生性要求。

其次，借鉴 Frankel 和 Romer（1999）使用地理因素作为国际贸易与经济增长的工具变量的研究方法，选取航空货运公里数能够很好地反映不同国家之间运送货物的效应，一方面，距离较近的国家之间的贸易量较大，各国的国际贸易受到航空货运公里数的影响；另一方面，航空货运公里数对跨境资本流动的影响可能仅仅通过国际贸易这个渠道来实现，实现了航空货运公里数与跨境资本流动的外生性的条件。

最后，基于上述分析，本章将班轮运输指数和航空货运公里数均取对数，并使用这两个工具变量的滞后一期同时放入总量跨境资本流动占 GDP 比值的回归方程。

表 3-7 表示加入工具变量的回归结果。首先，第（Ⅰ）列为同时加入班轮运输指数（$L.\ln LSCI$）和航空货运公里数（$L.\ln AIR$）的对数并取滞后一期作为工具变量的回归结果，第一阶段回归的 F 统计量均大于 10，说明不存在弱工具变量，也意味着选取班轮运输指数和航空货运公里数作为工具变量的合理性，即工具变量与内生解释变量之间是高度相关的；同时在第一阶段的回归结果可以发现，班轮运输指数和航空货运公里数均与贸易网络中心性在 1% 水平上显著正相关，这均说明了本节所选工具变量的合理性。其次，第（Ⅱ）列和第（Ⅲ）列的第二阶段回归结果显示，贸易网络中心性对总量跨境资本净流入和总量跨境资本流入的影响在方向上和显著性上均与表 3-2 所报告的基准回归相似，进一步验证了贸易网络中心性对总量跨境资本流动的影响；但是从数量上看，贸易网络中心性的估计系数分别为 -19.792 和 -36.214，与基准回归相比，在绝对值上增加，这表示潜在的内生性问题可能会导致低估贸易网络中心性对总量跨境资本流动的负向影响，同时也进一步表明了本章的基本结论是稳健可靠的。

表 3-7　工具变量二阶段回归结果

变量	第一阶段	第二阶段	
	（Ⅰ）	（Ⅱ）	（Ⅲ）
	TNC	NFL_{GDP}	$FLIN_{GDP}$
$L.\ln LSCI$	0.001 ***		
	(7.21)		
$L.\ln AIR$	0.002 ***		
	(7.27)		
TNC		-19.792 ***	-36.214 **
		(-2.59)	(2.50)
控制变量	YES	YES	YES

续表

变量	第一阶段	第二阶段	
	（Ⅰ）	（Ⅱ）	（Ⅲ）
	TNC	*NFL*$_{GDP}$	*FLIN*$_{GDP}$
CE	YES	YES	YES
YE	YES	YES	YES
常数项	-0.001 （-1.16）	0.058 （1.45）	0.278* （1.99）
第一阶段 F 值	87.62 [0.000]		
识别不足检验		143.247 [0.000]	143.247 [0.000]
弱识别检验		87.618 {19.93}	87.618 {19.93}
过度识别检验		0.033 [0.857]	2.210 [0.137]
内生性检验		16.886 [0.000]	3.672 [0.055]
adj_R^2	0.003	0.061	0.054
Obs	1222	1222	1222

注：①第一阶段 F 统计值大于 10，表示不存在弱工具变量的问题，[ ] 中的值为统计检验的 P 值；②识别不足检验为 Kleibergen-Paap LM 检验，[ ] 中的值为统计检验的 P 值；③弱识别检验是 Kleibergen-Paap Wald F 检验，{ } 中的值为 Stock-Yogo 检验 10%水平上的临界值；④过度识别检验是 Hansen J 检验；⑤内生性检验是 χ^2 ① 统计量，[ ] 中的值为统计检验的 P 值。

资料来源：构建的关键指标所依赖的基础数据主要来源于 IFS 数据库、WDI 数据库和 Wind 数据库。在此基础上，笔者对原始数据进行了一系列的预处理工作，包括数据的清洗、去除缺失值以及对某些变量进行标准化处理。

第六节　本章小结

本章不仅测度了各国的贸易网络中心性指标，还使用网络联系强度和网络异质性作为稳健性的替换指标。根据国际货币基金组织发布的 BOP 数据对跨境资本流动的结构进行分解及测算，实证分析贸易网络中心性对总量跨境资本流动的影响，论证第二章提出的命题 2-1 和命题 2-2。

第一，使用各国双边贸易和国内生产总值数据构建贸易网络中心性的计算公式，同时，测度各国的贸易网络联系强度和网络异质性，发现全球贸易网络结构呈现出明显的"多中心"发展特征，整体网络结构较为严密，网络中的每个国家都不可或缺。

第二，基于国际货币基金组织发布的 BOP 数据，将总量跨境资本流动划分为三种类型（包括跨国直接投资、国际证券组合投资和跨国信贷投资），并对这三种类型的跨境资本流动进行测度及特征分析，结果发现，2008 年金融危机后，总量跨境资本流动呈现较强的双向波动的特点。

第三，实证分析发现贸易网络中心性对总量跨境资本净流入、总量跨境资本流入均存在负向影响，并更换核心解释变量为点强度和网络异质性，使用工具变量进行内生性检验，进一步证实第二章均衡状态下命题 2-2 的结论。

第四，实证检验发现贸易网络中心性与消费增长协方差（Beta）值呈现正向显著的关系，意味着处在贸易网络中心位置的国家更容易受到全球消费风险的冲击，对全球消费增长风险的总敞口更大，中心国家具有更低的利率和货币风险溢价，贸易网络中心性的提升对跨境资本流入具有负向影响，从而验证了第二章均衡状态下命题 2-1 的结论。

第四章　金融开放背景下贸易网络中心性对跨国直接投资的影响

20 世纪 80 年代以来，在全球价值链分工体系下，世界各国的经济进一步融合，世界各国的贸易网络联结更加紧密，伴随着各国不断扩大的贸易网络发展，贸易及其相关部门之间的对外直接投资越来越多。根据第三章测算的全球贸易网络中心性特征、指标和不同类型跨境资本流动，本章将从跨国直接投资的视角考察贸易网络中心性与跨境资本流动的关系，并进行异质性分析，对相关实证结果进行稳健性检验，同时试图分析贸易网络中心性对跨国直接投资的作用机制，以期更好地深入理解贸易和跨国直接投资之间的交互关系。

第一节　引言

一、跨国直接投资的特征分析

近 30 年来，全球各国对外直接投资的规模出现大幅增加。2007 年，全球各国对外直接投资的总流量甚至超过 2 万亿美元。近年来，受到全球经济不景气的影响，大多数国家对外直接投资的流量呈现持续下降的趋势，其中发达国家下滑的趋势更为显著。但是，2018 年全球对外直接投资流量总额依然超过 1 万亿美元。2019 年全球对外直接投资流量为 1.54 万亿美元，相比 2018 年增长近 3%。根据联合国贸发组织发布的《2021 年世界投资报告》，受到新冠疫情的影响，2020 年全球对外直接投资流量相比 2019 年下降了 35%，总额约为 10000 亿美元，成为 2005 年以来的最低值。2021 年全球对外直接投资触底反弹，达到 10% ~ 15% 的增速，但是，相比 2019 年的全球对外直接投资水平仍然低 25% 左右，全球对外直接投资总体前景呈现高度的不确定性。因此，本节将对全球对外直接投资的流入和流出的情况展开进一步分析。

　　图 4-1 为各国跨国直接投资流动的汇总时序图，结果显示，1990 ~ 2007 年，受美国科技股泡沫破裂的影响，2001 年跨国直接投资流入和流出有所下降，整体而言，跨国直接投资的流入和流出均呈现扩大趋势。1990 年跨国直接投资流入额 2228.26 亿美元（流出额 2102.19 亿美元）增加至 2007 年的最高点 26687.54 亿美元（流出额 26633.38 亿美元），但是，全球经济受到 2007 年美国次贷危机的影响，2008 年之后出现断崖式下跌，直到 2010 年全球经济开始复苏，跨国直接投资流入（流出）额从 2010 年的 15217.97 亿美元（14390.69 亿美元）增加到 2015 年的 20457.65 亿美元（15832.32 亿美元），仍然未达到 2007 年的最高水平。2018 年 1 月，联合国贸发会议发布的《全球投资趋势检测报告》中显示，2017 年世界贸易量持续疲软，全球经济复苏乏力，2017 年全球外国直接投资额相比 2016 年降幅达到 16%，从 2016 年的 1.81 万亿美元下降至 1.52 万亿美元，其中，流入发达国家的外资量大幅下滑，尤其是流入美国和英国的外资量的减少，具体地，在全球跨国直接投资中兼并和收购活动减少可能是造成跨国直接投资减少的主要原因。但是，2017 年全球经济发展的其他宏观经济指标（国内生产总值和贸易等）都出现了大幅好转，与全球跨国直接投资额的减少形成强烈的反差。《2019 年世界投资报告》中指出 2018 年全球外国直接投资同比 2017 年下降了 13%，2018 年全球外商直接投资降为 1.3 万亿美元，标志全球外商直接投资连续三年下降，其中流入欧洲的全球外商直接投资额下降幅度最大，降幅达到 27%，很大原因可能是受到 2017 年美国实施税改的影响。随后跨国直接投资流入（流出）额到 2019 年开始出现反弹。

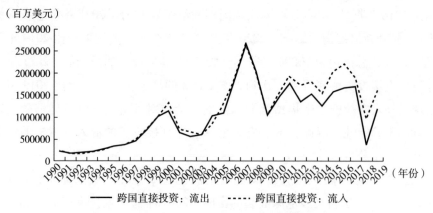

图 4-1 跨国直接投资流入和跨国直接投资流出情况

资料来源：根据 IMF 数据库各国直接投资的汇总数据，笔者整理。

图 4-2 为跨国直接投资净流入情况，1990～2018 年跨国直接投资净流入呈现增长态势，整体而言，跨国直接投资流入值大于跨国直接投资流出值。1990～1998 年，跨国直接投资流入与跨国直接投资流出的水平相差不大，

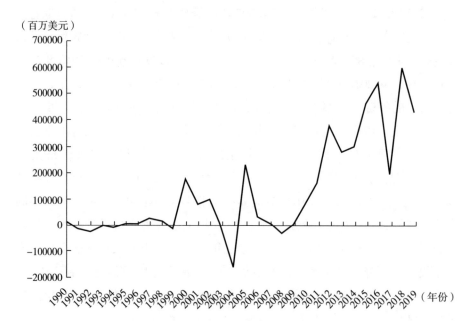

图 4-2 跨国直接投资净流入情况

资料来源：根据 IMF 数据库各国直接投资净流的汇总数据，笔者整理。

说明跨国直接投资净流入在 0 点附近缓慢波动；1998～2008 年，跨国直接投资的净流入缺口在波动中持续扩大，随后在 2008 年快速下降至 0 点附近，从 2008 年开始，跨国直接投资净流入缺口开始逐年减少，直到 2012 年时，跨国直接投资流入规模小于跨国直接投资流出规模，跨境直接投资净流入为 3784.31 亿美元；2012～2016 年，跨国直接投资流入开始逐渐增加，并在 2016 年达到最高点，跨国直接投资净流入为 5418.61 亿美元，随后 2016～2020 年，跨国直接投资净流入呈波动状。

二、本章问题

2020 年初，新冠疫情对全球经济、贸易及投资大环境造成严重冲击。联合国贸发会议（UNCTAD）数据显示，2020 年，全球对外直接投资的流量出现大规模减少。但是，2021 年全球外国直接投资流量呈现强劲反弹，从 2020 年的 0.93 万亿美元增长 77% 达到 1.65 万亿美元，超过了新冠疫情前的水平。在此背景下，世界各国之间的经贸合作日益加深，贸易网络的联结密集度进一步扩大，各国均在此格局中不断提升自身在贸易网络中的优势地位，并希望借此获得更高利益。与此同时，各国利用外资及跨国直接投资的规模均出现了大幅增长，形成了当前复杂的世界经济体系。

对中国而言该状况尤甚。中国对外直接投资规模自 2001 年以来实现了快速增长，截至 2020 年末，中国对外直接投资流量首次位居世界"头把交椅"，反过来对贸易网络格局也产生重大影响，对外贸易结构随着直接投资规模发生了显著变化。新形势下，关于贸易网络中心性是否影响不同类型的跨国直接投资流动，以及该影响是否存在方向和程度上的显著差异？这成为学界、政界、商界所关注的重点问题，值得我们深入研究探讨。

第二节 理论机制分析及研究假设

一、理论机制分析

随着全球经济一体化的推进，在全球价值链分工体系下，世界各国融入全球贸易网络，越来越多的国家通过扩大其在全球贸易网络中的地位和关系去获取高回报（Fagiolo et al.，2010）。一国在全球贸易网络中所处的位置和关系，决定了该国在贸易及其相关部门对外直接投资的资本流动。贸易网络中心性影响跨国直接投资净流入的作用机制分析见图4-3。

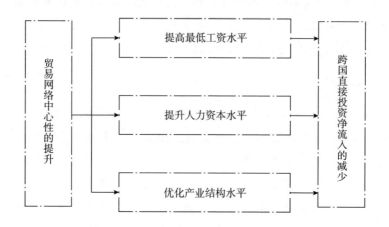

图4-3 贸易网络中心性影响跨国直接投资净流入的作用机制

资料来源：笔者自行绘制。

一是贸易网络中心性通过最低工资的提升影响跨国直接投资净流入。一国在全球贸易网络中的地位和关系的扩张，意味着该国可贸易商品的相对价格的提升，进而劳动力成本也会相应地提高，最终，不断增长的劳动力成本将会引起这些国家的最低工资标准的提升。一般而言，最低工资标准制度属于强制性制度规范，基于工资的溢出效应，那些没有雇用最低工资标准员工的企业也会增加劳动力支出成本，从而导致整体行业或国家劳动力成本增加（张先峰、陈婉雪，2017）。国家整体劳动力成本增加后，企业通过新增加对外直接投资将业务转移到劳动力成本较低的国家或地区，或者加大对已有海外直接投资的资金投入来实现国内业务的转移，最终对于这些处在贸易网络中心的国家而言，最低工资的提升对跨国直接投资净流入产生负向作用（李磊等，2019）。

二是贸易网络中心性促进人力资本成本的上升影响跨国直接投资净流入。随着世界贸易的深入发展，跨国企业对具有国际视野的相关专业人才的需求越来越大，尤其对跨国企业的对外直接投资来说，人力资本尤为重要（何芳等，2021）。因为跨国企业对外直接投资需要向东道国提供服务，而这些服务的载体就是企业的从业人员，人员素质高低成为跨国企业重要的竞争力。一国贸易网络中心性的提升促进了人力资本成本的上升，世界各国人力资本的发展进一步推动了跨国企业的对外直接投资，因此，贸易网络中心性对跨国直接投资的净流入产生负向影响。

三是贸易网络中心性的提升将会促进该国的产业结构升级，从而影响跨国直接投资净流入。处在贸易网络中心位置的国家可能通过技术创新水平显著推动产业结构升级，尤其是贸易网络中心国家的第三产业投资不断增长，引起该国产业结构不断优化（姚战琪等，2021）。然而，处在贸易网络中心国家的产业结构升级客观提高了商品和服务的技术，增加了国家贸易壁垒（技术壁垒、安全壁垒和绿色壁垒），这迫使处在贸易网络中心的国家相关的跨国企业对外直接投资增加，通过制造业外包、生产性服务业外包等形式（吴丰华、刘瑞明，2013；顾雪松等，2016），最终抑制本国的跨国直接投资净流入的增长。

二、研究假设

基于上述理论机制分析，从跨国直接投资的角度来看，贸易网络中心性主要通过提升最低工资水平、提升人力资本水平和优化产业结构水平等渠道影响跨国直接投资净流入。随着一国在全球贸易网络中的地位和关系的扩张，该国的可贸易商品的相对价格的提升，将直接导致贸易网络中心国家的最低工资标准也相应地提升，进而劳动力成本也随之提高，最终对于这些处在贸易网络中心的国家而言，最低工资的提升对跨国直接投资的净流入产生负向影响。同时，人力资本和产业结构都强化了贸易网络中心性对跨国直接投资净流入的负向作用，表明贸易网络中心性的提升通过增加人力资本，促进产业结构升级，迫使这些贸易网络中心的国家采取制造业外包、生产性服务业外包等形式，最终导致对跨国直接投资净流入的负向作用。基于上述讨论本章提出以下三个假设：

假设4-1： 贸易网络中心性通过提升最低工资水平影响跨国直接投资净流入。

假设4-2：贸易网络中心性通过增加人力资本成本影响跨国直接投资净流入。

假设4-3：贸易网络中心性在产业结构的外部冲击下对跨国直接投资净流入产生间接影响。

第三节 模型设定及变量说明

一、模型设定

参考 Richmond（2019）的研究，本章选取贸易网络中心性作为核心解释变量，跨国直接投资作为被解释变量，并根据跨境资本流动驱动因素的"推—拉"框架从国际因素和国内因素分别选取控制变量（Obstfeld et al.，2019；刘莉亚等，2013；杨海珍等，2021；陈雷等，2021），构建模型如下：

$$FDI_{it} = \beta_0 + \beta_1 TNC_{it} + \beta_2 X_{it} + CE_i + YE_t + \varepsilon_{it} \tag{4.1}$$

式(4.1)中，FDI_{it} 表示 i 国家 t 时期的不同类型的跨国直接投资流动（包括净流入、流入和流出），TNC_{it} 表示 i 国家 t 时期的贸易网络中心性，X 表示控制变量，包括国际因素和国内因素的控制变量，CE_i 和 YE_t 分别为国家(个体)固定效应和年度固定效应，ε_{it} 表示随机误差，β_0、β_1 为待估参数。

二、变量选取

考虑到全球贸易网络的变化和数据的可获得性，本章以全球范围内131个国家或地区的年度数据为考察基础，样本区间为1990~2019年，构建的相关指标涉及的基础数据主要来源于国际货币基金组织的 IFS 数据库、世界银行的 WDI 数据库和 Wind 数据库，本章的变量选取及数据来源情况如表4-1所示。

1. 被解释变量

跨国直接投资。根据研究需要，本章借鉴 Forbes 等（2012）、张明等（2014）和孙天琦等（2020）的测算方法，使用国际货币基金组织（IMF）各

表 4-1　变量选取

变量	符号	定义	计算方法
被解释变量	$NFDI_{GDP}$	跨国直接投资净流入	直接投资流入额与直接投资流出额的差值与 GDP 之比
	$IFDI_{GDP}$	跨国直接投资流入	直接投资流入额与 GDP 之比
	$OFDI_{GDP}$	跨国直接投资流出	直接投资流出额与 GDP 之比
解释变量	TNC	贸易网络中心性	各国双边贸易强度的进出口份额加权平均值
	$Strength$	贸易网络强度	一国在整体网络中的强度
	$Disparity$	贸易网络异质性	一国是否存在结构洞或弱联系
调节变量	$\ln minwage$	最低工资	最低工资水平取对数
	$\ln HC$	人力资本	人力资本取对数
	$TERTIARY$	产业结构	第三产业产值占国内生产总值的比率
工具变量	$\ln LSCI$	班轮运输指数	班轮运输指数取对数
	$\ln AIR$	航空货运量	航空货运量取对数
控制变量	$\ln VIX$	全球风险指数	美国标准普尔 500 指数波动率
	$ZGDP$	经济发展水平	各国的 GDP 增长率（年百分比）
	$CURRENT$	经常账户余额占国内生产总值份额	一国经常账户余额与 GDP 之比
	$SAVING$	储蓄率	一国的总储蓄水平占该国 GDP 的百分比
	$ZCPI$	通货膨胀增长率	各国的 CPI 的年度变化百分比

注：被解释变量和解释变量数据都来源于 IFS 数据库和 WDI 数据库；调节变量的最低工资来自国际劳工组织官网，人力资本数据来自国际货币基金组织的 IFS 数据库，产业结构数据来自世界银行数据库；工具变量数据来源于联合国贸发会议 UNCTAD 数据库和 IMF 数据库；控制变量数据来源于 Wind 数据库、IFS 数据库和 WDI 数据库。

资料来源：被解释变量和解释变量数据都来源于 IFS 数据库和 WDI 数据库；调节变量的最低工资来自于国际劳工组织官网，人力资本数据来自国际货币基金组织的 IFS 数据库，产业结构数据来自世界银行数据库；工具变量数据来源于联合国贸发会议 UNCTAD 数据库和 IMF 数据库；控制变量数据来源于 Wind 数据库、IFS 数据库和 WDI 数据库。

国的国际收支平衡表（BOP）中资本与金融账户下的直接投资额作为跨国直接投资的代理变量。为了消除不同国家（地区）规模对实证结果的影响，我们将各国家（地区）的跨国直接投资净流动数据除以当期 GDP 做标准化处理。考虑到数据质量和数据缺失等问题，最终获取各国的跨国直接投资流入、流出、净流入占 GDP 的比率（IFDI，OFDI，NFDI）作为被解释变量。其中，跨国直接投资净流入规模等于跨国直接投资流入额减去跨国直接投资流出额，该值大于 0 时，表示为跨国直接投资净流入；跨国直接投资净流入的值小于 0 时，表示为跨国直接投资的净流出。

2. 核心解释变量

（1）贸易网络中心性（TNC_{it}）。为 t 时期 i 国家的全球贸易网络中心性。贸易网络中心性表示一国在全球贸易网络中的地位和关系，也反映了该国对全球其他国家的控制力或影响力的程度。处在中心位置的国家比边缘国家的影响力更大，具有更大的信息优势和更大的权力。本章的基础数据采用各国的双边贸易数据和 GDP 数据，通过第三章测度的贸易网络中心性指标可知，一国的贸易网络中心性越大，意味着该国处在全球贸易网络中心枢纽位置，引领能力也较其他边缘国家强，该值是一国参与国际贸易网络的综合性统计指标。

（2）贸易网络联系强度（$Strength_{it}$）。是指 t 时期 i 国家的贸易网络联系强度（Freeman，1979），贸易网络联系强度也称为点强度。在全球贸易网络中，点强度不仅可以表示一国与其他国家贸易联系的紧密程度，也反映了一国在全球贸易中对外贸易的强度。贸易网络联系强度的基础数据为不同国家的双边进出口数据，使用 UNINET6.0 测算点强度的取值范围为 $[0，+\infty)$。

（3）贸易网络异质性（$Disparity_{it}$）。是指 t 时期 i 国家的贸易网络异质性，表明贸易网络中是否存在结构洞或弱联系（Burt，2004）。一国的贸易网络异质性值较大，意味着该国与其他国家之间存在的结构洞数量也较多，国家之间的贸易联系也较少。使用社会网络分析法对不同国家在全球贸易网络中结构洞进行测算，一国的贸易网络异质性值越大，则该国在全球贸易网络中的分布较为分散，贸易主要集中在少数几个国家，反映了该国的贸易处在全球贸易网络中的边缘位置。利用 UNINET6.0 测算贸易网络异质性指标，基础数据为各国家和地区的双边进出口贸易值。

3. 调节变量

（1）最低工资（lnminwage）。表示每年 12 月 31 日所有雇员的最低月收入（按小时、每周和每年报告的最低工资均转换为月最低工资），考虑各国之间的相对价格差异，本节参考王松等（2018）的做法，采用 2011 年购买力平价（PPP）的美元汇率进行通货膨胀标准化处理，将各国最低工资转以2011年购买力平价的美元计价，处理后的指标可以进行国际比较。

（2）人力资本（lnHC）。采用高等教育入学率衡量一国人力资本水平，借鉴何芳等（2021）的研究方法，具体包括在公立和私立学校的高等教育阶段，数据来源于世界银行数据库。

（3）产业结构（TERTIARY）。使用第三产业产值占国内生产总值 GDP 的比重衡量不同国家的产业结构（姚战琪、夏杰长，2021），由国际标准产业分类（ISIC）决定具体来源，来自世界银行数据库。

4. 工具变量

（1）班轮运输指数（lnLSCI）。来自联合国贸发会议数据库，根据海运部门船舶数量、集装箱运载能力、最大船舶尺寸、服务数量以及在一国港口部署集装箱船的公司数量这五个组成部分，每个国家的这五个组成部分被平均化处理后除以 2004 年的最大平均值，再乘以 100 求得班轮运输指数，对 2004 年平均指数最高的国家而言其指数为 100。

（2）航空货运量（lnAIR）。来自国际货币基金组织的 IMF 数据库，是指每次飞行阶段（飞机从起飞到下一次着陆的操作）携带的货物、快递和外交邮袋的数量，以公吨乘以旅行公里数来衡量。

5. 控制变量

（1）全球风险指数（lnVIX）。为美国标准普尔 500 指数波动率，全球风险指数表示全球金融市场的动荡程度，反映了投资者的风险意识变化程度（陈雷等，2021）。

（2）经济发展水平（ZGDP）。表示各国（地区）的 GDP 增长率（年百分比），使用该指标可以衡量国家的经济发展水平。

（3）经常账户余额占 GDP 的比重。CURRENT 表示一国的经常账户余额占 GDP 的比率，长期处于较高的经常账户赤字的国家，不仅说明该国严重依赖国际资本流入，还反映了该国的国际竞争力下降，更容易受到外部冲击（陈中飞等，2021）。

（4）储蓄率（SAVING）。表示各国的总储蓄水平占该国 GDP 的百分比，该指标可以用来表示一国的储蓄率水平。

（5）通货膨胀增长率（ZCPI）。反映各国居民家庭购买消费商品及服务价格的增长率水平，使用各国的 CPI 的年度变化百分比来表示通货膨胀增长率。

三、描述性统计

根据上文选取的变量，本节计算了所有变量的均值、标准差、最小值和最大值，所有变量的描述性统计如表 4-2 所示。

表 4-2　各变量的描述性统计

变量	符号	样本量	均值	标准差	最小值	最大值
跨国直接投资净流入	$NFDI_{GDP}$	3930	0.034	0.126	−0.770	3.715
跨国直接投资流入	$IFDI_{GDP}$	3930	0.055	0.257	−0.763	8.870
跨国直接投资流出	$OFDI_{GDP}$	3930	0.021	0.212	−1.079	9.012
贸易网络中心性	TNC	3930	0.002	0.003	0	0.026
贸易网络强度	$Strength$	3930	0.222	0.588	0	5.582
最低工资	$\ln Minwage$	2076	5.431	1.273	−1.076	8.434
人力资本	$\ln HC$	2364	−0.042	0.476	−2.744	0.594
产业结构	$TERTIARY$	3930	0.475	0.195	0	0.824
班轮运输指数	$\ln LSCI$	1739	2.851	0.942	−0.916	5.023
航空货运量	$\ln AIR$	3099	3.691	3.086	−6.006	10.669
全球风险指数	$\ln VIX$	3930	2.909	0.291	2.406	3.487
经济发展水平	$ZGDP$	3930	3.409	4.937	−62.076	123.140
经常账户余额占国内生产总值份额	$CURRENT$	3930	−0.003	0.012	−0.300	0.054
储蓄率	$SAVING$	3930	0.180	0.126	−2.363	0.680
通货膨胀增长率	$ZCPI$	3712	0.201	1.586	−0.644	47.349

资料来源：基础数据主要来源于 IFS 数据库、WDI 数据库、国际劳工组织官网、UNCTAD 数据库和 Wind 数据库等。

首先，被解释变量跨国直接投资净流入（$NFDI_{GDP}$）的最大值为 3.715，最小值仅为−0.770，说明不同国家的跨国直接投资净流入差异较大。跨国直接投资流入（$IFDI_{GDP}$）的最大值为 8.870，最小值为−0.763，标准差为 0.257；跨国直接投资流出（$OFDI_{GDP}$）的最大值为 9.012，最小值为−1.079，标准差为 0.212，说明不同国家的跨国直接投资流入和跨国直接投资流出之间的差异较大，且波动幅度较大。

其次，核心解释变量贸易网络中心性最大值为 0.026，最小值为 0，贸易网络强度最大值为 5.582，最小值为 0；说明不同国家的贸易网络中心性值相差较大。

最后，调节变量 ln*Minwage*、ln*HC* 和 *TERTIARY* 的最大值与最小值均存在一定的差异，控制变量也具有类似的差异，意味着贸易小国与贸易大国之间存在差距。

综合来看，上述变量既有足够的差异性又基本符合正态分布，较为适合构建实证方程。

第四节　实证结果分析

一、基准回归结果

笔者使用构建的贸易网络中心性指标作为核心解释变量，检验基准回归方程（4.1）。首先，表 4-3 中的第（Ⅰ）列至第（Ⅱ）列的因变量为跨国直接投资净流入，回归结果显示，无论是否加入控制变量，贸易网络中心性与跨国直接投资净流入均呈显著的负相关关系，一国的贸易网络中心性的提升，对该国跨国直接投资净流入具有负向影响，这个结果验证了第二章提出的假设 2-1。其次，第（Ⅲ）列和第（Ⅳ）列中跨国直接投资流入为被解释变量，第（Ⅴ）列和第（Ⅵ）列的被解释变量为跨国直接投资流出，结果可见，贸易网络中心性对跨国直接投资流入和跨国直接投资流出的关系均不敏感，原因是全球 131 个国家样本中的国家大部分属于发展中国家，多数国家的资本项目还未完全实现自由可兑换，从而造成了跨国直接投资流入和流出对贸易网络中心性的差异反馈。

表 4-3　贸易网络中心性对跨国直接投资的影响

变量	（Ⅰ）	（Ⅱ）	（Ⅲ）	（Ⅳ）	（Ⅴ）	（Ⅵ）
	$NFDI_{GDP}$	$NFDI_{GDP}$	$IFDI_{GDP}$	$IFDI_{GDP}$	$OFDI_{GDP}$	$OFDI_{GDP}$
TNC	-3.625*	-4.059**	-4.623	-4.434	-0.998	-0.375
	(-1.90)	(-2.06)	(-1.55)	(-1.50)	(-0.48)	(-0.19)

续表

变量	（Ⅰ） $NFDI_{GDP}$	（Ⅱ） $NFDI_{GDP}$	（Ⅲ） $IFDI_{GDP}$	（Ⅳ） $IFDI_{GDP}$	（Ⅴ） $OFDI_{GDP}$	（Ⅵ） $OFDI_{GDP}$
$lnVIX$		−0.136** (−2.55)		−0.344*** (−2.89)		−0.198* (−1.92)
$ZGDP$		0.001* (1.77)		0.001 (0.22)		−0.001 (−0.55)
$CURRENT$		−0.539* (−1.69)		−0.629* (−1.88)		−0.090 (−1.06)
$SAVING$		−0.006 (−0.12)		−0.080 (−1.32)		−0.074 (−1.33)
$ZCPI$		0.004 (0.89)		0.001 (0.89)		0.002 (0.36)
CE	YES	YES	YES	YES	YES	YES
YE	YES	YES	YES	YES	YES	YES
常数项	0.021*** (4.36)	0.414*** (2.68)	0.025*** (3.02)	1.000*** (3.02)	0.003 (0.63)	0.587* (1.96)
adj_R^2	0.034	0.056	0.002	0.004	0.009	0.005
Obs	3930	3712	3930	3712	3930	3712

注：①CE 表示国家（个体）固定效应，YE 表示年度效应。②括号内为相应的 t-统计量。③ ***、** 和 * 分别表示在 1%、5% 和 10% 水平下显著。④$NFDI_{GDP}$ 表示跨国直接投资净流入的规模占 GDP 的比值；$IFDI_{GDP}$ 表示跨国直接投资流入的规模占 GDP 的比值；$OFDI_{GDP}$ 表示跨国直接投资流出的规模占 GDP 的比值；TNC 表示贸易网络中心性。

资料来源：构建的关键指标所依赖的基础数据主要来源于 IFS 数据库、WDI 数据库、国际劳工组织官网、UNCTAD 数据库和 Wind 数据库等。在此基础上，笔者对原始数据进行了一系列的预处理工作，包括数据的清洗、去除缺失值以及对某些变量进行标准化处理。

综合对比上述结果发现：整体来看，一国在全球贸易网络中地位的提升对该国的跨国直接投资净流入产生显著的负向作用。一方面，随着一国在全球贸易网络中的地位和关系的扩张，该国可贸易商品的相对价格提升，劳动力成本也会相应地提高，企业通过新增加对外直接投资将业务转移到劳动力成本较低的国家或地区，或者加大对已有海外直接投资的资金投入来实现国内业务的转移，从而使贸易网络中心性的提升对跨国直接投资净流入产生负向影响；另一方面，贸易网络中心性的提升通过增加人力资本，促进产业结构升级，迫使这些贸易网络中心的国家采取制造业外包、生产性服务业外包等形式，最终导致对跨国直接投资净流入的负向作用。与此同时，对于贸易网络中心国家而言，它们的金融开放程度更高，涉及的跨境资本业务更多，一国贸易网络中心性的提升将会促进该国的跨境资本到边缘国家进行直接投资，通过提升该国的贸易网络地位，可能使该国向资本输出的投资国转型。

二、异质性分析

在前文基准回归基础上，我们区别发达国家、发展中国家以及金融危机前后贸易网络中心性对跨国直接投资流动的差异性影响。该部分将通过使用虚拟变量与核心解释变量的交互项来进行分析，回归模型如下：

$$FDI_{it} = \beta_0 + \beta_1 TNC_{it} + \beta_2 Dummy_{it} + \beta_3 Dummy_{it} \times TNC_{it} + \beta_4 X_{it} + CE_i + YE_t + \varepsilon_{it}$$

$$(4.2)$$

式（4.2）中，FDI_{it} 分别表示跨国直接投资净流入、跨国直接投资流入和跨国直接投资流出；TNC_{it} 表示 i 国家 t 时期的贸易网络中心性；$Dummy_{it}$ 分别表示两个虚拟变量：是否发达国家（$if\_developed$）和金融危机前后（$CRISIS$），根据联合国人类发展指数（HDI）对世界各国进行分组，$HDI > 0.9$ 表示发达国家，即 $if\_developed = 1$；$HDI \leqslant 0.9$ 表示发展中国家，此时 $if\_developed = 0$。现有文献发现贸易网络可以作为预警信号预测金融危机，因为贸易网络的失衡会早于金融危机。本章生成虚拟变量 $CRISIS = 1$ 表示 2009 年及以后，$CRISIS = 0$ 为 2009 年以前。同时，本章还控制了国家和时间固定效应，回归结果为以下分析。

1. 基于不同类型国家的分析

本章将样本划分为发达国家和发展中国家两种类型，进一步探究贸易网络中心性对不同类型国家的跨国直接投资流动的影响，回归结果如表 4-4 所示。

表 4-4　贸易网络中心性对不同类型跨国直接投资的异质性分析

变量	不同经济发展水平			金融危机前后		
	（Ⅰ）	（Ⅱ）	（Ⅲ）	（Ⅳ）	（Ⅴ）	（Ⅵ）
	$NFDI_{GDP}$	$IFDI_{GDP}$	$OFDI_{GDP}$	$NFDI_{GDP}$	$IFDI_{GDP}$	$OFDI_{GDP}$
TNC	-4.364**	-4.407	-0.043	-2.902*	-2.431	0.471
	（-2.14）	（-1.34）	（-0.02）	（-1.91）	（-1.01）	（0.28）
$if\_developed$	-0.003	-0.048**	-0.045**			
	（-0.29）	（-2.59）	（-2.45）			

续表

变量	不同经济发展水平			金融危机前后		
	（Ⅰ）	（Ⅱ）	（Ⅲ）	（Ⅳ）	（Ⅴ）	（Ⅵ）
	$NFDI_{GDP}$	$IFDI_{GDP}$	$OFDI_{GDP}$	$NFDI_{GDP}$	$IFDI_{GDP}$	$OFDI_{GDP}$
$TNC \times if\_developed$	-2.528** (-2.01)	4.258 (0.99)	6.787 (1.46)			
$CRISIS$				0.027* (1.99)	0.024 (0.68)	-0.003 (-0.10)
$TNC \times CRISIS$				-4.778* (-1.96)	-8.270 (-1.27)	-3.493 (-0.69)
控制变量	YES	YES	YES	YES	YES	YES
CE	YES	YES	YES	YES	YES	YES
YE	YES	YES	YES	YES	YES	YES
常数项	0.455*** (2.66)	1.067*** (2.81)	0.612* (1.83)	0.106 (1.26)	0.847* (1.79)	0.741 (1.60)
adj_R^2	0.058	0.006	0.001	0.060	0.005	0.005
Obs	3712	3712	3712	3712	3712	3712

注：①CE 表示国家（个体）固定效应，YE 表示年度效应。②括号内为相应的 t-统计量。③***、**和*分别表示在 1%、5% 和 10% 水平下显著。④$NFDI_{GDP}$ 表示跨国直接投资净流入的规模占 GDP 的比值；$IFDI_{GDP}$ 表示跨国直接投资流入的规模占 GDP 的比值；$OFDI_{GDP}$ 表示跨国直接投资流出的规模占 GDP 的比值；TNC 表示贸易网络中心性。

资料来源：构建的关键指标所依赖的基础数据主要来源于 IFS 数据库、WDI 数据库、国际劳工组织官网、UNCTAD 数据库和 Wind 数据库等。在此基础上，笔者对原始数据进行了一系列的预处理工作，包括数据的清洗、去除缺失值以及对某些变量进行标准化处理。

表 4-4 中第（Ⅰ）至第（Ⅲ）列因变量分别为跨国直接投资的净流入、跨国直接投资流入和跨国直接投资流出，第（Ⅰ）列中贸易网络中心性与是否发达国家的虚拟变量的交互项（$TNC \times if\_developed$）对跨国直接投资的净流入的回归系数显著为负，结果表明，贸易网络中心性的水平上升时，发达国家的跨国直接投资的净流入受到负向作用更大。第（Ⅱ）列和第（Ⅲ）列结果显示，贸易网络中心性与是否发达国家的交互项对跨国直接投资的流入和流出均不显著。原因如下：一国贸易网络中心性的提高带来了企业在国内市场的劳动力成本增加，从而迫使这些国家的企业进行市场寻求型对外投资，而发达国家市场规模巨大，处在贸易网络中心位置国家的相关企业可以通过贸易网络中心性地位的提高获得比发展中国家更多的出口经验和资源，促进其企业对外投资活动的增加，最终导致贸易网络中心

性对发达国家跨国直接投资净流入的负向作用更强。

2. 基于金融危机前后的分析

2008 年的全球金融危机对全世界经济造成了巨大冲击，魏彦杰等（2017）发现贸易网络可以作为预警信号预测金融危机，因为贸易网络的失衡会早于金融危机，因此，我们选取 2009 年作为区分金融危机前后的虚拟变量的时间节点。表 4-4 中第（Ⅳ）列至第（Ⅵ）列为金融危机前后的异质性分析，第（Ⅳ）列的结果表明，贸易网络中心性与金融危机前后的交互项与跨国直接投资净流入的关系为负向显著，这说明在后金融危机时代，提高贸易网络中心性地位能更显著减少各国的跨国直接投资净流入。第（Ⅴ）列和第（Ⅵ）列为贸易网络中心性与虚拟变量金融危机前后的交互项，对跨国直接投资流入和跨国直接投资流出的关系均不显著，解释的原因是全球经济受到金融危机的影响后，所有国家的相关企业对外投资活动的风险均不同程度地增加了，其在海外市场也相对谨慎，并较多地依赖于出口经验丰富的国家，而处在全球贸易网络中心地位的国家比边缘国家的中间品贸易更活跃，整体的服务贸易业也更发达，因此处在贸易网络中心国家在金融危机后表现出更强的对外投资，最终表现为贸易网络中心性国家对跨国直接投资净流入的负向影响进一步加深。

三、作用机制

基于以上分析，为了探究贸易网络中心性是如何影响跨国直接投资净流入，本章从以下三个角度考察影响机制：一国的最低工资水平、人力资本和产业结构。

其一，最低工资。其反映了一国劳动力市场的水平，其值越大说明一国的劳动力成本越大。当某国的贸易网络中心的地位提高时，意味着该国可贸易商品的相对价格提升，进而劳动力成本也会相应地提高，由于全球资产组合的收益性，导致处在贸易网络中心位置国家跨国直接投资净流入的减少。

其二，人力资本。随着世界贸易的深入发展，跨国企业对外直接投资过程中，需向东道国提供服务，而这些服务的载体就是企业的从业人员，跨国企业对专业人才的需求越来越大，人力资本尤为重要。一国贸易网络中心性的提升促进了人力资本的上升，这意味着该国劳动力成本也相应地增加了，从而影响跨国直接投资的净流入。

其三，产业结构。贸易网络中心性的提升将促进该国产业结构的升级，处在贸易网络中心位置的国家通过技术创新水平将显著推动产业结构升级，尤其是贸易网络中心位置国家的第三产业投资不断增长，引起该国产业结构不断优化。但是，处在贸易网络中心国家的产业结构升级客观上提高了商品和服务的技术，增加了国家贸易壁垒（技术壁垒、安全壁垒和绿色壁垒），这迫使处在贸易网络中心的国家相关的跨国企业对外直接投资的增加，通过制造业外包、生产性服务业外包等形式（吴丰华和刘瑞明，2013），最终对本国的跨国直接投资净流入具有负向影响。

从上文得知，贸易网络中心性对本国的跨国直接投资净流入存在显著的负向影响，有鉴于此，最低工资、人力资本和产业结构等作用机制将导致这一效应方向。参照赵茜（2020）机制检验的模型设定方法，引入一系列变量与贸易网络中心性的交乘项，检验贸易网络中心性的影响机制，具体的作用机制模型如下：

$$NFDI_{it} = \beta_0 + \beta_1 TNC_{it} + \gamma_1 Channel_{it} + \gamma_2 Channel_{it} \times TNC_{it} + \beta_2 X_{it} + CE_i + YE_t + \varepsilon_{it}$$

$$(4.3)$$

式（4.3）中，$NFDI_{it}$ 表示 i 国家 t 时期的跨国直接投资净流入；TNC_{it} 表示 i 国家 t 时期的贸易网络中心性；$Channel_{it}$ 表示 i 国家 t 时期对应的不同渠道变量，在模型回归中分别为最低工资、人力资本和产业结构；X 表示相关的控制变量；CE_i 和 YE_t 分别表示国家（个体）固定效应和年度固定效应；ε_{it} 表示随机误差；β_0，β_1，γ_1，γ_2 表示待估参数，其中，γ_1 表示各国不同的渠道变量对跨国直接投资净流入的直接影响，γ_2 表示贸易网络中心性通过渠道变量对跨国直接投资净流入的间接影响。

根据表4-5第（Ⅰ）列和第（Ⅱ）列的结果显示，贸易网络中心性与最低工资交互项的系数显著为负。随着一国贸易网络中心性的提高，将导致处在贸易网络中心位置国家的最低工资标准提高，然而最低工资标准的上升将直接导致企业的生产成本增加（赵瑞丽等，2018），最低工资标准制度属于强制性制度规范，在工资溢出效应的影响下，那些没有雇用最低工资标准员工的企业也会增加劳动力支出成本，从而导致整体行业或国家劳动力成本增加，国家整体劳动力成本增加后，企业通过新增加对外直接投资将业务转移到劳动力成本较低的国家或地区，或者加大对已有海外直接投资的资金投入来实现国内业务的转移，最终，对于这些处在贸易网络中心的国家而言，最低工资的提升会起到抑制跨国直接投资的净流入，从而验证假设4-1。

表4-5　贸易网络中心性对跨国直接投资净流入的机制检验

变量	因变量：跨国直接投资净流入（$NFDI_{GDP}$）					
	（Ⅰ）	（Ⅱ）	（Ⅲ）	（Ⅳ）	（Ⅴ）	（Ⅵ）
	ln*Minwage*		ln*HC*		*TERTIARY*	
TNC	10.836	11.922	−4.259*	−4.500*	−17.202**	−17.864**
	(1.61)	(1.60)	(−1.69)	(−1.89)	(−2.40)	(−2.45)
Channel	−0.006	−0.005	0.063	0.066	0.059	0.055
	(−0.91)	(−1.02)	(1.11)	(1.12)	(1.26)	(1.27)
Network×Channel	−2.829*	−2.911*	−12.641*	−13.283*	−19.567**	−20.161**
	(−1.88)	(−1.81)	(−1.90)	(−1.74)	(−2.22)	(−2.33)
控制变量	NO	YES	NO	YES	NO	YES
CE	YES	YES	YES	YES	YES	YES
YE	YES	YES	YES	YES	YES	YES
常数项	0.041	0.899*	0.036**	−0.065	0.067**	0.483***
	(1.53)	(1.92)	(2.10)	(−0.11)	(2.09)	(3.43)
adj_R^2	0.032	0.046	0.010	0.033	0.020	0.044
Obs	2076	2000	2364	2248	3516	3353

注：①*CE*表示国家（个体）固定效应，*YE*表示年度效应。②括号内为相应的t-统计量。③***、**和*分别表示在1%、5%和10%水平下显著。④ln*Minwage*表示最低工资；ln*HC*表示人力资本；*TERTIARY*表示产业结构；*TNC*表示贸易网络中心性。

资料来源：构建的关键指标所依赖的基础数据主要来源于IFS数据库、WDI数据库、国际劳工组织官网、UNCTAD数据库和Wind数据库等。在此基础上，笔者对原始数据进行了一系列的预处理工作，包括数据的清洗、去除缺失值以及对某些变量进行标准化处理。

表4-5的第（Ⅲ）列和第（Ⅳ）列的渠道变量*Channel*为人力资本，第（Ⅳ）列为加入控制变量，贸易网络中心性与人力资本的交乘项回归系数为−13.283，说明处在贸易网络中心的国家通过提升人力资本约束跨国直接投资净流入的增加，这与假设4-2保持一致。原因是贸易网络中心性的提升可以通过提升一国的人力资本水平，引起贸易网络中心国家跨国企业

的劳动力成本上升，进而对跨国直接投资的净流入产生抑制作用。

表4-5的第（Ⅴ）列和第（Ⅵ）列的结果显示，贸易网络中心性与产业结构的交乘项的回归系数均在5%的显著性水平上通过了检验，表明贸易网络中心性的提升通过促进产业结构升级，增加贸易网络中心国家的贸易壁垒（技术壁垒、安全壁垒和绿色壁垒），迫使这些国家的跨国企业在国际市场寻求更低的生产成本国家设厂，采取制造业外包、生产性服务业外包等形式（吴丰华、刘瑞明，2013），最终对本国的跨国直接投资净流入产生负向影响。因此，以上实证结果验证了假设4-3。

四、进一步分析

上述章节分析了贸易网络中心性对跨国直接投资流动的影响并探讨了其作用机制，但由于潜在的内生性问题，本章还引入美元利率和各国存款利率变化在外部冲击下，贸易网络中心性对跨国直接投资所产生的影响。为了保证贸易网络中心性与外部冲击的交互项的经济学含义，我们对其均进行了中心化处理，从而避免多重共线性的影响。具体的回归结果见表4-6。

表4-6 不同外部冲击下贸易网络中心性对跨国直接投资净流入的影响

变量	因变量：跨国直接投资净流入（$NFDI_{GDP}$）			
	（Ⅰ）	（Ⅱ）	（Ⅲ）	（Ⅳ）
	Panel A 美元利率冲击下（lnus）		Panel B 各国存款利率冲击下（ln$I$）	
TNC	-4.194^{**} (-2.28)	-4.646^{**} (-2.44)	-3.706^{**} (-2.51)	-3.658^{**} (-2.53)
lnUS	-0.013^{**} (-2.49)	-0.308 (-1.44)		
$TNC\times$lnUS	1.290^{***} (2.58)	1.278^{**} (2.56)		
ln$I$			0.004 (1.11)	0.005 (1.14)
$TNC\times$ln$I$			0.889^{*} (1.73)	0.872^{*} (1.72)
控制变量	NO	YES	NO	YES
CE	YES	YES	YES	YES

续表

变量	因变量：跨国直接投资净流入（$NFDI_{GDP}$）			
	（Ⅰ）	（Ⅱ）	（Ⅲ）	（Ⅳ）
	Panel A 美元利率冲击下（lnus）		Panel B 各国存款利率冲击下（ln$I$）	
YE	YES	YES	YES	YES
常数项	0.042***	−3.702	0.001	0.053
	(7.01)	(−1.37)	(0.01)	(0.62)
adj_R^2	0.039	0.059	0.113	0.114
Obs	3930	3712	3378	3378

注：①CE 表示国家（个体）固定效应，YE 表示年度效应。②括号内为相应的 t-统计量。③ *** 、 ** 和 * 分别表示在 1%、5% 和 10% 水平下显著。④$NFDI_{GDP}$ 表示跨国直接投资净流入的规模占 GDP 的比值；TNC 表示贸易网络中心性。

资料来源：构建的关键指标所依赖的基础数据主要来源于 IFS 数据库、WDI 数据库、国际劳工组织官网、UNCTAD 数据库和 Wind 数据库等。在此基础上，笔者对原始数据进行了一系列的预处理工作，包括数据的清洗、去除缺失值以及对某些变量进行标准化处理。

表 4-6 的 Panel A 因变量均为跨国直接投资净流入，第（Ⅰ）列为不加控制变量，第（Ⅱ）列为加控制变量，贸易网络中心性与美国联邦储备利率（lnUS）的交乘项对跨国直接投资净流入存在正显著的关系，具体地，第（Ⅱ）列的交乘项的回归系数为 1.278，对应的 t 统计量为 2.56，在 5% 水平上显著为正，表示在美元利率的冲击下，一国贸易网络中心性的提升对美元利率带来的负向冲击起到一定的缓冲作用，从而对跨境资本净流入产生正向作用。因此，在全球经济受到美元利率冲击变化较大的情况下，处在贸易网络中心位置的国家反而成为避险的国家，促进该国的跨国直接投资净流入的增加。Panel B 的交互项为贸易网络中心性与各国的存款利率，第（Ⅲ）列为不加控制变量，交互项对跨国直接投资净流入的回归系数为 0.889，对应的 t-统计量为 1.73，在 10% 水平上显著，表明各国的存款利率会减弱贸易网络中心性对跨国直接投资净流入的负向作用；第（Ⅳ）列为加控制变量，交互项与跨国直接投资净流入存在正向显著的关系，原因是处在贸易网络中心的国家，金融开放程度更高，更易获得更多的资源以及出口经验，具有比边缘国家更低的风险。整体来看，在全球各国的存款利率上升时，与边缘国家相比，中心国家的跨境直接投资净流入会相应地增加。因此，处在贸易网络中心位置的国家更

具有投资价值。

五、稳健性检验

为检验上述回归结果的稳健性，首先，更换被解释变量的测度方法，对跨国直接投资流动的规模取对数；其次，更换核心解释变量的测量方法，采用点强度和节点差异性来衡量贸易网络中心性特征；最后，处理内生性方面，针对回归结果中的遗漏变量的问题，引入不同的工具变量进行二阶段最小二乘法估计，我们具体进行了如下检验：

1. 更换被解释变量的测度方法

前文回归结果中被解释变量采用的是跨国直接投资规模占 GDP 的比率作为衡量指标（孙天琦等，2020），在本节中，我们使用跨国直接投资规模取对数作为跨国直接投资流动的衡量指标，结果表明基准模型的结论依然保持稳健，回归结果见表4-7。

表4-7　更换被解释变量的测度方法

变量	（Ⅰ） ln$NFDI$	（Ⅱ） ln$IFDI$	（Ⅲ） ln$OFDI$	（Ⅳ） $NFDI_{GDP}$	（Ⅴ） $IFDI_{GDP}$	（Ⅵ） $OFDI_{GDP}$
TNC	-0.801** (-2.26)	-0.223 (-0.93)	0.475 (1.43)			
$Strength_i$				-0.024* (-1.96)	-0.035 (-1.46)	-0.011 (-0.69)
lnVIX	0.017 (1.39)	-0.159*** (-17.18)	-0.165*** (-11.97)	-0.137*** (-2.61)	-0.343*** (-2.84)	-0.206* (-1.89)
$ZGDP$	0.029** (2.21)	0.037*** (5.12)	0.001* (1.97)	0.006 (1.61)	0.001 (0.13)	-0.001 (-0.57)
$CURRENT$	-0.123 (-0.54)	-0.173*** (-3.40)	0.101 (0.62)	-0.541* (-1.68)	-0.638* (-1.86)	-0.097 (-1.08)
$SAVING$	-0.003 (-0.28)	0.009* (1.90)	0.010 (1.15)	-0.009 (-0.19)	-0.083 (-1.36)	-0.074 (-1.32)
$ZCPI$	-0.001 (-0.52)	-0.003*** (-2.79)	-0.001 (-0.80)	0.005 (1.04)	0.007 (0.98)	0.001 (0.37)
CE	YES	YES	YES	YES	YES	YES
YE	YES	YES	YES	YES	YES	YES
常数项	-0.031 (-0.87)	0.508*** (19.41)	0.514*** (13.14)	0.418*** (2.76)	1.028*** (2.96)	0.610* (1.92)

变量	（Ⅰ）	（Ⅱ）	（Ⅲ）	（Ⅳ）	（Ⅴ）	（Ⅵ）
	ln*NFDI*	ln*IFDI*	ln*OFDI*	*NFDI*$_{GDP}$	*IFDI*$_{GDP}$	*OFDI*$_{GDP}$
adj_R^2	0.126	0.139	0.001	0.056	0.007	0.005
Obs	2280	3438	2363	3712	3712	3712

注：①*CE* 表示国家（个体）固定效应，*YE* 表示年度效应。②括号内为相应的 t-统计量。③ *** 、** 和 * 分别表示在 1%、5% 和 10% 水平下显著。④ln*NFDI* 表示跨国直接投资净流入；ln*IFDI* 表示跨国直接投资流入；ln*OFDI* 表示跨国直接投资流出规模取对数。⑤*NFDI*$_{GDP}$ 表示跨国直接投资净流入的规模占 GDP 的比值；*IFDI*$_{GDP}$ 表示跨国直接投资流入的规模占 GDP 的比值；*OFDI*$_{GDP}$ 表示跨国直接投资流出的规模占 GDP 的比值。

资料来源：构建的关键指标所依赖的基础数据主要来源于 IFS 数据库、WDI 数据库、国际劳工组织官网、UNCTAD 数据库和 Wind 数据库等。在此基础上，笔者对原始数据进行了一系列的预处理工作，包括数据的清洗、去除缺失值以及对某些变量进行标准化处理。

表 4-7 中第（Ⅰ）列的被解释变量为跨国直接投资净流入，结果表明，贸易网络中心性与跨国直接投资净流入在 5% 水平上显著为负，与表 4-3 的基准回归结果保持一致，说明结论稳健。第（Ⅱ）列和第（Ⅲ）列的因变量分别为跨国直接投资流入和跨国直接投资流出，结果表明贸易网络中心性与跨国直接投资流入和跨国直接投资流出均不显著。

2. 更换核心解释变量

为了更好地验证贸易网络中心性对各国跨国直接投资流动的影响，本章采用贸易网络中的网络联系强度（点强度）衡量贸易网络中心性特征，重新将贸易网络中心性与跨国直接投资流动进行回归分析。点强度的构建方法在上文中已详细说明，根据国际货币基金组织的贸易统计方向（International Monetary Fund's Direction of Trade Statistics）数据库中各国 1990～2019 年的双边贸易数据构建贸易网络中心性指标并测算，回归检验的结果都与基准回归结果一致 [表 4-8 第（Ⅳ）列至第（Ⅵ）列]。第（Ⅳ）列的被解释变量为跨国直接投资净流入，点强度与跨国直接投资净流入呈现负向显著的关系，与基准回归结果一致；第（Ⅴ）列和第（Ⅵ）列的因变量分别为跨国直接投资流入和跨国直接投资流出，实证结果显示贸易网络中心性对跨国直接投资流入和跨国直接投资流出均不显著，说明了基准回归结果的稳健性。

表4-8　工具变量两阶段的回归结果

变量	第一阶段回归		第二阶段回归	
	（Ⅰ）	（Ⅱ）	（Ⅲ）	（Ⅳ）
	TNC		*NFDI_GDP*	
TNC			−10.432** (−2.39)	−14.524*** (−7.23)
L. ln*LSCI*	0.001*** (14.64)			
L. ln*AIR*		0.003*** (16.50)		
控制变量	YES	YES	YES	YES
CE	YES	YES	YES	YES
YE	YES	YES	YES	YES
第一阶段 F 值	214.24 [0.000]	272.35 [0.000]		
识别不足检验			169.73 [0.000]	178.570 [0.000]
弱识别检验			214.235 {16.38}	272.352 {16.38}
adj_R^2			0.025	0.098
Obs			1584	2969

注：①第一阶段 F 统计值大于 10，表示不存在弱工具变量的问题，［　］中的值为统计检验的 P 值。②识别不足检验为 Kleibergen-Paap LM 检验，P<0.1 拒绝原假设表明工具变量是合理的。③弱识别检验是 Kleibergen-Paap Wald F 检验，｛　｝中的值为 Stock-Yogo 检验 10% 水平上的临界值，当 KPWrkF 统计量的值大于 Stock-Yogo 检验 10% 水平上的临界值，拒绝原假设表明工具变量是合理的。④*L*. ln*LSCI* 表示班轮运输指数；*L*. ln*AIR* 表示航空货运公里数；*NFDI_GDP* 表示跨国直接投资净流入的规模占 GDP 的比值；*TNC* 表示贸易网络中心性。

资料来源：构建的关键指标所依赖的基础数据主要来源于 IFS 数据库、WDI 数据库、国际劳工组织官网、UNCTAD 数据库和 Wind 数据库等。在此基础上，笔者对原始数据进行了一系列的预处理工作，包括数据的清洗、去除缺失值以及对某些变量进行标准化处理。

3. 内生性检验

考虑存在遗漏变量所导致的内生性问题，为进一步验证本章的基准回归结果，笔者使用工具变量的方法，在第一阶段同时将各国的班轮运输指数和航空货运旅行公里数这两个工具变量分别作为自变量加入回归方程中。由于有效的工具变量必须具有相关性和外生性的条件，基于上述条件，选取各国的班轮运输指数和航空货运旅行公里数的合理性分析如下：

首先，各国班轮运输指数与进出口贸易之间存在紧密的关系，如果两国之间没有直接海运连接，那么两国对应的出口额也相对较低。不仅如此，一国的班轮运输指数的高低对于该国进入全球市场也起到决定性作用，这些都说明了工具变量班轮运输指数具备相关性的要求。显然班轮运输指数与跨国直接投资净流入不相关，具有较好的外生性。跨国直接投资净流入更多地体现在各国的资本收益差异，不会受本国的船舶和港口规模等海运连通程度的影响。因此，采用班轮运输相关指数取对数的滞后一期作为工具变量符合相关性和外生性要求。

其次，借鉴马腾等（2020）的研究结论，我们发现航空货运公里数较好地反映了不同国家之间运送货物的效应，同时，各国通过航线网络与世界其他国家连接成一个整体，加强国际贸易往来。使用各国航空货运公里数作为贸易网络中心性与跨国直接投资净流入的工具变量具有合理性，一方面，距离较近的国家之间的贸易量较大，各国的国际贸易受到航空货运公里数的影响，然而本章的贸易网络中心性的指标主要是根据各国的国际贸易和 GDP 等数据构建，满足相关性的条件；另一方面，航空货运公里数对跨国直接投资净流入的影响仅通过国际贸易这个渠道来实现，实现了外生性条件。

最后，基于上述分析，本章将班轮运输指数和航空货运公里数均取对数，并使用这两个工具变量的滞后一期分别放入跨国直接投资净流入的回归方程，两种方式处理工具变量的回归结果如表4-8所示。

表4-8中汇报了加入工具变量的回归结果，第（Ⅰ）列至第（Ⅱ）列是分别加入班轮运输指数和航空货运公里数的对数并取滞后一期作为工具变量的回归结果。一是第（Ⅰ）列和第（Ⅱ）列中的第一阶段回归的 F 统计量分别为214.24和272.35，这两个值都大于10，说明不存在弱工具变量的问题；同时，在第一阶段的回归结果可发现，班轮运输指数和航空货运公里数均与贸易网络中心性在1%水平上显著正相关，这共同说明了本节所选工具变量的合理性。二是第（Ⅲ）列和第（Ⅳ）列的结果显示，两个工具变量均通过了识别不足检验和弱识别检验，意味着选择班轮运输指数和航空货运公里数作为工具变量的合理性。三是第（Ⅲ）列和第（Ⅳ）列的第二阶段回归结果显示，贸易网络中心性对跨国直接投资净流入的影响在方向和显著性上均与基准回归相似，进一步验证了贸易网络中心性对跨国

直接投资净流入的抑制作用；但是从数量上看，贸易网络中心性的估计系数分别为-10.432 和-14.524，与基准回归相比，在绝对值上增加，这表示潜在的内生性问题可能会导致低估贸易网络中心性对跨国直接投资净流入的抑制作用，同时也进一步表明了本章的基本结论是稳健可靠的。

第五节　本章小结

本章使用 1990~2019 年 131 个国家（地区）的进出口贸易数据和各国 GDP 数据，构建贸易网络中心性指标，并使用点强度和节点差异性作为稳健性替换指标，全面刻画各国贸易网络中心性的特征。探索各国（地区）的贸易网络中心性指标对跨国直接投资流动的作用，从而验证研究假设 4-1、假设 4-2 和假设 4-3。

第一，贸易网络中心性与跨国直接投资净流入呈现负向显著关系，即一国的贸易网络中心性的指标越高，对该国跨国直接投资净流入产生负向影响；与此同时，贸易网络中心性地位的提升对发达国家（地区）存在比发展中国家（地区）更明显的负向影响，这进一步验证了发达国家可能通过贸易网络中心性地位的提升增加对外投资活动的结果，对所有国家（地区）来说，这种负向影响在金融危机后尤甚。

第二，作用机制检验发现，贸易网络中心性的提升通过促进最低工资、人力资本和产业结构的渠道对本国的跨国直接投资净流入产生负向影响。

第三，本章还引入美元利率和各国存款利率等外部负向冲击下，贸易网络中心地位的提升反而能显著地促进跨国直接投资净流入，表明贸易网络中心性国家具有较好的避险作用。

第四，通过更换被解释变量、核心解释变量的指标测算方法，引入班轮运输指数和航空货运公里数作为工具变量法估计，贸易网络中心性对跨国直接投资净流入的负向影响结果依然稳健，进一步证实了本章结论。

第五章　金融开放背景下贸易网络中心性对国际证券组合投资的影响

第四章实证分析了贸易网络中心性对跨国直接投资流动的影响，但是全球的跨境资本流动不仅包括跨国直接投资流动，还有各国之间的证券组合投资，在第三章测算的全球贸易网络中心性特征、指标和不同类型跨境资本流动分类度量的基础上，本章将从国际证券组合投资的视角，考察贸易网络中心性与跨境资本流动的关系，并进行异质性分析，对相关实证结果进行稳健性检验，同时试图分析贸易网络中心性对国际证券组合投资的作用机制，以期更好地深入理解贸易和国际证券组合投资之间的交互关系。

第一节　引言

一、国际证券组合投资的特征分析

20 世纪 90 年代以前，全球证券组合投资的规模和波动均较小。但是，随着全球金融开放的程度进一步加深，金融衍生工具的创新也层出不穷，导致国际证券组合投资的规模扩大、交易活跃，跨境资本往来日益密切，国际证券组合投资成为全球跨境资本流动的主要组成部分。本节将从国际证券组合投资的规模和流向出发，进一步分析国际证券组合投资的特征，对研究不同国家的国际证券组合投资具有重要的现实意义。

图 5-1 为各国的国际证券组合投资汇总时序图，结果显示，从整体来看，国际证券组合投资流动主要分为以下三个阶段：

第一阶段为 1990~2002 年，这个阶段的整体趋势呈现平稳增长的态势。在平稳增长期，从总体规模来看，全球国际证券组合投资较小。1994 年受到墨西哥金融危机的影响，全球国际证券组合投资的规模下降了 51.92%，1998 年亚洲金融危机期间，全球国际证券组合投资的规模下降了 14.39%，但是在该阶段，全球国际证券组合投资的整体规模依然呈现增长的趋势，1990 年全球国际证券组合投资资本流入额为 1779.64 亿美元，流出额为 1295.64 亿美元，到 2002 年国际证券组合投资资本流入额（流出额）分别扩张到 10069.52 亿美元（5164.49 亿美元）。

第二阶段为 2003~2008 年，这个阶段的整体趋势呈现金融危机前快速增长态势，没有出现较大的全球性金融危机。在快速增长期间，全球经济运行较好，随着经济全球化的发展，全球各国的金融市场开放程度不断增强，国际证券组合投资整体规模出现高速增长，全球国际证券组合投资年平均增速达到 30%，国际证券组合投资流入额（流出额）从 2003 年的 14860.63 亿美元（9133.57 亿美元）一直上升至 2007 年的最高点 27046.23 亿美元（18791.03 亿美元）。

第三阶段为 2008 年金融危机发生以来至 2020 年，这个阶段的整体趋势呈现剧烈震荡态势。在剧烈震荡期，由于受到 2008 年金融危机的影响，全球国际证券组合投资流入额（流出额）从 2007 年的最高点开始急剧缩减，至 2018 年国际证券组合投资流入额为 6737.83 亿美元（流出额 8668.75 亿美元）。全球经济受到金融危机的影响后，不确定性因素不断增加，但是国际证券组合投资具有投机性、高流动性等特点，因此，2008 年金融危机后，国际证券组合投资呈现较强的双向波动特点，2010 年欧债危机期间，国际证券组合投资下降了 43.5%，2016 年英国脱欧公投期间国际证券组合投资骤降 60.3%（见图 5-1）。

图 5-2 为国际证券组合投资净流入图，1990~2008 年国际证券组合投资净流入呈现增长态势，国际证券组合投资流入大于流出规模。其中，1990~2002 年国际证券组合投资净流入的缺口不大，且整体出现平缓波动的趋势；2002~2007 年，国际证券组合投资净流入出现快速增长的趋势，2002

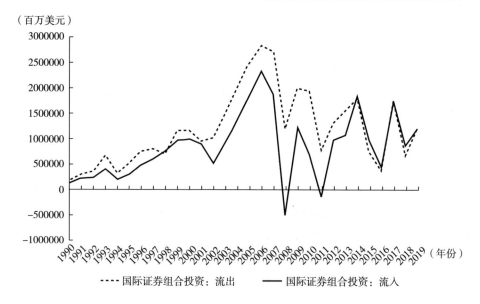

（百万美元）

━━━ 国际证券组合投资：流出 ─── 国际证券组合投资：流入

图 5-1 国际证券组合投资流入和国际证券组合投资流出

资料来源：笔者根据 IMF 数据库各国的国际证券组合投资汇总数据整理。

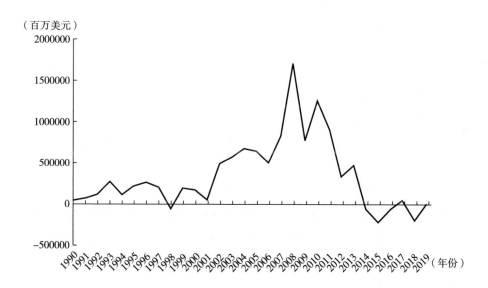

（百万美元）

图 5-2 国际证券组合投资净流入

资料来源：笔者根据 IMF 数据库各国的国际证券组合投资净流入的汇总数据整理。

年国际证券组合投资净流入额为 4905.03 亿美元，增长到 2007 年的最高点 8255.21 亿美元；2008 年之后，国际证券组合投资净流入缺口开始逐年减少，直到 2014 年，国际证券组合投资流入规模开始小于国际证券组合投资流出规模，且国际证券组合投资流出开始逐渐增加，并在 2017 年达到最高点 506.97 亿美元，随后国际证券组合投资流出在 0 点附近呈现波动状。

综上所述，全球国际证券组合投资具有极高的波动性，容易受到国际经济环境变化的影响。在全球经济平稳运行，各国金融市场投资回报率较高的时期，国际证券组合投资的规模出现大幅度增加的情况；在发生金融危机期间，国际证券组合投资由于具有较高的灵活性，各国投资者会撤出其在外的证券类投资，引发国际证券组合投资大规模缩减。国际证券组合投资与直接投资相比，更容易在不同国家之间快速流动，引起各国的国际证券组合投资的联动，最终引发全球金融危机。

二、本章问题

随着新兴市场经济体主动参与配置全球金融资产的意愿日趋增强，国际证券组合投资的流动规模越来越大，但是相对于跨国直接投资，国际证券投资更加不稳定。世界各国之间的经贸合作日益加深，贸易网络的联结密集度进一步扩大，各国家（地区）在贸易网络中不断提升优势地位，从而使其在国际金融市场中获得更高利益。

2020 年新冠疫情所引发的全球股市剧烈动荡，各国金融市场逐渐发展成为牵一发而动全身的整体，单一国家的偶发事件引起全球金融市场国际证券组合投资流动的增强。新形势下，关于贸易网络中心性是否影响不同类型的国际证券组合投资流动，以及该影响是否存在方向和程度上的显著差异？这成为学术界、政界、商界所关注的重点问题，值得深入研究。

我国的资本项目存在管制，管制不仅影响国内投资者多元化的投资，还会抑制境外资本的自由流入。国内学者对于国际证券组合投资的研究也相对滞后。随着中国金融开放程度的提升，境外投资者参与的便利性和积极性进一步增强，与其他国家相比，中国债券市场的外资占比仍然较低，境外证券投资流入仍有较大的提升空间。在此背景下，中国如何有效地吸引境外资本、防止资本外逃？基于国际证券组合投资的视角，本章将贸易网络中心性纳入跨境资本流动研究的框架，为中国投资者的境外证券选择提供政策指导。

第二节　理论机制分析及研究假设

一、理论机制分析

近几十年来，世界发展全球化趋势越来越明显，主要体现在国际贸易和金融市场一体化方面。2012 年中国贸易总额就已超过了美国，成为世界最大贸易国。随着中国在全球贸易网络中的地位进一步提升，国际证券组合投资将成为中国调整对外投资结构和优化海外资产收益比的关键问题（刘昌阳等，2020）。贸易网络中心性影响国际证券组合投资的理论机制分析见图 5-3。

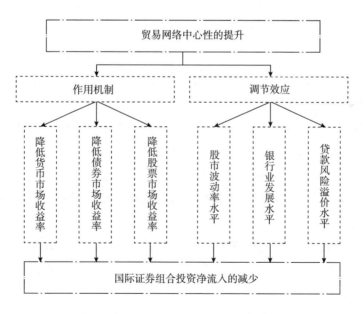

图 5-3　贸易网络中心性影响国际证券组合投资净流入的作用机制

资料来源：作者自行绘制。

首先，根据第二章的理论模型推导分析可知，处在贸易网络中心的国家与全球可贸易商品产出重要的国家之间具有较高的双边贸易强度，即处在贸易网络中心位置的国家更容易受到全球消费增长风险冲击的影响，具有更高的消费增长协方差，存在更低的利率和货币风险溢价（Richmond，2019）。处在贸易网络中心位置的国家风险较高，对全球消费增长风险的总敞口也较大，可套利、套汇、套价的空间较小，从而减少对其投资配置。

其次，一国贸易网络中心性的提升导致其货币市场、债券市场和股票市场都具有更低的收益。由于国际证券组合投资的套利行为倾向，一国贸易网络中心性的提升会引起该国股票收益率、债券市场收益率和货币市场收益率的减少，最终导致国际证券组合投资从贸易网络中心的国家流出到边缘国家追求资本的高收益（刘昌阳等，2020）。Ready 等（2017）认为各国利率差异是由国际贸易网络中的地位决定的，也是各国外汇套息交易持续盈利的主因。

最后，各国的股市波动率、银行业发展以及贷款风险溢价对贸易网络中心性影响国际证券组合投资净流入起到正向强化作用，意味着贸易网络中心性通过不同的调节变量对国际证券组合投资净流入存在间接作用。

二、研究假设

从国际证券组合投资视角来看，一方面，贸易网络中心性通过对各国股票市场收益率、债券市场收益率、货币市场收益率产生负向影响，从而抑制国际证券组合投资的净流入；另一方面，在不同的社会环境和金融发展水平情形下，贸易网络中心性对国际证券组合投资净流入的影响存在差异，如较高的股市波动率、银行业发展水平和贷款风险溢价都会强化贸易网络中心性对国际证券组合投资净流入的负向作用。因此，本章提出以下两个假设：

假设 5-1：一国贸易网络中心性对该国的国际风险资产价格（货币市场收益率、债券市场收益率和股票市场收益率）具有负向影响，不利于国际证券组合投资的资本净流入。

假设 5-2：各国的股市波动率、银行业发展和贷款风险溢价是贸易网络中心性影响国际证券组合投资净流入的调节变量。

第三节　模型设定及变量说明

一、模型设定

随着跨境金融资产交易技术的提升，国际证券组合投资具有流动性强、投资主体多元化等优势，国际证券组合投资逐渐超过外商直接投资、以银行贷款为主的其他投资，成为跨境资本流动的重要形式（方芳等，2021）。本章根据 Fratzscher（2012）、范小云等（2018）等研究结果，选取国际和国内因素为控制变量，在测算全球各国贸易网络中心性的基础上，仍选取上文分析中的 131 个国家作为样本，构建如下面板基准模型：

$$PORT_{it} = \alpha_0 + \alpha_1 TNC_{it} + \alpha_2 X_{it} + CE_i + YE_t + \varepsilon_{it} \tag{5.1}$$

式（5.1）中，$PORT_{it}$ 表示 i 国家 t 时期的不同类型的国际证券组合资本流动占 GDP 的比值（包括总量层面的国际证券组合投资资本流动；将国际证券组合投资项目下按照不同资产类别具体分为国际股票资本流动和国际债券资本流动；按不同主体包括中央银行、政府、银行和企业细分的国际证券组合投资流动），获取各类型国际证券组合投资流动数据时，同时获取净流入、流入和流出数据；TNC_{it} 表示 i 国家 t 时期的贸易网络中心性；X 表示控制变量，包括国际层面和国内层面的影响因素；CE_i 和 YE_t 分别表示国家（个体）固定效应和年度固定效应；ε_{it} 表示随机误差；α_0、α_1、α_2 表示待估参数。

二、变量选取

考虑数据的可得性，最终样本包含 131 个经济体的年度数据，样本期间为 1990~2019 年，其中，各国贸易网络中心性指标的数据与第三章的贸易网络中心性的数据来源相同，工具变量以及控制变量与第三章和第四章的数据来源均相同。

国际证券组合投资流动的基础数据来源于国际货币基金组织（IMF）的国际收支平衡表（BOP），为了剔除国家和地区规模对相关性的影响，参考黄宪等（2019）的方法，用各个国家和地区的国际证券组合投资流动数据除以当期 GDP 做标准化。

货币市场收益率($\ln MY_{it}$)为 i 国家第 t 年货币市场的年化收益率，根据一国银行间拆借利率、中央银行再贴现率或者 3 个月以内的国库券利率测算；债券市场收益率($\ln BNR_{it}$)表示 i 国家第 t 年长期债券市场的年化收益率，基于各个国家 5 年以上长期政府债券平均收益率计算得到；股票市场收益率($\ln STR_{it}$)表示 i 国家第 t 年股票市场指数的年度收益率，使用股票市场指数减去上一年的百分比变动，再按对美元汇率的百分比变动进行调整。

股市波动率参照张学勇等（2014）的方法，对不同国家股票指数的每日收盘价取对数之后进行差分，得到各国全年的股指日收益率数据，通过计算股指日收益率的标准差，再根据"年化标准差＝标准差×$\sqrt{T}$（T 为当年交易天数）"得到各国的年化标准差，将该值作为各国的股市波动率，数据来源于 Wind 数据库；银行业发展水平根据陈雅等（2020）的方式，用私营部门的国内信贷占 GDP 的百分比表示，数据来源于世界银行；各国贷款风险溢价使用银行向私营部门客户收取的贷款利率减去国库券利率，一些国家的贷款风险溢价可能是负值，说明市场上经营较好的私营部门与政府相比，其风险更低，数据来源于世界银行。

表 5-1 表示了各个变量的具体定义，不同类型和不同主体的国际证券组合投资受到贸易网络中心性的影响程度不同，因此，我们将国际证券组合投资按照不同类型进一步划分为国际股票投资和国际债券投资，按不同部门细分为中央银行、政府、银行和企业的国际证券组合投资流动，同时获取净流入、流入和流出数据，加入国际因素和国内因素作为其他控制变量。

表 5-1　变量选取

变量	符号	定义	计算方法
被解释变量	$NPORT_{GDP}$	国际证券组合投资净流入	国际证券组合投资流入额与国际证券投资流出额的差值占 GDP 的百分比
	$IPORT_{GDP}$	国际证券组合投资流入	国际证券组合投资流入额占 GDP 的百分比
	$OPORT_{GDP}$	国际证券组合投资流出	国际证券组合投资流出额占 GDP 的百分比
	$NSTOCK_{GDP}$	国际股票投资净流入	国际股票投资流入额与国际股票投资流出额的差值占 GDP 的百分比

续表

变量	符号	定义	计算方法
被解释变量	$ISTOCK_{GDP}$	国际股票投资流入	国际股票投资流入额占 GDP 的百分比
	$OSTOCK_{GDP}$	国际股票投资流出	国际股票投资流出额占 GDP 的百分比
	$NBOND_{GDP}$	国际债券投资净流入	国际债券投资流入额与国际债券投资流出额的差值占 GDP 的百分比
	$IBOND_{GDP}$	国际债券投资流入	国际债券流入额占 GDP 的百分比
	$OBOND_{GDP}$	国际债券投资流出	国际债券投资流出额占 GDP 的百分比
	$NCENT_{GDP}$	中央银行证券组合投资净流入	中央银行证券组合投资流入额与中央银行证券组合投资流出额的差值占 GDP 的百分比
	$ICENT_{GDP}$	中央银行证券组合投资流入	中央银行证券组合投资流入额占 GDP 的百分比
	$OCENT_{GDP}$	中央银行证券组合投资流出	中央银行证券组合投资流出额占 GDP 的百分比
	$NGOV_{GDP}$	政府证券组合投资净流入	政府组合投资流入额与政府投资流出额的差值占 GDP 的百分比
	$IGOV_{GDP}$	政府证券组合投资流入	政府证券组合投资流入额占 GDP 的百分比
	$OGOV_{GDP}$	政府证券组合投资流出	政府证券组合投资流出额占 GDP 的百分比
	$NBANK_{GDP}$	银行证券组合投资净流入	银行证券组合投资流入额与银行证券组合投资流出额的差值占 GDP 的百分比
	$IBANK_{GDP}$	银行证券组合投资流入	银行证券组合投资流入额占 GDP 的百分比
	$OBANK_{GDP}$	银行证券组合投资流出	银行证券组合投资流出额占 GDP 的百分比
	$ENTIN_{GDP}$	企业证券组合投资流入	企业证券组合投资流入额占 GDP 百分比
	$ENTOU_{GDP}$	企业证券组合投资流出	企业证券组合投资流出额占 GDP 的百分比
	$NENT_{GDP}$	企业证券组合投资净流入	企业证券组合投资流入额与企业证券组合投资流出额的差值占 GDP 的百分比
解释变量	TNC	贸易网络中心性	各国双边贸易强度的进出口份额加权平均值
	$Strengh$	贸易网络强度	一国在整体网络中的强度
	$Disparity$	贸易网络异质性	一国是否存在结构洞或弱联系
	$\ln MY$	货币市场收益率	一国银行间拆借利率、中央银行再贴现率或者短期（三个月以内）国库券收益率取对数

续表

变量	符号	定义	计算方法
解释变量	lnBNR	债券市场收益率	一国 5 年以上长期政府债券平均收益率取对数
	lnSTR	股票市场收益率	一国股票市场指数较前一年的百分比变动取对数（已按对美元汇率的百分比变动进行调整）
调节变量	lnVG	股市波动率	一国股票指数的每日收盘价取对数差分得到全年的股指日收益率再求年标准差
	lnBD	银行业发展水平	私营部门的国内信贷占 GDP 的百分比
	lnRPL	贷款风险溢价	银行向私营部门客户收取的贷款利率减去国库券利率
工具变量	LPI	物流绩效指数	由一国海关效率、贸易和运输相关基础设施的质量、物流服务质量和能力、国际运输便利性、货物运输及时性和货物可追溯性六个子要素通过主成分分析汇总组成
	$INFR$	贸易与运输相关基础设施的质量	一国铁路、公路、港口和信息技术的质量，取值范围在 1~5
控制变量	lnVIX	美国标准普尔 500 指数波动率取对数	美国标准普尔 500 指数波动率取对数
	GF	G4 经济体的 M2 总和的同比增长率	G4 经济体的 M2 总和的同比增长率
	NEV	一国名义月汇率取对数差分求年标准差	一国名义月汇率取对数差分求年标准差
	$CURRENT$	一国经常账户余额与 GDP 之比	一国经常账户余额与 GDP 之比
	$RESERVES$	一国外汇储备变动额与 GDP 之比	一国外汇储备变动额与 GDP 之比
	$SAVING$	各国的总储蓄水平占该国 GDP 的百分比	各国的总储蓄水平占该国 GDP 的百分比

资料来源：被解释变量和解释变量数据都来源于 IFS 数据库和 WDI 数据库；作用机制和调节变量数据来自宾夕法尼亚大学的世界表、BVD-EIU Countrydata 数据库、Wind 数据库和世界银行数据库；工具变量数据来源于世界银行的 WDI 数据库；控制变量数据来源于 Wind 数据库、IFS 数据库和 WDI 数据库。

三、描述性统计

根据上文选取的变量，本节计算了所有变量的均值、标准差、最小值和最大值，所有变量的描述性统计如表 5-2 所示。

表 5-2　各变量的描述性统计

变量	符号	样本量	均值	标准差	最小值	最大值
国际证券组合投资净流入	$NPORT_{GDP}$	3930	-0.007	0.114	-2.318	2.010
国际证券组合投资流入	$IPORT_{GDP}$	3930	0.012	0.063	-0.957	1.836
国际证券组合投资流出	$OPORT_{GDP}$	3930	0.019	0.115	-0.930	3.125
国际股票投资净流入	$NSTOCK_{GDP}$	3930	-0.006	0.064	-2.036	0.263
国际股票投资流入	$ISTOCK_{GDP}$	3930	0.003	0.013	0	0.328
国际股票投资流出	$OSTOCK_{GDP}$	3930	0.009	0.070	0	2.360
国际债券投资净流入	$NBOND_{GDP}$	3930	0.002	0.053	-0.655	1.843
国际债券投资流入	$IBOND_{GDP}$	3930	0.011	0.043	0	1.843
国际债券投资流出	$OBOND_{GDP}$	3930	0.011	0.037	0	0.655
中央银行证券组合投资净流入	$NCENT_{GDP}$	3930	-0.004	0.028	-0.406	0.325
中央银行证券组合投资流入	$ICENT_{GDP}$	3930	0.001	0.009	-0.001	0.325
中央银行证券组合投资流出	$OCENT_{GDP}$	3930	0.005	0.027	0	0.406
政府证券组合投资净流入	$NGOV_{GDP}$	3930	0.043	0.135	-2.718	0.924
政府证券组合投资流入	$IGOV_{GDP}$	3930	0.053	0.099	-0.001	0.924
政府证券组合投资流出	$OGOV_{GDP}$	3930	0.010	0.102	-0.001	2.820
银行证券组合投资净流入	$NBANK_{GDP}$	3930	-0.009	0.185	-2.271	2.234
银行证券组合投资流入	$IBANK_{GDP}$	3930	0.028	0.112	-0.001	2.588
银行证券组合投资流出	$OBANK_{GDP}$	3930	0.038	0.172	-0.001	2.274
企业证券组合投资净流入	$NENT_{GDP}$	3930	-0.034	0.441	-8.513	3.109
企业证券组合投资流入	$IENT_{GDP}$	3930	0.069	0.231	-0.001	3.618
企业证券组合投资流出	$OENT_{GDP}$	3930	0.103	0.491	0	8.817
贸易网络中心性	TNC	3930	0.002	0.003	0	0.026
贸易网络异质性	$\ln disparity$	3930	0.054	0.300	-0.008	4.140
货币市场收益率	$\ln MY$	3213	1.590	1.136	-4.423	6.858
债券市场收益率	$\ln BNR$	1265	1.623	0.815	-3.079	5.598
股票市场收益率	$\ln STR$	1690	7.431	1.737	-1.109	13.142
股市波动率	$\ln VG$	627	-3.305	1.049	-5.054	2.293

续表

变量	符号	样本量	均值	标准差	最小值	最大值
银行业发展水平	ln*BD*	3138	3.526	0.946	-1.681	5.733
贷款风险溢价	*RPL*	1480	-3.064	0.927	-10.211	-0.388
物流绩效指数	*LPI*	3930	0.493	1.115	0	4.226
贸易与运输相关基础设施	*INFR*	3930	0.468	1.073	0	4.439
全球风险指数	ln*VIX*	3930	2.909	0.291	2.406	3.487
全球流动性	*GF*	3930	0.021	0.039	-0.171	0.068
汇率波动率	*NEV*	3930	0.021	0.064	-0.167	2.711
经常账户余额国内生产总值份额	*CURRENT*	3930	-0.003	0.012	-0.300	0.054
外汇储备资产的变动占 GDP 的比重	*RESERVES*	3930	0.024	0.290	-1.120	5.057
储蓄率	*SAVING*	3930	0.180	0.126	-2.363	0.680

资料来源：主要来源于 IFS 数据库、WDI 数据库、BVD-EIV 数据库和 Wind 数据库。

表 5-2 的统计数据显示，国际证券组合投资流出平均高于国际证券组合投资流入，两者平均值分别为 0.019 和 0.012，且不同国家不同时期的国际证券组合投资流动性差异较大。不同类型的国际证券组合投资流动呈现出类似的分布特征。此外，各个控制变量的标准差均较小，说明在样本期内，控制变量相对来说比较稳定；从极值特征来看，不同国家不同时期的经济发展状况差异较大。

第四节　实证结果分析

一、基准回归结果

在本节中，我们仍然使用第三章构建的贸易网络中心性指标作为核心解释变量，因变量选取不同类型的国际证券组合投资资本流动（包括总量层面的国际证券组合投资净流入、流入、流出数据以及国际证券组合投资项目下按照不同资产类别如股票和债券细分下的净流入、流入和流出），检验基准回归方程（5.1）。表 5-3 中清晰地显示了不同被解释变量的回归结果。

表5-3　贸易网络中心性对国际证券组合投资流动的影响

变量	（Ⅰ）	（Ⅱ）	（Ⅲ）	（Ⅳ）	（Ⅴ）	（Ⅵ）
	$NPORT_{GDP}$	$NPORT_{GDP}$	$IPORT_{GDP}$	$IPORT_{GDP}$	$OPORT_{GDP}$	$OPORT_{GDP}$
TNC	-1.839***	-1.575**	-1.427**	-2.201*	-0.422	-0.296
	(-2.64)	(-2.20)	(-2.13)	(-1.78)	(-0.27)	(-0.21)
lnVIX		0.023		-0.062		-0.085
		(0.29)		(-1.37)		(-1.64)
GF		0.113		0.421		0.233
		(0.14)		(1.08)		(0.49)
NEV		-0.071***		-0.052		0.010
		(-2.77)		(-1.71)		(1.05)
CURRENT		-0.134		-0.128		-0.004
		(-0.89)		(-1.32)		(-0.10)
RESERVES		0.012		0.088		-0.012*
		(1.35)		(0.94)		(-1.72)
SAVING		-0.048*		-0.023		0.002
		(-1.99)		(-1.65)		(0.01)
CE	YES	YES	YES	YES	YES	YES
YE	YES	YES	YES	YES	YES	YES
常数项	0.004	-0.069	0.004***	0.176	0.002	0.252*
	(0.88)	(-0.33)	(3.58)	(1.52)	(0.45)	(1.91)
adj_R^2	0.040	0.060	0.017	0.014	0.016	0.001
Obs	3930	3930	3930	3930	3930	3930

注：①CE 表示国家（个体）固定效应，YE 表示年度效应。②括号内为相应的 t-统计量。
③***、**和*分别表示在1%、5%和10%水平下显著。④$NPORT_{GDP}$ 表示国际证券组合投资的净流入规模占 GDP 的比值；$IPORT_{GDP}$ 表示国际证券组合投资的流入规模占 GDP 的比值；$OPORT_{GDP}$ 表示国际证券组合投资的流出规模占 GDP 的比值；TNC 表示贸易网络中心性。

资料来源：贸易网络中心性（TNC）和国际证券组合投资流动（NPORT、IPORT、OPORT）数据来源于 IFS 数据库和 WDI 数据库；lnVIX 来源于 Wind 数据库；GF 来源于 IMF 数据库；NEV、CURRENT、SAVING 和 RESERVES 的基础数据 Wind 数据库和 IMF 数据库，笔者根据不同指标方法自行计算整理。

表5-3 中第（Ⅰ）列和第（Ⅱ）列的因变量均为国际证券组合投资净流入，第（Ⅰ）列的结果是不加控制变量，第（Ⅱ）列的结果是加入国际因素和国内因素的控制变量，实证结果显示，贸易网络中心性对国际证券组合投资净流入的关系存在负相关的关系，贸易网络中心性的回归系数为-1.839，对应的 t-统计量为-2.64，在 1%水平上显著为负，说明贸易网络中心性对国际证券组合投资净流入存在抑制作用，从而验证了第二章的理

论假设 2-2。

第（Ⅲ）列和第（Ⅳ）列的被解释变量为国际证券组合投资流入，第（Ⅲ）列为不加控制变量的回归结果，贸易网络中心性与国际证券组合投资流入呈负相关的关系，具体地，贸易网络中心性的回归系数为-1.427，对应的 t-统计量为-2.13，在 5%水平下显著为负，即贸易网络中心性的提升对国际证券组合投资流入存在负向抑制作用；第（Ⅳ）列是加了国际因素和国内因素的控制变量的回归结果，贸易网络中心性的回归系数为-2.201，相应的 t-统计量为-1.78，在 10%水平下显著为负，说明贸易网络中心性与国际证券组合投资流入存在显著的负相关关系，原因是处在贸易网络中心位置的国家具有比边缘位置的国家更低的利率和货币风险溢价（Richmond，2019），因此，跨境资本流动的套利行为倾向导致国际资本流动会从贸易网络中心的国家流出到边缘国家追求资本的高收益。

第（Ⅴ）列和第（Ⅵ）列的因变量均为国际证券组合投资流出，第（Ⅴ）列为不加控制变量的结果，第（Ⅵ）列是加了控制变量的结果，最后我们发现贸易网络中心性对国际证券组合投资流出的回归结果基本上不显著，可能的解释是样本中的国家大部分属于发展中国家，许多国家的资本项目还未完全可兑换，阻断了资本流出对贸易网络中心性差异的反应，刘莉亚等（2013）的研究存在相似的结果。

从贸易网络中心性对国际证券组合投资资本流动的影响来看，结果发现：整体而言，一国在贸易网络中地位的提升对该国的国际证券组合投资净流入和国际证券组合投资流入产生显著的负向影响。原因是处于贸易网络中心位置的国家比边缘国家存在更低的国际风险资产收益率，处在贸易网络越中心的国家（地区），其货币市场、债券市场和股票市场具有更低的收益率，同时，根据第三章的理论与实证结论，全球贸易网络中处于中心地位的国家具有更高的消费增长协方差（Beta）值，贸易网络中心国家的消费增长更容易受到共同的全球消费增长冲击影响。同时，相比于边缘国家，中心国家的金融开放程度更高，涉及的跨境资本业务更多，中心国家有能力以较低的利率从国外借款，跨境资本可以流出到国外寻求较高的收益水平，借助更加开放的金融市场套汇、套利等行为使该国的国际证券组合投资流出到边缘国家，因此，一国贸易网络中心性的提升，对国际证券组合投资净流入具有负向影响。

进一步地，本节将国际证券组合投资按照资本类别划分为国际股票投资和国际债券投资，获取股票和债券两种类型的资本流动的净流入、流入和流出数据，参考刘威等（2016）的做法，将股票和债券资产额中的负值数据取0。因此，划分不同类型的国际证券组合投资进行检验如表5-4所示。

表5-4　贸易网络中心性对国际股票投资与国际债券投资流动的影响

变量	（Ⅰ）	（Ⅱ）	（Ⅲ）	（Ⅳ）	（Ⅴ）	（Ⅵ）
	$NSTOCK_{GDP}$	$ISTOCK_{GDP}$	$OSTOCK_{GDP}$	$NBOND_{GDP}$	$IBOND_{GDP}$	$OBOND_{GDP}$
TNC	−0.724***	−0.070	−0.945	−2.026**	−1.145	0.881
	(−3.89)	(−0.46)	(−0.96)	(−2.00)	(−1.22)	(1.19)
lnVIX	0.003	0.030	−0.027	−0.007	−0.050**	−0.043*
	(0.33)	(0.90)	(−0.98)	(−0.22)	(−2.01)	(−1.83)
GF	0.018***	−0.289	−0.062	−0.007	0.232	0.240
	(2.59)	(−0.98)	(−0.21)	(−0.03)	(1.18)	(1.26)
NEV	0.001	0.001	0.007	0.001	0.007	0.007
	(0.16)	(0.04)	(1.12)	(0.01)	(0.67)	(1.44)
CURRENT	−0.016	−0.009*	−0.029	−0.144	−0.104	0.040
	(−0.43)	(−1.79)	(−1.15)	(−1.65)	(−1.38)	(1.52)
RESERVES	0.004**	0.001**	−0.003**	0.070	0.066	−0.004**
	(2.42)	(2.34)	(−2.42)	(0.94)	(0.90)	(−2.37)
SAVING	−0.015***	−0.004	−0.014	−0.018	−0.017	0.002
	(−4.91)	(−0.95)	(−0.58)	(−1.28)	(−1.27)	(0.16)
CE	YES	YES	YES	YES	YES	YES
YE	YES	YES	YES	YES	YES	YES
常数项	−0.001	−0.073	0.090	0.028	0.148**	0.120*
	(−0.03)	(−0.87)	(1.35)	(0.32)	(2.27)	(1.98)
adj_R^2	0.199	0.148	0.018	0.001	0.006	0.036
Obs	3930	3930	3930	3930	3930	3930

注：①CE 表示国家（个体）固定效应，YE 表示年度效应。②括号内为相应的t-统计量。③ ***、** 和 * 分别表示在1%、5%和10%置信水平下显著。④$NSTOCK_{GDP}$ 表示国际股票投资净流入的规模占 GDP 的比值；$ISTOCK_{GDP}$ 表示国际股票投资流入的规模占 GDP 的比值；$OSTOCK_{GDP}$ 表示国际股票投资流出的规模占 GDP 的比值。⑤$NBOND_{GDP}$ 表示国际债券投资净流入的规模占 GDP 的比值；$IBOND_{GDP}$ 表示国际债券投资流入的规模占 GDP 的比值；$OBOND_{GDP}$ 表示国际债券投资流出的规模占 GDP 的比值。

资料来源：构建的关键指标所依赖的基础数据主要来源于 IFS 数据库、WDI 数据库、UNCTAD 数据库和 Wind 数据库等。在此基础上，笔者对原始数据进行了一系列的预处理工作，包括数据的清洗、去除缺失值以及对某些变量进行标准化处理。

表5-4中第（Ⅰ）列至第（Ⅲ）列的因变量为国际股票投资流动（包括净流入、流入和流出），结果表明，贸易网络中心性对国际股票投资净流入具有负向影响，贸易网络中心性的回归系数为-0.724，对应的t-统计量为-3.89，在1%水平上显著为负，意味着处在贸易网络中心地位的国家对国际股票净流入存在负向作用；贸易网络中心性对国际股票投资流入和国际股票投资流出均无显著的关系。第（Ⅳ）列至第（Ⅵ）列的因变量为国际债券投资流动（包括净流入、流入和流出），第（Ⅳ）列结果表明贸易网络中心性与国际债券投资净流入为负显著的关系，具体地，贸易网络中心性的回归系数为-2.026，t统计量为-2.00，在5%水平下显著为负。第（Ⅴ）列和第（Ⅵ）列表明国际债券投资的流入和流出对贸易网络中心性均不敏感。

以上结果的主要原因：一方面，相较于边缘国家，中心国家的金融开放程度更高，涉及的跨境资本业务更多，金融市场也更加成熟和完善，中心国家有能力以较低的利率从国外借款，国际资本流动会从贸易网络中心的国家流出到边缘国家追求资本的高收益，借助更加开放的金融市场套汇、套利等行为导致该国的国际股票投资、国际债券流出到边缘国家进行投资；另一方面，处在贸易网络中心位置国家的股票收益率、债券市场收益率和货币市场收益率比边缘国家更低，中心国家的国际风险资产收益率更低，由于国际股票投资和国际债券投资等套利行为倾向，中心国家的国际股票投资和国际债券投资的流入减少。因此，相较于边缘国家，贸易网络中心国家将出现大量的国际股票投资、国际债券投资流出增加，国际股票投资和国家债券投资流入减少，大量的流入和流出相互抵消，从而造成国际股票投资、国际债券投资净流入的减少。

综上所述，根据表5-3和表5-4基准回归的结果发现：其一，贸易网络中心性对国际证券组合投资净流入、国际证券组合投资流入具有负向作用；其二，将国际证券组合投资按照资本类别划分为国际股票投资和国际债券投资，发现贸易网络中心性对国际股票投资和国际债券投资的净流入均存在显著负向影响。在接下来的分析中，我们只考虑基准回归中贸易网络中心性在不同类型的国际证券组合投资（包括国际证券组合投资净流入、国际证券组合投资流入、国际股票投资净流入和国际债券净流入）中存在显著关系的因变量。

二、异质性分析

本节将国际证券组合投资按照不同的部门，划分为中央银行、政府、银行和企业的资本流动。同时，基于发达国家、发展中国家以及金融危机前后，分析贸易网络中心性对不同类型国际证券组合投资的作用变化。

1. 贸易网络中心性对不同部门的国际证券组合投资的影响

基准回归结果表明，贸易网络中心性的提升对其国际证券组合投资净流入存在负向影响，但贸易网络中心性对不同部门的国际证券组合投资流动的影响是否相同仍是存疑的。因此，表5-5报告了区别不同部门的国际证券组合投资流动的回归结果。

表5-5 贸易网络中心性对国际证券组合投资（分不同部门）流动的影响

变量	（Ⅰ）	（Ⅱ）	（Ⅲ）	（Ⅳ）	（Ⅴ）	（Ⅵ）
	Panel A：中央银行			Panel B：政府		
	$NCENT_{GDP}$	$ICENT_{GDP}$	$OCENT_{GDP}$	$NGOV_{GDP}$	$IGOV_{GDP}$	$OGOV_{GDP}$
TNC	-0.405*	0.015	0.420*	0.051	-0.020	-0.071
	(-1.71)	(0.51)	(1.78)	(0.09)	(-0.06)	(-0.16)
控制变量	YES	YES	YES	YES	YES	YES
CE	YES	YES	YES	YES	YES	YES
YE	YES	YES	YES	YES	YES	YES
常数项	0.035**	0.001	-0.034**	0.008	0.066	0.058
	(2.54)	(0.57)	(-2.47)	(0.11)	(1.46)	(0.98)
adj_R^2	0.005	0.012	0.008	0.024	0.020	0.059
Obs	3930	3930	3930	3930	3930	3930
变量	（Ⅶ）	（Ⅷ）	（Ⅸ）	（Ⅹ）	（Ⅺ）	（Ⅻ）
	Panel C：商业银行			Panel D：企业		
	$NBANK_{GDP}$	$IBANK_{GDP}$	$OBANK_{GDP}$	$NENT_{GDP}$	$IENT_{GDP}$	$OENT_{GDP}$
TNC	0.154	-0.130	-0.284	-0.048	-0.106	-0.059
	(0.55)	(-0.61)	(-0.99)	(-0.05)	(-0.45)	(-0.06)
控制变量	YES	YES	YES	YES	YES	YES
CE	YES	YES	YES	YES	YES	YES
YE	YES	YES	YES	YES	YES	YES

续表

变量	（Ⅶ）	（Ⅷ）	（Ⅸ）	（Ⅹ）	（Ⅺ）	（Ⅻ）
	Panel C：商业银行			Panel D：企业		
	$NBANK_{GDP}$	$IBANK_{GDP}$	$OBANK_{GDP}$	$NENT_{GDP}$	$IENT_{GDP}$	$OENT_{GDP}$
常数项	−0.036	0.042	0.078	−0.060	−0.029	0.031
	（−0.62）	（1.53）	（1.55）	（−0.61）	（−0.30）	（0.89）
adj_R^2	0.003	0.022	0.001	0.004	0.044	0.006
Obs	3930	3930	3930	3930	3930	3930

注：①CE 表示国家（个体）固定效应，YE 表示年度效应。②括号内为相应的 t-统计量。③***、** 和 * 分别表示在 1%、5% 和 10% 水平下显著。④$NCENT_{GDP}$ 表示中央银行部门的国际证券组合投资的净流入规模占 GDP 的比值；$ICENT_{GDP}$ 表示中央银行部门的国际证券组合投资的流入规模占 GDP 的比值；$OCENT_{GDP}$ 表示中央银行部门的国际证券组合投资的流出规模占 GDP 的比值。⑤$NGOV_{GDP}$ 表示政府部门的国际证券组合投资的净流入规模占 GDP 的比值；$IGOV_{GDP}$ 表示政府部门的国际证券组合投资的流入规模占 GDP 的比值；$OGOV_{GDP}$ 表示政府部门的国际证券组合投资的流出规模占 GDP 的比值。⑥$NBANK_{GDP}$ 表示商业银行部门的国际证券组合投资的净流入规模占 GDP 的比值；$IBANK_{GDP}$ 表示商业银行部门的国际证券组合投资的流入规模占 GDP 的比值；$OBANK_{GDP}$ 表示商业银行部门的国际证券组合投资的流出规模占 GDP 的比值。⑦$NENT_{GDP}$ 表示企业部门的国际证券组合投资的净流入规模占 GDP 的比值；$IENT_{GDP}$ 表示企业部门的国际证券组合投资的流入规模占 GDP 的比值；$OENT_{GDP}$ 表示企业部门的国际证券组合投资的流出规模占 GDP 的比值。

资料来源：构建的关键指标所依赖的基础数据主要来源于 IFS 数据库、WDI 数据库、UNCTAD 数据库和 Wind 数据库等。在此基础上，笔者对原始数据进行了一系列的预处理工作，包括数据的清洗、去除缺失值以及对某些变量进行标准化处理。

表 5-5 的第（Ⅰ）列至第（Ⅲ）列是以中央银行部门证券组合投资为因变量的结果，考察净流入，贸易网络中心性对中央银行部门的国际证券组合投资净流入为负显著的关系。具体地，回归系数为−0.405，对应的 t-统计量为−1.71，在 10% 水平上负显著，说明贸易网络中心性对国际证券组合投资净流入的负向影响，主要是通过每个国家的中央银行部门驱动。考察流入，贸易网络中心性的回归系数不显著。考察流出，贸易网络中心性的回归系数为 0.420，对应的 t-统计量为 1.78，在 10% 水平上显著为正，贸易网络中心性对中央银行部门的证券组合投资流出具有促进作用。对于贸易网络中心国家，涉及的跨境资本业务更多，借助更加开放的金融市场套汇、套利等行为使该国的国际证券组合投资流出到边缘国家，因此，贸易网络中心国家对国际证券组合投资流出主要受中央银行部门的驱动。

第（Ⅳ）列至第（Ⅵ）列被解释变量为政府部门的国际证券组合投资流动的结果表明，考察净流入，贸易网络中心性对政府部门的国际证券组合投资净流入无显著关系；考察流入和流出，贸易网络中心性的回归系数均不显著。第（Ⅶ）列至第（Ⅻ）列以商业银行部门和企业部门国际证券组合投资项下的资本流动为被解释变量。从回归结果看，考察净流入、流入和流出，贸易网络中心性的回归系数均不显著。进一步说明贸易网络中心性对国际证券组合投资净流入的负向影响主要通过各国的中央银行部门体现，受其他部门的影响均不显著。

2. 基于不同类型国家的分析

根据上文分析，一国的贸易网络中心性的提升对国际证券组合投资净流入具有负向作用，但是，贸易网络中心性对不同类型国家的国际证券组合投资流动的影响是否相同仍是存疑的。因此，本章参考（靳玉英等，2020）的国家类型的分类，将样本划分为发达国家和发展中国家两种类型，分组探究贸易网络中心性对不同类型国家的国际证券组合投资流动影响的回归结果（见表5-6）。

表5-6　不同类型国家的异质性分析

变量	（Ⅰ） $NPORT_{GDP}$	（Ⅱ） $IPORT_{GDP}$	（Ⅲ） $NSTOCK_{GDP}$	（Ⅳ） $NBOND_{GDP}$
	Panel A　发达国家			
TNC	−4.623*** (−4.14)	−2.881 (−1.28)	−1.362** (−2.28)	−3.883*** (−3.46)
lnVIX	0.75 (0.30)	−0.352** (−2.05)	−0.004 (−0.78)	−0.030 (−0.27)
GF	−0.082 (−0.30)	2.462 (1.71)	0.032 (1.00)	−0.237 (−0.28)
NEV	0.439 (1.03)	0.639 (1.29)	0.142 (0.93)	0.275 (1.12)
CURRENT	−3.017*** (−2.73)	−2.481*** (−8.96)	4.152*** (3.09)	−2.256*** (−7.56)
RESERVES	0.461*** (4.61)	0.528*** (8.13)	0.223*** (4.48)	0.442*** (3.53)
SAVING	−0.075 (−1.02)	0.061 (0.37)	−0.074*** (−3.13)	−0.113** (−2.50)
CE	YES	YES	YES	YES
YE	YES	YES	YES	YES
常数项	−0.205 (−0.30)	0.928** (2.19)	0.020 (1.32)	0.145 (0.48)

续表

变量	（Ⅰ）	（Ⅱ）	（Ⅲ）	（Ⅳ）
	$NPORT_{GDP}$	$IPORT_{GDP}$	$NSTOCK_{GDP}$	$NBOND_{GDP}$
	Panel A　发达国家			
adj_R^2	0.430	0.290	0.327	0.752
Obs	540	540	540	540
	（Ⅴ）	（Ⅵ）	（Ⅶ）	（Ⅷ）
	Panel B　发展中国家			
Network	−0.259	−1.244**	−0.200	0.025
	（−0.38）	（−2.11）	（−0.42）	（0.05）
ln*VIX*	0.013	−0.039	0.077	−0.022
	（0.15）	（−0.84）	（1.61）	（−0.63）
GF	0.152	0.214	−0.581	0.114
	（0.18）	（0.53）	（−1.48）	（0.43）
NEV	−0.073***	−0.064**	−0.001	−0.010*
	（−2.89）	（−2.41）	（−0.61）	（−1.70）
CURRENT	−0.149	−0.065	0.002	−0.087*
	（−0.96）	（−1.42）	（0.08）	（−1.96）
RESERVES	0.010	0.006	0.003*	0.003
	（1.26）	（1.09）	（1.98）	（0.95）
SAVING	−0.046*	−0.019	−0.010***	−0.006
	（−1.87）	（−1.55）	（−2.91）	（−0.57）
CE	YES	YES	YES	YES
YE	YES	YES	YES	YES
常数项	−0.041	0.115	−0.200	0.060
	（−0.19）	（0.96）	（−1.63）	（0.67）
adj_R^2	0.009	0.009	0.022	0.001
Obs	3390	3390	3390	3390

注：①*CE* 表示国家（个体）固定效应，*YE* 表示年度效应。②括号内为相应的 t-统计量。③ ***、** 和 * 分别表示在 1%、5% 和 10% 水平下显著。④$NPORT_{GDP}$ 表示国际证券组合投资的净流入规模占 GDP 的比值；$IPORT_{GDP}$ 表示国际证券组合投资的流入规模占 GDP 的比值；$NSTOCK_{GDP}$ 表示国际股票投资净流入规模占 GDP 的比值；$NBOND_{GDP}$ 表示国际债券投资的净流入规模占 GDP 的比值。

资料来源：构建的关键指标所依赖的基础数据主要来源于 IFS 数据库、WDI 数据库、UNCTAD 数据库和 Wind 数据库等。在此基础上，笔者对原始数据进行了一系列的预处理工作，包括数据的清洗、去除缺失值以及对某些变量进行标准化处理。

表 5-6 中 Panle A 展示了贸易网络中心性对发达国家的国际证券组合投资净流入、国际证券组合投资流入、国际股票投资净流入和国际债券投资净流入的影响，第（Ⅰ）列的因变量为国际证券组合投资净流入，具体地，

贸易网络中心性的回归系数为-4.623，对应的 t-统计量为-4.14，在1%水平上显著为负，说明贸易网络中心性对发达国家的国际证券组合投资净流入呈负向显著的关系；第（Ⅱ）列的被解释变量为国际证券组合投资流入，结果显示，对于发达国家而言，国际证券组合投资的流入对贸易网络中心性不敏感。第（Ⅲ）列的因变量为国际股票投资净流入，贸易网络中心性的回归系数为-1.362，对应的 t-统计量为-2.28，在5%水平上呈负向显著的关系，说明贸易网络中心性对发达国家的国际股票净流入存在负向影响；第（Ⅳ）列的被解释变量为国际债券投资净流入，贸易网络中心性的回归系数为-3.883，相应的 t-统计量为-3.46，在1%水平上显著为负，意味着贸易网络中心性与发达国家的国际债券投资净流入呈现负向显著的关系。

以上结果发现，贸易网络中心性对发达国家的国际证券组合投资资本净流入、跨境股票投资净流入和国际债券投资净流入产生负向影响，贸易网络中心性与国际证券组合投资流入却无显著的相关关系。从资金的流出来看，发达国家的金融市场发展成熟度较高，机构及个人投资者数量多、投资规模大，发达国家也是全球主要的证券投资来源地（杨海珍等，2020）。但是，从资金的流入来看，发达国家具有丰富的金融产品和高度的市场自由度，全球投资者都可以在发达国家的资本市场无障碍地配置资产。因此，发达国家的国际证券组合投资流入的变化可能更容易受到市场其他因素的影响，最终引起贸易网络中心性对国际证券组合投资流入总量不敏感，却对国际证券组合投资净流入（流入-流出）、跨境股票投资净流入和国际债券投资净流入均产生负向影响。

表5-6的 Panel B 结果为贸易网络中心性对发展中国家不同类型的国际证券组合投资资本流动的影响，第（Ⅴ）列的结果表明贸易网络中心性对发展中国家的国际证券组合投资净流入不显著；第（Ⅵ）列中贸易网络中心性的回归系数为-1.244，相应的 t-统计量为-2.11，在5%水平上显著，说明贸易网络中心性对发展中国家的国际证券组合投资流入产生负向影响，与上一节基准回归的结论保持一致；第（Ⅶ）列结果显示，贸易网络中心性对发展中国家的国际股票投资净流入不存在显著的关系；第（Ⅷ）列表明贸易网络中心性对发展中国家的国际证券投资净流入之间不存在显著的负向关系。

上述结果表明：其一，许多发展中国家的资本项目还未完全可兑换，阻断了这些国家的国际股票投资和国际证券投资流动对贸易网络中心性差异的反应；其二，近几年，虽然发达国家的国际证券组合投资在全球国际证券规模的占比有所下降，但发达国家依然是全球证券组合投资流入和流出的重要组成部分，自2008年金融危机后，发展中国家在全球证券组合投资的规模不断上升，作用也日渐重要。因此，需要密切关注其国际证券组合投资流动的状态。

3. 金融危机前后贸易网络中心性对国际证券组合投资流动的影响

2008年的全球金融危机对全世界的经济造成了巨大冲击，魏彦杰等（2017）发现贸易网络可以作为预警信号预测金融危机，因为贸易网络的失衡会早于金融危机，因此，我们选取2009年作为区分金融危机前后的时间节点，划分不同的样本，深入分析发生金融危机前后，区分不同组别研究贸易网络中心性对国际证券组合投资的作用，回归结果如表5-7所示。

表5-7　金融危机前后贸易网络中心性对国际证券组合投资流动的影响

变量	（Ⅰ） $NPORT_{GDP}$	（Ⅱ） $IPORT_{GDP}$	（Ⅲ） $NSTOCK_{GDP}$	（Ⅳ） $NBOND_{GDP}$
	Panel A　金融危机前			
TNC	-2.702^{***} （-4.42）	-1.671^{*} （-1.93）	-2.114^{**} （-2.10）	-1.001^{*} （-1.96）
$\ln VIX$	-0.007^{**} （-2.31）	-0.029^{***} （-2.97）	-0.011^{*} （-1.73）	-0.005^{*} （-1.93）
GF	0.031^{*} （1.81）	-0.161^{***} （-3.30）	0.052^{*} （1.76）	0.013 （0.92）
NEV	-0.076^{***} （-6.94）	-0.061^{**} （-2.13）	0.005 （0.34）	-0.006 （-0.74）
CURRENT	-0.033 （-0.31）	-0.059 （-1.33）	0.019 （1.51）	-0.079 （-0.92）
RESERVES	0.011^{**} （2.15）	0.006 （0.90）	0.006^{***} （2.93）	0.002 （0.37）
SAVING	-0.034^{***} （-3.99）	-0.020^{*} （-1.79）	-0.006 （-1.33）	-0.001^{*} （-1.79）
CE	YES	YES	YES	YES
YE	YES	YES	YES	YES
常数项	0.027^{***} （2.94）	0.110^{***} （3.54）	-0.033^{*} （-1.81）	0.013^{*} （1.79）

续表

变量	（Ⅰ） $NPORT_{GDP}$	（Ⅱ） $IPORT_{GDP}$	（Ⅲ） $NSTOCK_{GDP}$	（Ⅳ） $NBOND_{GDP}$
	Panel A　金融危机前			
adj_R^2	0.082	0.040	0.158	0.009
Obs	2489	2489	2489	2489

变量	（Ⅴ）	（Ⅵ）	（Ⅶ）	（Ⅷ）
	Panel B　金融危机后			
Network	−4.244* (−1.98)	−2.457* (−1.82)	−0.707*** (−2.97)	−3.180** (−2.21)
lnVIX	−0.002 (−0.06)	−0.008 (−0.61)	0.008 (0.25)	−0.012 (−1.10)
GF	3.698 (0.65)	−1.872 (−0.73)	0.053 (0.46)	0.904 (0.50)
NEV	−0.042 (−0.88)	0.041 (1.60)	0.018 (0.94)	0.041 (1.21)
CURRENT	−0.232 (−0.52)	−0.254 (−0.36)	0.232* (1.95)	−0.923*** (−2.80)
RESERVES	0.028 (0.96)	0.314** (2.09)	0.005*** (2.82)	0.244** (2.05)
SAVING	−0.076 (−0.85)	−0.153 (−1.08)	−0.043*** (−6.71)	−0.033 (−0.66)
CE	YES	YES	YES	YES
YE	YES	YES	YES	YES
常数项	−0.073 (−0.72)	0.096 (1.13)	−0.004 (−0.04)	0.019 (0.33)
adj_R^2	0.006	0.004	0.071	0.001
Obs	1441	1441	1441	1441

注：①CE 表示国家（个体）固定效应，YE 表示年度效应。②括号内为相应的 t-统计量。③ ***、**和*分别表示在 1%、5%和 10%水平下显著。④$NPORT_{GDP}$ 表示国际证券组合投资的净流入规模占 GDP 的比值；$IPORT_{GDP}$ 表示国际证券组合投资的流入规模占 GDP 的比值；$NSTOCK_{GDP}$ 表示国际股票投资的净流入规模占 GDP 的比值；$NBOND_{GDP}$ 表示国际债券投资的净流入规模占 GDP 的比值。

资料来源：构建的关键指标所依赖的基础数据主要来源于 IFS 数据库、WDI 数据库、UNCTAD 数据库和 Wind 数据库等。在此基础上，笔者对原始数据进行了一系列的预处理工作，包括数据的清洗、去除缺失值以及对某些变量进行标准化处理。

表 5-7 中 Panel A 第（Ⅰ）列至第（Ⅳ）列结果显示，金融危机前贸易网络中心性对不同类型的国际证券组合投资流动的影响。考察净流入，第（Ⅰ）列表明贸易网络中心性对金融危机前的国际证券组合投资净流入

产生负向作用，具体地，贸易网络中心性的回归系数为-2.702，对应的 t-统计量为-4.42，在 1%水平下负向显著；第（Ⅱ）列的因变量为国际证券组合投资流入，金融危机前，贸易网络中心性对国际证券组合投资流入在 10%水平上存在负向显著的关系；第（Ⅲ）列中贸易网络中心性对国际股票投资净流入的回归系数为-2.114，对应的 t-统计量为-2.10，在 5%水平下负向显著；第（Ⅳ）列的因变量为国际债券投资净流入，贸易网络中心性的系数在 10%的置信水平下显著为负，说明其对国际债券投资净流入存在显著的负向影响。

表 5-7 中 Panel B 第（Ⅴ）列至第（Ⅷ）列的结果显示，贸易网络中心性对金融危机后不同类型的国际证券组合投资流动的影响。第（Ⅴ）列考察国际证券组合投资净流入，贸易网络中心性对金融危机后国际证券组合投资净流入产生负向作用，具体地，贸易网络中心性的回归系数为-4.244，对应的 t-统计量为-1.98，在 10%水平下显著；第（Ⅵ）列表明金融危机后贸易网络中心性与国际证券组合投资流入存在负向显著的关系；第（Ⅶ）列的被解释变量为国际股票投资净流入，贸易网络中心性的回归系数为-0.707，对应的 t-统计量为-2.97，在 1%水平下负向显著；第（Ⅷ）列的因变量为国际债券投资净流入，贸易网络中心性对国际债券投资净流入在 5%水平上负向显著。上述结果表明，金融危机后，贸易网络中心性对不同类型的国际证券组合投资流动的影响，无论是系数的值还是显著性方向，都比金融危机前存在更为明显的负向影响。

以上实证结论说明，无论是金融危机发生前还是金融危机发生后，贸易网络中心性对国际证券组合投资净流入、国际证券组合投资流入、国际股票投资净流入和国际债券投资净流入均呈现负向显著的关系，意味着贸易网络中心性可能是一个国家高度持续性的特征，这种持续性是贸易网络中心性解释国家无条件属性（如平均利率和货币风险溢价）的部分原因（Richmond，2019）。尽管在 2008 年金融危机发生以后，海外市场的国际证券组合投资风险加大，国际证券投资者对外投资活动更加趋于谨慎，处在贸易网络中心位置的国家的消费增长更多地暴露在全球消费增长冲击中，最终导致国际证券组合投资者倾向选择消费协方差较小的边缘国家进行投资。因此，在金融危机后，贸易网络中心性的提升对不同类型的国际证券组合投资净流入呈现出更强的负向影响。

三、作用机制

表5-3和表5-4的基准回归结果表明，一国贸易网络中心性的提升对国际证券组合投资净流入、国际证券组合投资流入、国际股票投资净流入和国际债券投资净流入产生负向作用。贸易网络中心性通过对各国股票市场收益率、债券市场收益率、货币市场收益率产生负向影响，最终引起不同类型的国际证券组合投资净流入的减少，回归结果如表5-8所示。

表5-8　贸易网络中心性对国际证券组合投资流动的不同作用机制

变量	（Ⅰ）	（Ⅱ）	（Ⅲ）
	lnSTR_{it}	lnBNR_{it}	lnMY_{it}
TNC	−0.490**	−0.450***	−0.554*
	（−2.30）	（−3.60）	（−1.69）
lnVIX	−0.066	0.031**	−0.011***
	（−0.98）	（2.20）	（−3.28）
GF	0.479	0.167	0.400***
	（0.82）	（1.64）	（8.71）
NEV	0.004**	0.038***	0.013**
	（2.41）	（2.72）	（2.36）
CURRENT	1.609	0.084**	0.006
	（0.73）	（2.31）	（0.16）
RESERVES	−0.002	0.001	0.002**
	（−1.47）	（0.86）	（2.42）
SAVING	0.009	−0.014	−0.007**
	（1.12）	（−1.53）	（−2.05）
CE	YES	YES	YES
YE	YES	YES	YES
常数项	0.151	−0.078**	0.035***
	（0.88）	（−2.10）	（4.13）
adj_R^2	0.178	0.049	0.034
Obs	949	1265	3213

注：①CE 表示国家（个体）固定效应，YE 表示年度效应。②括号内为相应的 t-统计量。③ ***、 ** 和 * 分别表示在1%、5%和10%水平下显著。④lnSTR_{it} 表示国家 i 第 t 年股票市场指数的年度收益率；lnBNR_{it} 表示国家 i 第 t 年长期债券市场的年化收益率；lnMY_{it} 表示国家 i 第 t 年货币市场的年化收益率。

资料来源：构建的关键指标所依赖的基础数据主要来源于 IFS 数据库、WDI 数据库、UNCTAD 数据库和 Wind 数据库等。在此基础上，笔者对原始数据进行了一系列的预处理工作，包括数据的清洗、去除缺失值以及对某些变量进行标准化处理。

表5-8中第（Ⅰ）列的被解释变量为各国的股票市场收益率，结果表明，贸易网络中心性的回归系数为-0.490，对应的t-统计量为-2.30，在5%水平上负显著，贸易网络中心性与各国的股票收益率呈现负向显著的关系；第（Ⅱ）列表明贸易网络中心性与债券市场收益率在1%水平上负显著；第（Ⅲ）列中贸易网络中心性关于货币市场收益率的回归系数为-0.554，对应的t-统计量为-1.69，在10%水平上负显著。以上结果说明，贸易网络中心性对货币市场收益率、债券市场收益率和股票市场收益率均存在负向显著的影响。同时，以上结果进一步检验了本章研究假设5-1的结论。

上述结果的原因：第一，根据第二章的理论模型推导分析可知，处在贸易网络中心的国家与全球可贸易商品产出重要的国家之间具有较高的双边贸易强度，中心国家更容易受到全球消费增长风险冲击的影响，从而具有更高的消费增长协方差，中心国家存在更低的利率和货币风险溢价（Richmond，2019），处在贸易网络中心位置国家的风险更高，对全球消费增长风险的总敞口也就越大，可套利、套汇、套价的空间更小，从而减少对其投资配置。第二，一国贸易网络中心性的提升，不仅带来贸易的繁荣，也会使该国金融开放程度加深。金融市场进一步地完善和成熟，引起该国股票收益率、债券市场收益率和货币市场收益率的减少。国际证券组合投资的套利行为倾向，最终导致国际资本从贸易网络中心的国家流出到边缘国家追求资本的高收益。

综上所述，我们发现贸易网络中心性与股票市场收益率、债券市场收益率和货币市场收益率均呈现负向显著的关系，根据现有大量文献的研究结论，不同市场收益率与国际证券组合投资资本净流入呈正相关（Byrne and Fiess，2016；彭红枫等，2019）。贸易网络中心性的提升引起股票市场收益率、债券市场收益率和货币市场收益率水平的下降，由于国际证券组合投资的套利行为倾向，导致贸易网络中心性对国际证券组合投资净流入、国际证券组合投资流入、跨境股票投资净流入和国际债券投资净流入产生负向影响。

四、进一步分析

上述章节分析了贸易网络中心性对国际证券组合投资的异质性和作用

机制，但由于潜在的内生性问题，本章引入各国股市波动率（$\ln VG_{it}$）、各国银行业发展（$\ln BD_{it}$）、各国贷款风险溢价（$\ln RPL_{it}$）的变化为调节变量，探讨贸易网络中心性对国际证券组合投资流动的影响。根据温忠麟等（2004）、阚澄宇和孙小玄（2021）等检验的模型估计方法，运用如下计量模型：

$$PORT_{it} = \alpha_0 + \alpha_1 TNC_{it} + \kappa_1 Channel_{it} + \kappa_2 Channel_{it} \times TNC_{it} + \alpha_2 X_{it} + CE_i + YE_t + \varepsilon_{it}$$

$$(5.2)$$

式（5.2）中，$PORT_{it}$ 表示 i 国家 t 时期不同类型的国际证券组合投资流动（包括国际证券组合投资净流入、国际证券组合投资流入、国际股票投资净流入和国际债券投资净流入）。TNC_{it} 表示 i 国家 t 时期的贸易网络中心性。$Channel_{it}$ 表示 i 国家 t 时期不同的调节变量，在回归模型中分别为各国股市波动率、各国银行业发展、各国贷款风险溢价。X 表示控制变量，包括国际因素和国内因素的控制变量。CE_i 和 YE_t 分别表示国家（个体）固定效应和年度固定效应。ε_{it} 表示随机误差。α_0、α_1、κ_1、κ_2 表示待估参数，其中，κ_1 表示各国对应的渠道变量对国际证券组合投资的直接影响，κ_2 表示贸易网络中心性通过不同的调节变量对国际证券组合投资的间接影响。为了保证贸易网络中心性与调节变量的交互项的经济学含义，我们对其均进行了中心化处理，也为了避免多重共线性的影响，回归结果如表5-9所示。

表5-9　不同外部冲击下贸易网络中心性与国际证券组合投资流动的关系

变量	（Ⅰ） $NPORT_{GDP}$	（Ⅱ） $IPORT_{GDP}$	（Ⅲ） $NSTOCK_{GDP}$	（Ⅳ） $NBOND_{GDP}$
	Panel A　各国股市波动率			
TNC	−1.894 （−1.19）	−2.192* （−1.77）	0.868 （0.91）	−2.010** （−2.01）
$\ln VG$	−0.001 （−1.24）	0.004 （0.79）	−0.002 （−0.31）	−0.001** （−2.33）
TNC×$\ln VG$	−2.368*** （−3.21）	−1.645*** （−5.49）	1.208*** （3.02）	−3.225*** （−3.63）
控制变量	YES	YES	YES	YES
CE	YES	YES	YES	YES
YE	YES	YES	YES	YES

续表

变量	（Ⅰ）	（Ⅱ）	（Ⅲ）	（Ⅳ）
	$NPORT_{GDP}$	$IPORT_{GDP}$	$NSTOCK_{GDP}$	$NBOND_{GDP}$
Panel A 各国股市波动率				
常数项	−0.071 （−0.41）	0.177 （1.53）	−0.166 （−1.64）	0.037 （0.42）
adj_R^2	0.001	0.014	0.007	0.001
Obs	3930	3930	3930	3930
变量	（Ⅴ）	（Ⅵ）	（Ⅶ）	（Ⅷ）
	$NPORT_{GDP}$	$IPORT_{GDP}$	$NSTOCK_{GDP}$	$NBOND_{GDP}$
Panel B 各国银行业发展				
TNC	0.331 （0.38）	0.082 （0.09）	−1.752** （−2.06）	0.364 （0.50）
lnBD	0.001 （0.78）	0.002 （1.59）	−0.003*** （−10.50）	0.005* （1.70）
TNC×lnBD	−0.033* （−1.99）	−0.045* （−1.68）	0.047*** （5.25）	−0.022*** （−2.79）
控制变量	YES	YES	YES	YES
CE	YES	YES	YES	YES
YE	YES	YES	YES	YES
常数项	−0.075 （−0.37）	0.170 （1.49）	−0.008 （−0.81）	0.018** （2.21）
adj_R^2	0.099	0.002	0.002	0.002
Obs	3930	3930	3930	3930
变量	（Ⅸ）	（Ⅹ）	（Ⅺ）	（Ⅻ）
	$NPORT_{GDP}$	$IPORT_{GDP}$	$NSTOCK_{GDP}$	$NBOND_{GDP}$
Panel C 各国贷款风险溢价				
TNC	−10.385** （−2.55）	−6.419* （−1.79）	−3.162*** （−3.86）	−10.181*** （−4.21）
lnRPL	0.001 （0.15）	−0.003 （−1.22）	−0.001 （−0.02）	−0.002 （−1.11）
TNC×lnRPL	−2.159* （−1.90）	−1.758* （−1.75）	−0.502** （−2.22）	−2.674*** （−3.95）
控制变量	YES	YES	YES	YES
CE	YES	YES	YES	YES
YE	YES	YES	YES	YES

续表

变量	（Ⅸ）	（Ⅹ）	（Ⅺ）	（Ⅻ）
	$NPORT_{GDP}$	$IPORT_{GDP}$	$NSTOCK_{GDP}$	$NBOND_{GDP}$
	Panel C　各国贷款风险溢价			
常数项	0.165	0.042*	-0.002	0.007
	(0.82)	(0.85)	(-0.48)	(0.38)
adj_R^2	0.002	0.054	0.342	0.346
Obs	1480	1480	1480	1480

注：①CE 表示国家（个体）固定效应，YE 表示年度效应。②括号内为相应的 t-统计量。③ ***、** 和 * 分别表示在 1%、5% 和 10% 水平下显著。④$NPORT_{GDP}$ 表示国际证券组合投资的净流入规模占 GDP 的比值；$IPORT_{GDP}$ 表示国际证券组合投资的流入规模占 GDP 的比值；$NSTOCK_{GDP}$ 表示国际股票投资的净流入规模占 GDP 的比值；$NBOND_{GDP}$ 表示国际债券投资的净流入规模占 GDP 的比值。⑤$\ln VG_{it}$ 表示各国的股市波动率；$\ln BD_{it}$ 表示各国的银行业发展；$\ln RPL_{it}$ 表示各国的贷款风险溢价。

资料来源：构建的关键指标所依赖的基础数据主要来源于 IFS 数据库、WDI 数据库、UNCTAD 数据库和 Wind 数据库等。在此基础上，笔者对原始数据进行了一系列的预处理工作，包括数据的清洗、去除缺失值以及对某些变量进行标准化处理。

表 5-9 中 Panel A 是贸易网络中心性通过各国股市波动率影响不同类型的国际证券组合投资流动，第（Ⅰ）列的因变量为国际证券组合投资净流入，我们可以发现贸易网络中心性与各国股市波动率交互项的回归系数为 -2.368，对应的 t-统计量为 -3.21，在 1% 水平上负显著，这说明贸易网络中心性给定时，其各国股市波动率每增加一单位的数量将导致国际证券组合投资资本流入水平下降 2.368 个单位。结果表明，各国的股市波动率强化了贸易网络中心性对国际证券组合投资资本净流入的负向影响关系，也就是说，一国股市波动率的增加，对该国贸易网络中心性影响国际证券组合投资资本净流入的负向作用具有显著的强化作用。

第（Ⅱ）列的被解释变量为国际证券组合投资流入，贸易网络中心性与各国股市波动率的交互项对国际证券组合投资流入的回归系数为 -1.645，对应的 t-统计量为 -5.49，在 1% 水平上负显著。第（Ⅲ）列中贸易网络中心性与各国股市波动率的交乘项对股票投资净流入的回归系数为 1.208，相应的 t-统计量为 3.02，在 1% 水平上显著为正，说明各国股市波动率的增加会减弱贸易网络中心性对股票投资净流入的负向作用，各国股市波动率上升时，由于贸易网络中心国家存在避险特征，中心国家的股票投资净流入增加，边缘国家的股票投资净流入减少。第（Ⅳ）列的结果表明，贸易网络中心性与各国股市波动率的交互项对国际债券投资净流入在1%水平上存在负向显著关系，说明各国股市波动率强化了中心国家对国际债券投资净流入的负向影响。以上结果表明，相较于边缘国家，中心国家更容易受到全球消费增长风险的冲击，其股市波动率较大，市场风险也更大，进一步强化了贸易网络中心性对国际证券组合投资流入和国际债券投资净流入的负向影响。

表5-9的Panel B是贸易网络中心性通过各国银行业发展影响不同类型的国际证券组合投资流动。第（Ⅴ）列的因变量为国际证券组合投资净流入，贸易网络中心性与各国银行业发展的交互项的回归系数为-0.033，对应的t-统计量为-1.99，在10%水平上显著为负相关，表明贸易网络中心性可能通过增强各国银行业发展的渠道，对国际证券组合投资净流入产生负向影响；第（Ⅵ）列的被解释变量为国际证券组合投资流入，说明在贸易网络中心性给定时，各国的银行业发展每增加一单位的数量将导致该国的国际证券组合投资流入水平下降0.045个单位，各国的银行业发展强化了贸易网络中心性对国际证券组合投资流入的负向作用。

以上结果的主要原因是：相较于边缘国家，中心国家的银行业发展水平更高，国内的银行业竞争更激烈，同时，贸易网络中心国家的金融开放程度也更高，中心国家的银行业为了寻求利润从本国流出到国际市场，从而对国际证券组合投资净流入和国际证券组合投资资本流入起到负向影响。

第（Ⅶ）列的因变量为国际股票投资净流入，贸易网络中心性与各国银行业发展的交互项对国际股票投资净流入在1%的显著性水平上通过了检验，表明各国银行业发展减弱了贸易网络中心性对股票投资净流入的负向作用。原因是处在贸易网络中心国家的银行业发展水平更高，银行之间的竞争更加激烈，利润空间更小，中心国家银行业的风险投资需求相比边缘国家也较多，会吸引更多的股票流入，因此，贸易网络中心性与银行发展水平的交互项对跨境股票投资净流入存在正向的促进作用，跨境资本流入到股票市场寻求利润。第（Ⅷ）列的结果显示贸易网络中心性与各国银行业发展的交互项的回归系数为-0.022，说明处在贸易网络中心国家可能通过提升银行业发展约束债券投资净流入的增加。

表5-9的Panel C是贸易网络中心性通过各国贷款风险溢价影响不同类

型的国际证券组合投资流动。第（Ⅸ）列的因变量为国际证券组合投资净流入，说明贸易网络中心性可能通过各国贷款风险溢价的渠道影响国际证券组合投资净流入；第（Ⅹ）列贸易网络中心性与各国贷款风险溢价的交互项对国际证券组合投资流入的回归系数为−1.758，在10%水平上负显著相关，各国贷款风险溢价增强了贸易网络中心性对国际证券组合投资流入的抑制作用；第（Ⅺ）列和第（Ⅻ）列的因变量分别为跨境股票投资净流入和国际债券投资净流入，结果表明，贸易网络中心性与各国贷款风险溢价的交互项对跨境股票投资净流入和国际债券投资净流入的回归系数分别为−0.502和−2.674，且呈现显著的负显著的关系，说明各国贷款风险溢价加强了贸易网络中心性对股票投资净流入和国际债券投资净流入的抑制作用。以上结果，进一步验证了假设5−2。

五、稳健性检验

为检验本章回归结果的稳健性，首先，更换被解释变量的测度方法，对国际证券组合投资资本流动的规模取对数；其次，更换核心解释变量的测量方法，采用点强度和节点差异性来衡量贸易网络中心性特征；最后，处理内生性方面，引入不同的工具变量进行二阶段最小二乘法估计，进行了如下检验。

1. 更换被解释变量的测度方法

前文回归结果采用的是国际证券组合投资资本流动规模占GDP的比值作为国际证券组合投资资本流动的衡量指标（刘粮、陈雷，2018），在本节中我们使用国际证券组合投资的规模取对数作为因变量的衡量指标替换，结果表明基准模型结论依然保持稳健，回归结果见表5−10。

表5−10　更换被解释变量的测度方法

变量	（Ⅰ）	（Ⅱ）	（Ⅲ）	（Ⅳ）
	ln*NPORT*	ln*IPORT*	ln*NSTOCK*	ln*NBOND*
TNC	−7.706**	−10.181***	−5.766***	−3.152*
	(−2.05)	(−3.06)	(−6.16)	(−1.52)
ln*VIX*	0.646***	−2.033***	−0.427***	4.147***
	(10.33)	(−3.26)	(−0.82)	(24.67)
GF	−20.043***	9.958***	0.246***	−3.354***
	(−3.67)	(12.13)	(3.64)	(−23.75)

续表

变量	（Ⅰ）	（Ⅱ）	（Ⅲ）	（Ⅳ）
	ln$NPORT$	ln$IPORT$	ln$NSTOCK$	ln$NBOND$
NEV	−0.135 ***	−0.180 ***	0.054	−0.008
	（−2.71）	（−5.38）	（1.36）	（−1.40）
$CURRENT$	−0.161	0.007	−0.036	0.007
	（−1.29）	（0.05）	（−0.16）	（0.17）
$RESERVES$	0.053	0.069	0.016 *	0.009 ***
	（1.18）	（1.29）	（1.76）	（3.42）
$SAVING$	0.015	−0.008	−0.075 ***	−0.001
	（0.49）	（−0.34）	（−3.24）	（−0.12）
CE	YES	YES	YES	YES
YE	YES	YES	YES	YES
常数项	−1.460 ***	5.067 ***	0.888 ***	−11.420 ***
	（−9.17）	（22.62）	（3.48）	（6.54）
adj_R^2	0.010	0.151	0.235	0.028
Obs	3930	3930	3930	3930

注：①CE 表示国家（个体）固定效应，YE 表示年度效应。②括号内为相应的 t−统计量。③ *** 、 ** 和 * 分别表示在1%、5%和10%水平下显著。④ln$NPORT$ 表示国际证券组合投资净流入取对数值；ln$IPORT$ 表示国际证券组合投资流入取对数值；ln$NSTOCK$ 表示跨境股票投资净流入取对数值；ln$NBOND$ 表示国际债券投资净流入取对数值。

资料来源：构建的关键指标所依赖的基础数据主要来源于 IFS 数据库、WDI 数据库、UNCTAD 数据库和 Wind 数据库等。在此基础上，笔者对原始数据进行了一系列的预处理工作，包括数据的清洗、去除缺失值以及对某些变量进行标准化处理。

表5-10 中第（Ⅰ）列的因变量为国际证券组合投资净流入，贸易网络中心性与国际证券组合投资净流入呈现负向显著的关系，与表5-3 基准回归结果保持一致；第（Ⅱ）列的被解释变量为国际证券组合投资流入，贸易网络中心性与国际证券组合投资流入存在负向显著关系，即贸易网络中心性会抑制国际证券组合投资的流入，验证了表5-3 基准回归的结果；第（Ⅲ）列和第（Ⅳ）列的因变量分别为跨境股票投资净流入和国际证券债券投资净流入，结果表明贸易网络中心性都与跨境股票投资净流入和国际证券债券投资净流入存在负显著的关系，与表5-4 基准回归结果一致。综上所述，更换被解释变量的测量方法，即对不同类型的国际证券组合投资的资本流动规模取对数后，贸易网络中心性依然对国际证券组合投资净流入、国际证券组合投资流入、跨境股票投资净流入和国际债券投资净流入起到负向影响。

2. 更换核心解释变量的测度方法

本章使用文献中常用的几种衡量贸易网络中心性的方法，使用网络异质性（节点差异性）衡量贸易网络中心性特征，重新进行回归分析。节点差异性的构建方法在第三章中已详细说明，利用国际货币基金组织的贸易统计方向（International Monetary Fund's Direction of Trade Statistics）数据库中各国 1990~2019 年的双边贸易数据进行构建测算，回归检验均与基准结果一致（见表 5-11）。

表 5-11　更换核心解释变量为节点差异性

变量	（Ⅰ）	（Ⅱ）	（Ⅲ）	（Ⅳ）
	$NPORT_{GDP}$	$IPORT_{GDP}$	$NSTOCK_{GDP}$	$NBOND_{GDP}$
$\ln disparity_i$	0.035 ***	0.007 *	0.024 ***	0.002 **
	（4.05）	（1.80）	（4.87）	（2.29）
$\ln VIX$	0.003	−0.011 ***	0.006 *	−0.002
	（0.52）	（−3.05）	（1.89）	（−0.43）
GF	0.050	−0.052 **	0.027	0.038
	（1.18）	（−2.04）	（1.25）	（1.21）
NEV	−0.055 **	−0.058 ***	−0.002	0.120
	（−2.12）	（−3.72）	（−0.18）	（1.51）
$CURRENT$	−0.081	0.009	0.001	−7.405 ***
	（−0.47）	（0.09）	（0.01）	（−3.05）
$RESERVES$	0.085 ***	0.046 ***	0.004	0.001
	（9.65）	（10.66）	（0.81）	（0.42）
$SAVING$	−0.047 ***	−0.013	−0.003	−0.063 ***
	（−2.63）	（−1.33）	（−0.28）	（−3.60）
CE	YES	YES	YES	YES
YE	YES	YES	YES	YES
常数项	0.031	0.039 ***	0.004	0.028 **
	（1.52）	（3.43）	（0.39）	（2.25）
adj_R^2	0.006	0.002	0.006	0.199
Obs	3898	3898	3898	3898

注：①CE 表示国家（个体）固定效应，YE 表示年度效应。②括号内为相应的 t-统计量。③ *** 、** 和 * 分别表示在 1%、5% 和 10% 水平下显著。④$NPORT_{GDP}$ 表示国际证券组合投资净流入的规模占 GDP 的比值；$IPORT_{GDP}$ 表示国际证券组合投资流入的规模占 GDP 的比值；$NSTOCK_{GDP}$ 表示跨境股票投资净流入的规模占 GDP 的比值；$NBOND_{GDP}$ 表示国际债券投资净流入的规模占 GDP 的比值。

资料来源：构建的关键指标所依赖的基础数据主要来源于 IFS 数据库、WDI 数据库、UNCTAD 数据库和 Wind 数据库等。在此基础上，笔者对原始数据进行了一系列的预处理工作，包括数据的清洗、去除缺失值以及对某些变量进行标准化处理。

表5-11中第（Ⅰ）列的因变量为国际证券组合投资净流入，回归结果显示节点差异性的对数值对国际证券组合投资净流入存在正向显著的关系。具体地，节点差异性的回归系数为0.035，对应的t-统计量为4.05，在1%水平上显著为正；第（Ⅱ）列的被解释变量为国际证券组合投资流入，节点差异性对国际证券组合投资流入的回归系数为0.007，在10%水平上显著为正；第（Ⅲ）列和第（Ⅳ）列的因变量分别为跨境股票投资净流入和国际债券投资净流入，结果显示，节点差异性对跨境股票投资净流入和国际债券投资净流入均存在正向相关关系。

以上结果表明，节点差异性的提升会促进国际证券投资净流入、国际证券组合投资流入、跨境股票投资净流入和国际债券投资净流入的增加。一国的节点差异性越高，意味着该国的对外贸易越分散，从贸易网络中心性的角度来看，该国处于贸易网络越边缘的位置；与之相反，一国的网络异质性越小，意味着该国处在贸易网络中心的位置。因此，贸易网络异质性与贸易网络中心性指标表示的结果相反，网络异质性越小对国际证券组合投资净流入起到负向作用，只是网络异质性与贸易网络中心性的指标表示的结果的符号相反，从侧面说明了上文基准回归表5-3和表5-4结果的稳健性。

3. 内生性检验

考虑存在遗漏变量所导致的内生性问题，为进一步验证本章的回归结果，我们考虑使用工具变量方法，在第一阶段分别物流绩效指数（LPI）、贸易和运输相关基础设施的质量（INFR）作为自变量加入回归方程中。有效的工具变量必须具有相关性和外生性的条件，基于上述条件，本章选取各国物流绩效指数的合理性分析如下所示：

首先，物流绩效指数（LPI）考虑了各国或地区的跨境物流网络联系，由于物流联系强调经济性和时效性，运用物流绩效综合水平可以合理地分析各国之间的贸易联系。LPI主要由海关效率、贸易和运输相关基础设施的质量、物流服务质量和能力、国际运输便利性、货物运输及时性和货物可追溯性六个子要素通过主成分分析汇总组成，该指数值越大表示该国的物流绩效能力越强。研究结果表明，国际物流绩效指数对进出口贸易的促进效果显著，反映了各国之间的贸易关联性，物流绩效指数与贸易网络中心性具有相关性（刘小军等，2016；刘洋等，2017；陶章等，2020）。同时，一国的证券组合投资流入并不会受本国的物流绩效指数的影响，物流绩效指数与证券组合投资流入不相关，具有良好的外生性。因此，本节选用各国的物流绩效指数（LPI）作为工具变量符合相关性和外生性的要求。

其次，各国贸易和运输相关基础设施的质量（INFR）涵盖了经济体中的贸易物流相关的基础设施，如铁路、公路、港口和信息技术的质量，该值的取值范围为 1~5，分数越高表示该国的贸易与运输相关基础设施的质量水平越发达。

现有文献表明贸易与运输相关基础设施的质量对一国参与全球贸易具有重要的作用，随着产业链全球化进程的深入，基础设施与贸易网络中心性的联系更加紧密。同时，一国的证券组合投资流入不会受本国的贸易与运输相关基础设施质量的影响，即贸易与运输相关基础设施的质量与证券组合投资流入不相关，具有良好的外生性。因此，本节选用各国的贸易与运输相关基础设施的质量作为工具变量符合相关性和外生性的要求。

最后，基于上述分析，本节分别将物流绩效指数（LPI）、贸易和运输相关基础设施的质量（INFR）放入国际证券组合投资流入的回归方程，更加符合工具变量外生性的假定，两种方式处理工具变量的回归结果如表 5-12 所示。表 5-12 中表示加入进行工具变量回归结果，Panel A 是加入物流绩效指数（LPI）作为工具变量的回归结果，Panel B 是加入贸易和运输相关基础设施的质量（INFR）作为工具变量的回归结果。

表 5-12　工具变量两阶段的回归结果

变量	Panel A　物流绩效指数（LPI）为工具变量			
	第二阶段回归			
	（Ⅰ）	（Ⅱ）	（Ⅲ）	（Ⅳ）
	$NPORT_{GDP}$	$IPORT_{GDP}$	$NSTOCK_{GDP}$	$NBOND_{GDP}$
TNC	−27.418* （−1.89）	−18.926* （−1.97）	−10.860* （−1.80）	−10.851** （−2.00）
控制变量	YES	YES	YES	YES
CE	YES	YES	YES	YES
YE	YES	YES	YES	YES

续表

变量	Panel A 物流绩效指数（LPI）为工具变量			
	第二阶段回归			
	（Ⅰ）	（Ⅱ）	（Ⅲ）	（Ⅳ）
	$NPORT_{GDP}$	$IPORT_{GDP}$	$NSTOCK_{GDP}$	$NBOND_{GDP}$
识别不足检验	34.048 [0.000]	34.048 [0.000]	34.048 [0.000]	23.346 [0.000]
弱识别检验	35.409 {16.38}	35.409 {16.38}	35.409 {16.38}	24.134 {16.38}
内生性检验	3.190	3.794	3.468	6.208
χ^2 （1）统计量	[0.074]	[0.051]	[0.063]	[0.013]
adj_R^2	−0.043	−0.028	−0.051	−0.175
Obs	3930	3930	3930	3930
	第一阶段回归（因变量为贸易网络中心性 TNC）			
LPI	0.001*** (5.95)	0.001*** (5.95)	0.001*** (5.95)	0.001*** (5.95)
第一阶段 F 值	35.41 [0.000]	35.41 [0.000]	35.41 [0.000]	35.41 [0.000]
变量	Panel B 贸易和运输相关基础设施的质量（INFR）为工具变量			
	第二阶段回归			
	（Ⅴ）	（Ⅵ）	（Ⅶ）	（Ⅷ）
	$NPORT_{GDP}$	$IPORT_{GDP}$	$NSTOCK_{GDP}$	$NBOND_{GDP}$
TNC	−30.278* (−1.91)	−20.342** (−2.00)	−11.635* (−1.82)	−11.282* (−1.94)
控制变量	YES	YES	YES	YES
CE	YES	YES	YES	YES
YE	YES	YES	YES	YES
识别不足检验	31.212 [0.000]	31.212 [0.000]	31.212 [0.000]	21.150 [0.000]
弱识别检验	32.187 {16.38}	32.187 {16.38}	32.187 {16.38}	21.668 {16.38}
内生性检验	3.346	4.001	3.605	5.933
χ^2 （1）统计量	[0.067]	[0.046]	[0.058]	[0.015]
adj_R^2	−0.061	−0.044	−0.059	−0.019
Obs	3930	3930	3930	3930

续表

变量	Panel B　贸易和运输相关基础设施的质量（INFR）为工具变量			
	第二阶段回归			
	（Ⅴ）	（Ⅵ）	（Ⅶ）	（Ⅷ）
	$NPORT_{GDP}$	$IPORT_{GDP}$	$NSTOCK_{GDP}$	$NBOND_{GDP}$
	第一阶段回归（因变量为贸易网络中心性 TNC）			
INFR	0.001***	0.001***	0.001***	0.001***
	（5.67）	（5.67）	（5.67）	（5.67）
第一阶段 F 值	32.19	32.19	32.19	32.19
	[0.000]	[0.000]	[0.000]	[0.000]

注：①第一阶段 F 统计值大于 10，表示不存在弱工具变量的问题，[ ] 中的值为统计检验的 P 值；②识别不足检验为 Kleibergen-Paap LM 检验，P<0.1 拒绝原假设表明工具变量是合理的，[ ] 中的值为统计检验的 P 值；③弱识别检验是 Kleibergen-Paap Wald F 检验，{ } 中的值为 Stock-Yogo 检验 10%水平上的临界值，当 KPWrkF 统计量的值大于 Stock-Yogo 检验 10%水平上的临界值，拒绝原假设表明工具变量是合理的。

资料来源：构建的关键指标所依赖的基础数据主要来源于 IFS 数据库、WDI 数据库、UNCTAD 数据库和 Wind 数据库等。在此基础上，笔者对原始数据进行了一系列的预处理工作，包括数据的清洗、去除缺失值以及对某些变量进行标准化处理。

　　表 5-12 中表示加入工具变量的回归结果，Panel A 是加入物流绩效指数（LPI）作为工具变量的回归结果，第（Ⅰ）列和第（Ⅱ）列的因变量分别为国际证券组合投资净流入和国际证券组合投资流入，第（Ⅲ）列和第（Ⅳ）列的被解释变量为跨境股票投资净流入和国际债券投资净流入，第一阶段回归的 F 统计量均为 35.41，大于 10 这个经验值，表明选取的工具变量（LPI）与内生解释变量（TNC）之间是高度相关的，可以有效地排除弱工具变量的问题，同时，第一阶段的回归结果显示，物流绩效指数与贸易网络中心性均在 1%水平上显著正相关，这共同说明了本节所选工具变量的合理性；第二阶段均通过了识别不足检验和弱识别检验，进一步说明我们选取的工具变量的有效性。第（Ⅰ）列至第（Ⅳ）列的第二阶段回归结果显示，贸易网络中心性对国际证券组合投资净流入、国际证券组合投资流入、跨境股票投资净流入和国际债券投资净流入的影响在方向上和显著性上均与基准回归相似，进一步验证了贸易网络中心性对不同类型的国际证券组合投资的负向影响。

　　表 5-12 中，Panel B 是加入贸易和运输相关基础设施的质量（INFR）作

为工具变量的回归结果。首先，第一阶段的 F 值均大于 10，说明不存在弱工具变量的问题，同时，贸易和运输相关基础设施的质量与贸易网络中心性呈正显著的关系。其次，第二阶段回归结果表明，使用贸易和运输相关基础设施的质量（INFR）工具变量进行回归，第（Ⅴ）列至第（Ⅷ）列结果显示通过了识别不足检验和弱识别检验，这说明我们选择货物和运输相关基础设施的质量作为工具变量是合理的。最后，第（Ⅴ）列至第（Ⅷ）列的第二阶段回归结果显示，贸易网络中心性对不同类型的国际证券组合投资流动的影响在方向上和显著性上均与表 5-3 和表 5-4 所报告的基准回归相似，进一步验证了贸易网络中心性对不同类型的国际证券投资流动的负向作用。但是，与基准回归相比，贸易网络中心性的系数在绝对值上增加了，表明潜在的内生性问题可能会导致低估贸易网络中心性对不同类型的国际证券组合投资净流入的负向作用，进一步验证了工具变量回归结果的稳健性。

第五节　本章小结

本章基于 1990~2019 年 131 个国家（地区）的双边进出口数据和各国 GDP 数据，使用贸易网络中心性（TNC）测度世界各国（地区）的贸易网络地位，考察其对全球各国（地区）的不同类型的国际证券组合投资流动的影响。研究结果发现：

第一，贸易网络中心性对国际证券组合投资净流入和国际证券组合投资流入均呈现负向显著关系，同时，将国际证券组合投资按照类型划分为国际股票投资、国际债券投资发现，贸易网络中心性对国际股票投资净流入和国际债券投资净流入都具有负向显著的关系，进一步说明了贸易网络中心性对国际证券组合投资净流入和国际证券组合投资流入的负向作用受跨境股票投资和国际债券投资的共同驱动。

第二，贸易网络中心性地位的提升对不同类型证券组合投资的影响具有明显的差异，整体而言，贸易网络中心性对中央银行的国际证券组合投资净流入存在负相关，反映了贸易网络中心性影响国际证券组合投资流入主要通过各国的中央银行部门所体现。

第三，本章还区分了发达国家和发展中国家的国际证券组合投资的资本流动情况。结果显示：贸易网络中心性对发达国家的国际证券组合投资净流入、跨境股票投资净流入和国际债券投资净流入具有负向影响，发达国家的国际证券组合投资流入的变化可能更容易受到市场其他因素的影响，最终贸易网络中心性对发达国家的国际证券组合投资流入并不敏感。金融危机前后相比较，贸易网络中心性对不同类型的国际证券组合投资流动均呈现负向显著的关系，意味着贸易网络中心性是一个国家高度持续性特征。

第四，本章发现贸易网络中心性地位的提升通过各国货币市场收益率、债券市场收益率和股票市场收益率对不同类型的国际证券组合投资流动产生间接影响，一国贸易网络中心性地位的提升带来该国金融市场的完善和成熟，国际投资者在贸易网络中心的国家可套汇套利的空间减少，最终导致国际资本流动从中心国家流出到边缘国家追求资本的高收益。

第五，引入股市波动率、银行业发展和贷款风险溢价等调节变量，实证结果表明，各国的股市波动率、银行业发展水平和贷款风险溢价均强化了贸易网络中心性对不同类型的国际证券组合投资净流入的负向作用。

第六，通过更换被解释变量、核心解释变量的指标测算方法，引入工具变量物流绩效指数和贸易与运输相关基础设施的质量进行二阶段最小二乘法估计，实证结果表明，贸易网络中心性对不同类型的国际证券组合投资流动的抑制作用结果依然稳健，进一步证实了我们的结论。

第六章　金融开放背景下贸易网络中心性对跨国信贷投资的影响

第四章和第五章实证分析了贸易网络中心性对跨国直接投资流动和国际证券组合投资的影响，笔者发现贸易网络中心性对跨国直接投资流动和国际证券组合投资均存在负向作用，并从劳动成本和风险溢价的角度分析了作用机制。在此基础上，本章将从跨国信贷的视角，对贸易网络中心性影响跨国信贷资本流动的作用机制进一步分析，以期更好地深入理解贸易网络和跨国信贷资本流动之间的交互关系。

第一节　引言

一、国际信贷投资的特征分析

在全球金融一体化的背景下，跨国银行作为国际金融体系的核心金融机构，对全球金融稳定具有重要的作用。一方面，跨国信贷投资流动规模日益扩大，国际贸易过程中不仅涉及实物商品，而且需要交换金融服务，通过跨国银行产生的金融服务贸易一般记录在国际收支平衡表的其他投资项目下；另一方面，国际贸易中发达经济体与新兴市场经济体在国际金融体系领域具有不对称性，中心国家的货币政策通过跨国银行或者海外分支机构的影响渠道，对边缘其他国家存在显著外溢的作用，同时，中心国家的金融危机也容易通过跨国银行渠道传染到边缘国家。因此，本节将从跨国信贷资本流动规模和跨国信贷资本流动的流向出发，进一步分析跨国信贷资本流动的特征，这对研究全球银行体系中不同国家的跨国信贷投资具有重要的现实意义。

图6-1为各国跨国信贷资本流动的汇总时序图，结果显示，2001～2007年，全球跨国信贷资本流入（流出）急剧增加，2001年跨国信贷资本流入额5504.75亿美元（流出额6939.51亿美元）快速上升至2008年的34291.32亿美元（43801.86亿美元），随后受到2008年金融危机的影响后，跨国信贷资本流入额和流出额急剧下降为负值，说明跨国银行的资本流动与全球金融危机存在密切联系，随后2009年开始跨国信贷资本流动出现相对平缓的双向波动特征。因此，跨国信贷投资在美国的"大缓和"时期出现显著增加的趋势，受到次贷危机的影响后，跨国信贷资本流动出现一种相对稳定的态势。

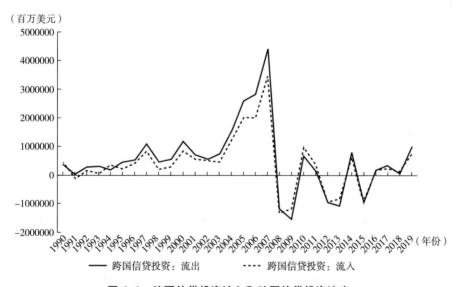

图6-1　跨国信贷投资流入和跨国信贷投资流出

资料来源：根据 BIS-LBS 数据库各国跨国信贷投资的汇总数据，笔者整理。

国际清算行（BIS）中 LBS 数据库对不同部门的资本流动数据也进行了统计，结果显示，每个国家不同部门的跨境资本流动存在差异性。一方面，银行部门更愿意持有存款和贷款等金融资产；另一方面，非银行部门更愿意发行债券获取资金。近些年，大型跨国非银行部门的海外分支机构频繁参与跨境金融活动，这些非实际贸易活动产生的金融活动所带来的跨境资本流动会对全球的流动性产生一定的影响，因此，我们将跨国信贷资本流动划分为不同的部门进一步分析跨国信贷资本流动的特征。

图 6-2 为不同部门跨国信贷资本流入和流出情况，结果表明，与银行部门的跨国信贷投资相比，非银行部门的跨国信贷投资规模较小，但是，近年来，非银行部门的跨国信贷资本流动进入快速增长期，呈现明显的上升趋势。以上结果说明非银行部门的跨境交易是一国参与全球金融化的重要途径，尤其是对于新兴市场经济体而言，因为这些国家一般具有较为严格的资本管制，这会限制该国的机构投资者、银行业等重要交易者的资本账户开放程度，同时，也会让这些国家的国内进口商、出口商以及其他交易主体面临不同的融资约束。因此，跨境资本通过非银行部门贷款形式的资本流动可以很好地打破国内银行体系对于融资约束的限制，促使国家融入全球金融一体化的过程中。

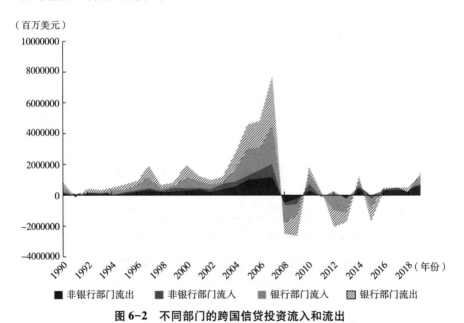

图 6-2 不同部门的跨国信贷投资流入和流出

资料来源：根据 BIS-LBS 数据库各国不同部门的跨国信贷投资汇总数据，笔者整理。

图6-3为跨国信贷资本净流入,1990~2018年跨国信贷资本净流入整体出现倒三角趋势,跨国信贷资本流出的值总体大于跨国信贷资本流入的值。1990~2002年,全球跨国信贷资本净流入的缺口呈现波动状增加,整体变化幅度并不大;2002~2008年,全球跨国信贷资本流入规模缺口持续扩大,从2002年的-566.67亿美元增加到2008年的-1470.45亿美元;自2008年以后,跨国信贷资本流入缺口开始逐年减少,并在2013年,跨国信贷资本流入规模大于跨国信贷流出规模,在2013年达到最高峰2538.62亿美元,随后跨国信贷流入的缺口又开始出现缓慢下降的波动趋势。

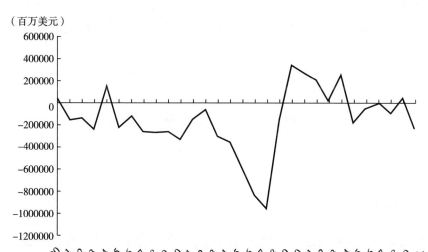

图6-3 跨国信贷资本净流入

资料来源:根据BIS-LBS数据库各国不同部门的跨国信贷投资汇总数据,作者整理。

二、本章问题

20世纪80年代以来,发达国家与发展中国家在国际贸易中存在不对称性,国际金融系统中同样存在类似问题,然而跨国银行作为国际金融体系重要的金融机构,对全球流动性环境和条件具有十分重要的作用。根据上文的背景分析可知,跨境资本通过跨国银行和非银行贷款形式的资本流动可以很好地打破国内银行体系对于融资约束的限制，更好地融入全球金融一体化。

随着跨国银行交易规模的数量不断提升，1990 年国际清算银行（BIS）开始对跨国银行资本流动数据进行统计，意味着跨国银行在国际金融中的地位越发重要。那么，具体有哪些因素决定了跨国信贷投资的流动？另外，发展中国家普遍面临着信贷困境问题，尤其是对这些发展中国家的中小企业来说，从金融部门获取的资金有限，如果发展中国家允许跨国银行的资本流入，那么这些国家的中小企业能否获取充足的融资金额？这些都是需要关注的重要问题。值得注意的是，在中国金融体系中，商业银行信贷承担着重要的关键作用，深入考察贸易网络中心性与跨国信贷投资之间的关系，揭示贸易网络中心性对跨国银行信贷投资的作用机制，将具有重要的现实意义和理论意义。

第二节　理论机制分析及研究假设

一、理论机制分析

随着全球经济和金融一体化进程的加速，各国之间的贸易联系日益紧密。Avdjiev 等（2019）指出，2008 年全球金融危机中的美国和全球性银行持有的国内家庭债务、欧洲主权国家和银行的外部借贷均发挥重要作用。一国在全球贸易网络中所处的位置和关系，决定了该国在贸易及其相关部门跨国信贷的资本流动，贸易网络中心性影响跨国信贷投资的理论机制分析见图 6-4。

一是贸易网络中心性的提升对金融发展指数水平具有正向影响。当一国处在贸易网络中心地位，获得比边缘国家更多的资源及进出口经验，更有利于该国的金融市场的发展。一般来说，一国的贸易网络中心性指数越高，意味着该国的发展程度也越高，其金融市场的发达程度也越高，现有文献表明，金融发展程度越高，资本流入越容易，或者资本流出得更少

（关晶奇等，2018）。因此，贸易网络中心性通过提升金融发展指数水平影响跨国信贷投资流出。

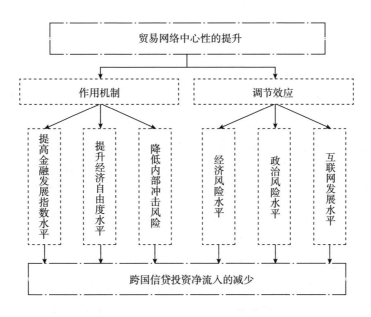

图 6-4　贸易网络中心性影响跨国信贷投资净流入的作用机制

资料来源：作者自行绘制。

　　二是贸易网络中心性与经济自由度呈现正向显著的关系。金融市场对跨国企业的贸易活动具有重要的作用，国际贸易量对跨国银行的进入具有显著的正效应（Focarelli and Pozzolo，2005）。与边缘国家相比较，处在贸易网络中心国家的经济自由度更高，张海伟等（2022）研究发现一国的经济自由度越高，代表该国的经济发展模式越宽松，经济环境越自由，更有益于外资的流入，减少外资的流出。综合现有文献结论，贸易网络中心性可以通过经济自由度的渠道影响跨国信贷的资本流出。

　　三是贸易网络中心的提升对内部冲突风险具有负向作用。一国贸易网络中心性越高，该国受到内部冲突风险（包括国内战争、恐怖主义和国内无秩序情况等）也越小，梳理现有文献发现，一国内部冲突风险的增加对跨国信贷流入产生不利影响，一国的内部冲突风险等投资环境的不利变化成为跨国信贷流入减少的潜在风险（方慧、宋玉洁，2019）。因此，一国贸易网络中心性的提升导致其内部冲突风险更低，进而影响跨国信贷的资本流出。

二、研究假设

从跨国信贷投资视角来看，贸易网络中心性的提升会减少跨国信贷的资本流出，国家风险（包括经济风险、政治风险）是贸易网络中心性对跨国信贷资本流出负向作用的调节效应。一方面，处在贸易网络中心的国家可能还是国际金融中心、结算中心，其金融发展指数水平、经济自由度也更高，同时受到内部冲击的风险也更小，最终减少该国跨国信贷的资本流出。具体地，一国通过贸易网络中心性地位的提升，获得更多的资源以及进出口经验，更有利于该国金融市场的发展，进而导致该国的金融发展水平、经济自由度的提升，受到内部冲击的风险也更小，最终导致处在贸易网络中心国家的跨国信贷资本流出的减少。

另一方面，贸易网络中心性的提升通过不同的调节变量对跨国信贷资本流出产生间接影响。例如，一国的经济风险、政治风险、互联网发展水平都对贸易网络中心性减少跨国信贷资本流出具有相应的调节效应。一国贸易网络地位的提升可以通过降低一国的经济风险和政治风险从而减少其跨国信贷的流出，这意味着各国的经济风险、政治风险对贸易网络中心性减少跨国信贷投资流出效应具有一定的强化作用。然而，互联网发展水平对各国贸易网络中心性影响跨国信贷流出的负向关系却起到了弱化作用，各国贸易网络中心性地位的提升虽然能够减少跨国信贷的资本流出，但是这一效应随着各国互联网发展水平的提升反而会被减弱。对于跨国信贷的资本流出，贸易网络中心性与互联网发展水平发挥着相互替代的作用。基于此本章提出假设6-1和假设6-2。

假设6-1：贸易网络中心性的提升通过金融发展指数、经济自由度和内部冲击影响跨国信贷的资本流出。

假设6-2：国家风险（包括经济风险、政治风险）、互联网发展水平对贸易网络中心性减少跨国信贷资本流出具有相应的调节效应。

第三节 模型设定及变量说明

一、模型设定

随着世界经济、金融一体化的推进，全球银行体系的杠杆率、信贷规模与总量跨境资本流动存在密切的关系（Schularick and Taylor，2012）。跨国银行作为独立的微观交易主体，全球金融中心宽松的信贷环境通过跨国银行的信贷转移到其他国家和地区，但是，当资产价格下跌、波动性增加时，抵押资产价值的变动对跨国银行资产负债表产生冲击，信贷质量进一步恶化，全球银行体系大规模的去杠杆行为，将会对全球流动性供给产生冲击，严重时还会爆发金融危机。因此，本章选取国内因素和国际因素作为跨国信贷的控制变量，在测算各国贸易网络中心性的基础上，选取上文分析中的 131 个国家作为样本，构建如下面板基准模型：

$$CREDIT_{it} = \gamma_0 + \gamma_1 TNC_{it} + X_{it} + CE_i + YE_t + \varepsilon_{it} \tag{6.1}$$

式（6.1）中，$CREDIT_{it}$ 表示 i 国家 t 时期的不同类型的跨国信贷资本流动占 GDP 的比值（包括总量层面的跨国信贷资本流动；将跨国信贷项目下按照不同部门类别具体分为跨国信贷银行部门的资本流动和跨国信贷非银行部门的资本流动），获取各类型跨国信贷资本流动数据时，同时获取净流入、流入和流出数据。TNC_{it} 表示 i 国家 t 时期的贸易网络中心性。X 表示控制变量，包括国际因素和国内因素的控制变量。CE_i 和 YE_t 分别为国家（个体）固定效应和年度固定效应。ε_{it} 表示随机误差。γ_0，γ_1 表示待估参数。

二、变量选取

考虑到全球数据的可得性，本章最终样本包含 131 个经济体的年度数据并对其进行实证分析，样本期间为 1990~2019 年，核心解释变量各国贸易网络中心性指标的数据与第三章中贸易网络中心性的数据来源相同。

被解释变量跨国信贷资本流动的基础数据来源于 BIS 数据库，为了剔除国家和地区规模对相关性的影响，采取各个国家和地区跨国信贷资本流动的数据除以当期 GDP 进行标准化处理。由于不同部门的跨国信贷资本流动受到贸易网络中心性的影响可能不同，因此，我们将跨国信贷的资本流动按照不同部门进一步划分为银行部门的资本流动和非银行部门的资本流动，同时获取净流入、流入和流出数据；同时，加入国际因素和国内因素作为其他控制变量。

本节参考 Svirydzenka 等（2016）构建的金融发展指数（FD）来表示各国的金融发展程度，FD 的取值范围为 0~1，该值越大，表示金融发展程度越高，该指数从深度、可及性和效率三个维度综合反映了金融机构（银行和非银行）和金融市场（股票和债券市场）的发展状况，数据来源于 IMF 金融发展数据库。经济自由度（EFW）来源于 Fraser Institute 数据库，该指标由货币自由度、贸易自由度、劳动力市场化程度、投资自由度和金融自由度等项指标综合构建，EFW 值越大，表示经济自由度越高，即经济发展模式越宽松，经济环境越自由，越有益于吸收外资流入（张海伟等，2022）。内部冲突（ICF）来源于 ICRG 指标，该指标由 PRS Group 构建并发布，也被称为国际国家风险指南，内部冲突包括国内战争、恐怖主义和国内无秩序情况，本节仅衡量一国内部冲突风险（见表 6-1）。

表 6-1 变量选取及其数据来源

变量	符号	定义	计算方法
被解释变量	$NCREDIT_{GDP}$	跨国信贷净流入	跨国信贷流入额与跨国信贷流出额的差值占 GDP 的百分比
	$ICREDIT_{GDP}$	跨国信贷流入	跨国信贷流入额占 GDP 的百分比
	$OCREDIT_{GDP}$	跨国信贷流出	跨国信贷流出额占 GDP 的百分比
	$NBANK_{GDP}$	跨国信贷银行部门净流入	跨国信贷银行部门流入额与跨国信贷流出额的差值占 GDP 的百分比
	$BANKIN_{GDP}$	跨国信贷银行部门流入	跨国信贷银行部门流入额占 GDP 的百分比
	$BANKOU_{GDP}$	跨国信贷银行部门流出	跨国信贷银行部门流出额占 GDP 的百分比
	$NUBANK_{GDP}$	跨国信贷非银行部门净流入	跨国信贷非银行部门流入额与跨国信贷流出额的差值占 GDP 的百分比

续表

变量	符号	定义	计算方法
被解释变量	$UBANKIN_{GDP}$	跨国信贷非银行部门流入	跨国信贷非银行部门流入额占 GDP 的百分比
	$UBANKOU_{GDP}$	跨国信贷非银行部门流出	跨国信贷非银行部门流出额占 GDP 的百分比
解释变量	TNC	贸易网络中心性	各国双边贸易强度的进出口份额加权平均值
	Strengh	贸易网络强度	一国在整体网络中的强度
	Disparity	贸易网络异质性	一国是否存在结构洞或弱联系
	FD	金融发展指数	金融机构和金融市场的发展状况、金融发展程度综合指标，取值范围为 0~1
	EFW	经济自由度	货币自由度、贸易自由度、劳动力市场化程度、投资自由度和金融自由度等多项指标综合构建
	ICF	内部冲突	国内战争、恐怖主义和国内无秩序情况的综合指标构建
	ECN	经济风险	PRS Group 构建并发布，取值范围为 0~50
	PLT	政治风险	PRS Group 构建并发布，取值范围为 0~50
	lnNET	互联网发展水平	固定宽带订阅人数（每 100 人）取对数
	LPI	物流绩效指数	由一国海关效率、贸易和运输相关基础设施的质量、物流服务质量和能力、国际运输便利性、货物运输及时性和货物可追溯性六个子要素通过主成分分析汇总组成，并取对数滞后一期
	RGT	铁路运输的货物量	铁路运输的货物量取对数并滞后一期
控制变量	lnVIX	全球风险指数	美国标准普尔 500 指数波动率取对数
	GF	全球流动性	G4 经济体的 M2 总和的同比增长率
	NEV	汇率波动率	各国名义月汇率取对数差分求年标准差
	KAOPEN	金融开放度	Chinn-Ito 指数
	CURRENT	经常账户余额国内生产总值份额	一国经常账户余额与 GDP 之比

续表

变量	符号	定义	计算方法
控制变量	*RESERVES*	外汇储备资产的变动占 GDP 的比重	一国外汇储备变动额与 GDP 之比

资料来源：①被解释变量和解释变量数据都来源于 BIS 数据库、国际货币基金组织 IFS 数据库和世界银行 WDI 数据库。②作用机制变量来自 Fraser Institute 数据库；调节变量数据来源于 ICRG 数据库。③工具变量数据来源于世界银行 WDI 数据库。④控制变量数据来源于 Wind 数据库、国际货币基金组织 IFS 数据库、web. pdx. edu/~ito/Chinn-Ito_website. htm 以及世界银行 WDI 数据库。

调节变量中各国经济风险和政治风险的取值范围为 0~50，其数据来源于 ICRG 数据库，根据 ICRG 法的编制原则，两个值越大表示风险越小；反之，则意味着风险越大。各国互联网发展水平使用固定宽带订阅人数（每 100 人）取对数，该数据反映一国的互联网发展水平，数据来源于世界银行，其值越大意味着互联网发展水平越发达。本章选取的工具变量、控制变量与前述章节基本一致。

三、描述性统计

根据上文选取的变量，本节计算了所有变量的均值、标准差、最小值和最大值，所有变量的描述性统计如表 6-2 所示。

表 6-2　各变量的描述性统计

变量	符号	样本量	均值	标准差	最小值	最大值
跨国信贷净流入	$NCRE_{GDP}$	3930	0.004	0.544	-14.567	11.584
跨国信贷流入	$ICRE_{GDP}$	3930	0.020	0.629	-24.363	8.450
跨国信贷流出	$OCRE_{GDP}$	3930	0.016	0.511	-21.338	11.343
跨国信贷银行部门净流入	$NBANK_{GDP}$	3930	-0.009	0.506	-13.339	12.429
跨国信贷银行部门流入	$BANKIN_{GDP}$	3930	-0.003	0.586	-24.240	9.146
跨国信贷银行部门流出	$BANKOU_{GDP}$	3930	0.006	0.498	-21.068	10.776
跨国信贷非银行部门净流入	$NUBANK_{GDP}$	3930	0.011	0.200	-1.751	4.733
跨国信贷非银行部门流入	$UBANKI_{GDP}$	3930	0.021	0.211	-2.600	4.292
跨国信贷非银行部门流出	$UBANKO_{GDP}$	3930	0.009	0.094	-1.673	1.903

续表

变量	符号	样本量	均值	标准差	最小值	最大值
贸易网络中心性	TNC	3930	0.002	0.003	0	0.026
贸易网络异质性	Disparity	3930	0.054	0.300	-0.008	4.140
金融发展指数	FD	3930	0.300	0.218	0	1
经济自由度	LnEFW	2430	1.912	0.144	1.114	2.178
内部冲突	LnICF	2710	2.173	0.310	-1.386	2.485
经济风险	ECN	3930	3.894	3.191	0	11
政治风险	PLT	3930	5.401	3.925	0	12
互联网发展水平	LnNET	2215	0.570	2.677	-9.963	4.030
全球风险指数	LnVIX	3930	2.909	0.291	2.406	3.487
全球流动性	GF	3930	0.021	0.039	-0.171	0.068
汇率波动率	NEV	3930	0.021	0.064	-0.167	2.711
金融开放度	KAOPEN	3874	0.262	1.535	-1.920	2.334
经常账户余额国内生产总值份额	CURRENT	3930	-0.003	0.012	-0.300	0.054
外汇储备资产的变动占 GDP 的比重	RESERVES	3930	0.024	0.290	-1.120	5.057

资料来源：构建的关键指标所依赖的基础数据主要来源于 BIS 数据库、国际货币基金组织 IFS 数据库、Fraser Institute 数据库、ICRG 数据库和世界银行 WDI 数据库等，在此基础上，笔者对原始数据进行了一系列的预处理工作，包括数据的清洗、去除缺失值以及对某些变量进行标准化处理。

首先，被解释变量跨国信贷投资净流入 $NCRE_{GDP}$ 的最大值为 11.584，最小值仅为 -14.567，说明不同国家的跨国信贷投资净流入差异较大。跨国信贷流入 $ICRE_{GDP}$ 的最大值为 8.450，最小值为 -24.363，标准差为 0.629；跨国信贷投资流出 $OCRE_{GDP}$ 的最大值为 11.343，最小值为 -21.338，标准差为 0.511，说明不同国家的跨国信贷投资流入和跨国信贷投资流出之间的差异较大，且波动幅度较大。跨国信贷投资划分银行部门和非银行部门也存在类似差异。

其次，核心解释变量贸易网络中心性最大值为 0.026，最小值为 0；贸易网络异质性最大值为 4.140，最小值仅为 -0.008，说明不同国家的贸易网络中心性值相差较大。

其他控制变量的描述性统计结果与已有文献基本一致。上述变量既有足够的差异性又基本符合正态分布，较为适合构建实证方程。

第四节　实证结果分析

一、基准回归结果

在本节中，笔者仍然使用第三章构建的贸易网络中心性指标作为核心解释变量，因变量选取不同类型的跨国信贷资本流动（包括总量层面的跨国信贷净流入、流入、流出数据以及跨国信贷项目下按照不同部门细分下的净流入、流入和流出），检验基准回归方程（6.1）。表6-3中清晰地显示了不同被解释变量的回归结果。

表6-3　贸易网络中心性对跨国信贷资本流动的影响

变量	（Ⅰ）$NCRE_{GDP}$	（Ⅱ）$NCRE_{GDP}$	（Ⅲ）$ICRE_{GDP}$	（Ⅳ）$ICRE_{GDP}$	（Ⅴ）$OCRE_{GDP}$	（Ⅵ）$OCRE_{GDP}$
TNC	1.186 (0.60)	1.199 (0.60)	-1.560 (-0.56)	-1.684 (-0.68)	-2.746** (-2.02)	-2.883** (-2.31)
$\ln VIX$		-0.262 (-1.03)		-0.404 (-1.64)		-0.142 (-1.18)
GF		2.856 (1.25)		4.744* (1.87)		1.888* (1.84)
NEV		0.027 (1.04)		0.002 (0.05)		-0.025 (-1.63)
$KAOPEN$		0.001 (0.12)		-0.004 (-0.71)		-0.005 (-0.59)
$CURRENT$		1.542 (1.53)		0.937 (0.77)		-0.604 (-1.27)
$RESERVES$		-0.001 (-0.03)		0.012 (0.83)		0.013 (0.81)
CE	YES	YES	YES	YES	YES	YES
YE	YES	YES	YES	YES	YES	YES
常数项	0.035 (1.14)	0.668 (1.02)	0.077 (1.51)	1.024 (1.65)	0.042* (1.72)	0.356 (1.10)

续表

变量	（Ⅰ）	（Ⅱ）	（Ⅲ）	（Ⅳ）	（Ⅴ）	（Ⅵ）
	$NCRE_{GDP}$	$NCRE_{GDP}$	$ICRE_{GDP}$	$ICRE_{GDP}$	$OCRE_{GDP}$	$OCRE_{GDP}$
adj_R^2	0.002	0.009	0.011	0.048	0.001	0.001
Obs	3930	3874	3930	3874	3930	3874

注：①CE 表示国家（个体）固定效应，YE 表示年度固定效应。②括号内为相应的 t-统计量。③***、** 和 * 分别表示在1%、5%和10%水平下显著。④$NCRE_{GDP}$ 表示跨国信贷净流入的规模占 GDP 的比值；$ICRE_{GDP}$ 表示跨国信贷流入的规模占 GDP 的比值；$OCRE_{GDP}$ 表示跨国信贷流出的规模占 GDP 的比值。

资料来源：构建的关键指标所依赖的基础数据主要来源于 BIS 数据库、国际货币基金组织 IFS 数据库、Fraser Institute 数据库、ICRG 数据库和世界银行 WDI 数据库等，在此基础上，笔者对原始数据进行了一系列的预处理工作，包括数据的清洗、去除缺失值以及对某些变量进行标准化处理。

表6-3中第（Ⅰ）列和第（Ⅱ）列的因变量均为跨国信贷净流入，第（Ⅰ）列为不加任何控制变量，第（Ⅱ）列为加入控制变量，实证结果表明，贸易网络中心性对跨国信贷净流入无显著的关系。第（Ⅲ）列和第（Ⅳ）列的因变量均为跨国信贷流入，第（Ⅲ）列为不加任何控制变量，第（Ⅳ）列为加控制变量，这两列的结果显示，贸易网络中心性对跨国信贷流入也无显著的关系。

第（Ⅴ）列和第（Ⅵ）列的被解释变量是跨国信贷流出，第（Ⅴ）列为不加控制变量，第（Ⅵ）列为加控制变量。第（Ⅴ）列的结果显示贸易网络中心性对跨国信贷流出具有负向显著的关系，具体地，贸易网络中心性的回归系数为-2.746，对应的 t-统计量为-2.02，在5%水平上负显著，由于处在贸易网络中心的国家同时也是处于国际金融中心的国家，中心国家的金融开放程度也更高，贸易网络中心的国家比边缘国家的资本市场更完善、成熟，对资金的吸附作用更强，因此贸易网络中心性的提升可以减少跨国信贷流出。第（Ⅵ）列是考虑控制变量的结果，其结果表明贸易网络中心性对跨国信贷流出具有负向显著的相关关系，具体地，贸易网络中心性的回归系数为-2.883，相应的 t-统计量为-2.31，在5%水平上负向显著，进一步说明了贸易网络中心性对跨国信贷流出的负向作用，该结论验证第二章的假设2-3。

以上结果说明，一国贸易网络中心性的提升可以减少该国的跨国信贷投资流出。原因主要分为两个方面：一方面，中心国家获得比边缘国家较多的资源及进出口经验，金融市场更发达，经济自由度也更高，有利于外资的流入，减少中心国家的外资流出；另一方面，一国贸易网络中心性越高，该国受到内部冲突风险（包括国内战争、恐怖主义和国内无秩序情况等）也更小，从而减少跨国信贷的资本流出。

二、异质性分析

首先，本节将跨国信贷按照不同的部门划分为银行部门和非银行部门的资本流动。其次，基于发达国家、发展中国家以及金融危机前后，贸易网络中心性对不同类型的跨国信贷投资的作用变化，根据联合国人类发展指数（HDI）的分类标准，划分不同经济发展水平的国家样本再进行回归分析。最后，在第四章的基础上，使用虚拟变量 CRISIS＝1 为 2009 年及以后，CRISIS＝0 为 2009 年以前，进一步划分金融危机前后，通过使用虚拟变量与核心解释变量的交互项进行异质性分析。

1. 贸易网络中心性对不同部门的跨国信贷投资的影响

本节将跨国信贷按照不同的部门划分为银行部门和非银行部门的资本流动。前文回归结果表明提升一国的贸易网络中心性可以减少跨国信贷流出，但是，贸易网络中心性对不同部门的跨国信贷投资的影响是否相同仍是存疑的。表6-4 报告了区别不同部门的跨国信贷投资的回归结果。

表6-4　贸易网络中心性对跨国信贷（分不同部门）资本流动的影响

变量	（Ⅰ）$NBANK_{GDP}$	（Ⅱ）$BANKIN_{GDP}$	（Ⅲ）$BANKOU_{GDP}$	（Ⅳ）$NUBANK_{GDP}$	（Ⅴ）$UBANKI_{GDP}$	（Ⅵ）$UBANKO_{GDP}$
TNC	0.973 (0.47)	−0.225 (−0.10)	−1.198 (−1.37)	−0.193 (−0.19)	−1.894 (−1.33)	−1.701** (−2.54)
$\ln VIX$	−0.180 (−1.60)	−0.007 (−0.06)	0.173** (2.01)	−0.065 (−0.21)	−0.373 (−1.12)	−0.308** (−2.06)
GF	0.960 (0.87)	0.173 (0.17)	−0.787 (−1.18)	0.822 (0.31)	3.445 (1.18)	2.623** (2.25)
NEV	−0.001 (−0.06)	−0.017 (−0.62)	−0.015 (−1.30)	0.026** (2.06)	0.017 (1.12)	−0.009 (−0.96)
$KAOPEN$	0.004 (0.33)	−0.002 (−0.46)	−0.005 (−0.58)	−0.004 (−1.08)	−0.004 (−0.92)	−0.001 (−0.91)
$CURRENT$	0.675 (1.49)	0.295 (1.47)	−0.380 (−1.19)	0.935 (0.90)	0.728 (0.59)	−0.207 (−0.83)

续表

变量	（Ⅰ）	（Ⅱ）	（Ⅲ）	（Ⅳ）	（Ⅴ）	（Ⅵ）
	$NBANK_{GDP}$	$BANKIN_{GDP}$	$BANKOU_{GDP}$	$NUBANK_{GDP}$	$UBANKI_{GDP}$	$UBANKO_{GDP}$
$RESERVES$	0.006	0.016	0.011	−0.008	−0.006	0.002
	(0.62)	(1.23)	(0.87)	(−1.08)	(−0.84)	(0.38)
CE	YES	YES	YES	YES	YES	YES
YE	YES	YES	YES	YES	YES	YES
常数项	0.474	0.012	−0.462**	0.171	0.970	0.799**
	(1.66)	(0.04)	(−2.04)	(0.21)	(1.14)	(2.06)
adj_R^2	0.001	0.009	0.007	0.011	0.010	0.013
Obs	3874	3874	3874	3874	3874	3874

注：①CE 表示国家（个体）固定效应，YE 表示年度固定效应。②括号内为相应的 t-统计量。③***、**和*分别表示在1%、5%和10%水平下显著。④$NBANK_{GDP}$ 表示跨国信贷银行部门净流入的规模占 GDP 的比值；$BANKIN_{GDP}$ 表示跨国信贷银行部门流入的规模占 GDP 的比值；$BANKOU_{GDP}$ 表示跨国信贷银行部门流出的规模占 GDP 的比值。⑤$NUBANK_{GDP}$ 表示跨国信贷非银行部门净流入的规模占 GDP 的比值；$UBANKIN_{GDP}$ 表示跨国信贷非银行部门流入的规模占 GDP 的比值；$UBANKOU_{GDP}$ 表示跨国信贷非银行部门流出的规模占 GDP 的比值。

资料来源：构建的关键指标所依赖的基础数据主要来源于 BIS 数据库、国际货币基金组织 IFS 数据库、Fraser Institute 数据库、ICRG 数据库和世界银行 WDI 数据库等，在此基础上，笔者对原始数据进行了一系列的预处理工作，包括数据的清洗、去除缺失值以及对某些变量进行标准化处理。

表6-4中第（Ⅰ）列至第（Ⅲ）列的因变量为跨国信贷银行部门的资本流动，结果显示，贸易网络中心性对跨国信贷银行部门的资本净流入、跨国信贷银行部门的资本流入和跨国信贷银行部门的资本流出均无显著的关系，原因是贸易网络中心性对跨国信贷的资本流动的影响并不是通过银行部门体现的，而是受非银行部门的驱动。第（Ⅳ）列至第（Ⅵ）列的被解释变量为跨国信贷非银行部门的资本流动，考察净流入，贸易网络中心性对跨国信贷非银行部门的净流入无显著的关系；考察流入，贸易网络中心性对跨国信贷非银行部门的流入也不存在显著的关系；考察流出，贸易网络中心性对跨国信贷非银行部门的流出存在显著的负相关关系，具体地，贸易网络中心性的回归系数为−1.701，相应的 t-统计量为−2.54，在5%水平上显著负相关，说明贸易网络中心性会对跨国信贷非银行部门的流出起到负向作用。

贸易网络中心性对跨国信贷投资流出的负向影响主要受非银行部门的驱动。之所以出现这种结果，主要的原因是：一方面，与边缘国家相比，一般来说，贸易网络中心国家也是全球国际金融中心或结算中心，中心国家具有丰富的金融产品及较高的市场自由度，使国际投资者可以在该国的金融市场无障碍地配置资产，减少跨国信贷的流出；另一方面，通过全球银行体系形成的资本流入，一部分流入了国内的银行部门，另一部分流入了国内的非银行部门，其国家内部银行通常较少涉及跨境业务，对贸易网络中心性不敏感，非银行部门主要涉及大量的跨境业务，对贸易网络中心性敏感，因此，贸易网络中心性的提升可以减少银行部门跨国信贷投资的流出。

2. 基于不同类型国家的分析

根据上文分析，一国的贸易网络中心性的提升会减少该国的跨国信贷的资本流出，贸易网络中心性对不同类型国家的国际证券组合投资流动的影响是否相同仍是存疑的。因此，本节参考靳玉英等（2020）的国家类型的分类，将样本划分为发达国家和发展中国家两种类型，进一步探究贸易网络中心性对不同类型国家的跨国信贷资本流动影响的回归结果。

表6-5中第（Ⅰ）列至第（Ⅲ）列的因变量为发达国家跨国信贷的资本流动，考察净流入，贸易网络中心性对发达国家的跨国信贷净流入为正显著相关的关系，具体地，贸易网络中心性的回归系数为7.229，对应的t-统计量为3.15，在1%水平上显著，说明对于发达国家而言，一国贸易网络中心性地位的提升有利于该国跨国信贷的净流入；考察流入，贸易网络中心性对发达国家跨国信贷的流入无显著的关系；考察流出，贸易网络中心性对发达国家跨国信贷的流出具有负显著的关系，具体地，发达国家的贸易网络中心性的回归系数为-5.291，相应的t-统计量为-1.94，在10%水平上显著负相关，结果表明，发达国家的贸易网络中心性会减少跨国信贷的流出。原因是发达国家通过贸易网络地位提升获得了更多的资源，有利于其跨国银行在国内进行相关业务的结算及其投资活动的开展，减少跨国银行对外投资等流出，进一步说明了处在贸易网络中心位置的国家存在一定的避险特征。

表6-5 不同类型国家的异质性分析

变量	（Ⅰ）	（Ⅱ）	（Ⅲ）	（Ⅳ）	（Ⅴ）	（Ⅵ）
	PanelA 发达国家			PanelB 发展中国家		
	$NCRE_{GDP}$	$ICRE_{GDP}$	$OCRE_{GDP}$	$NCRE_{GDP}$	$ICRE_{GDP}$	$OCRE_{GDP}$
TNC	7.229***	1.939	-5.291*	0.903	-1.945	-2.848**
	(3.15)	(0.48)	(-1.94)	(0.41)	(-0.73)	(-2.02)

续表

变量	（Ⅰ）	（Ⅱ）	（Ⅲ）	（Ⅳ）	（Ⅴ）	（Ⅵ）
	PanelA　发达国家			PanelB　发展中国家		
	$NCRE_{GDP}$	$ICRE_{GDP}$	$OCRE_{GDP}$	$NCRE_{GDP}$	$ICRE_{GDP}$	$OCRE_{GDP}$
lnVIX	−0.505	−0.341 **	0.164	−0.215	−0.386	−0.171
	(−1.37)	(−2.21)	(0.55)	(−0.75)	(−1.38)	(−1.26)
GF	3.167	3.202 **	0.035	2.650	4.808 *	2.158 *
	(1.25)	(2.50)	(0.02)	(1.06)	(1.68)	(1.68)
NEV	2.219	0.160	−2.059	0.012	−0.002	−0.0139
	(1.57)	(0.28)	(−1.41)	(0.32)	(−0.06)	(−0.81)
$CURRENT$	1.398	−8.182	−9.580	1.095	0.580	−0.515
	(0.94)	(−0.39)	(−0.80)	(0.96)	(0.41)	(−1.35)
$RESERVES$	−0.040 *	0.028 *	0.067 ***	0.009	0.014	0.005
	(−1.85)	(1.83)	(3.89)	(0.76)	(0.75)	(0.43)
CE	YES	YES	YES	YES	YES	YES
YE	YES	YES	YES	YES	YES	YES
常数项	1.272	0.869 **	−0.403	0.545	0.968	0.423
	(1.33)	(2.24)	(−0.52)	(0.73)	(1.37)	(1.18)
adj_R^2	0.069	0.240	0.231	0.010	0.032	0.027
Obs	540	540	540	3390	3390	3390

注：①CE 表示国家（个体）固定效应，YE 表示年度固定效应。②括号内为相应的 t-统计量。③ *** 、 ** 和 * 分别表示在1%、5%和10%水平下显著。④$NCRE_{GDP}$ 表示跨国信贷净流入的规模占 GDP 的比值；$ICRE_{GDP}$ 表示跨国信贷流入的规模占 GDP 的比值；$OCRE_{GDP}$ 表示跨国信贷流出的规模占 GDP 的比值。

资料来源：构建的关键指标所依赖的基础数据主要来源于 BIS 数据库、国际货币基金组织 IFS 数据库、Fraser Institute 数据库、ICRG 数据库和世界银行 WDI 数据库等，在此基础上，笔者对原始数据进行了一系列的预处理工作，包括数据的清洗、去除缺失值以及对某些变量进行标准化处理。

　　第（Ⅳ）列至第（Ⅵ）列的被解释变量为发展中国家跨国信贷的资本流动，考察净流入，贸易网络中心性对发展中国家跨国信贷净流入无显著的关系；考察流入，贸易网络中心性对发展中国家跨国信贷流入也无显著的关系；考察流出，贸易网络中心性对发展中国家跨国信贷流出具有负显著的关系，具体地，贸易网络中心性的回归系数为−2.848，对应的 t-统计量为−2.02，在5%水平上呈显著负相关。以上结果说明贸易网络中心性对发展中国家的跨国信贷流出具有负相关关系，与边缘的发展中国家相比，中心国家对发展中国家的跨国信贷流出的负向作用更强。

　　3. 金融危机前后贸易网络中心性对跨国信贷的资本流动的影响

　　2008 年的全球金融危机对全世界的经济造成了巨大冲击，贸易网络可以作为预警信号预测金融危机,但是,金融危机前后贸易网络中心性对跨国信贷投资的影响是否相同仍是存疑的。我们选取 2009 年作为区分金融危机前后的时间节点,回归结果如表 6-6 所示。

表 6-6　金融危机前后贸易网络中心性对跨国信贷资本流动的影响

变量	（Ⅰ）	（Ⅱ）	（Ⅲ）	（Ⅳ）	（Ⅴ）	（Ⅵ）
	PanelA　金融危机前			PanelB　金融危机后		
	$NCRE_{GDP}$	$ICRE_{GDP}$	$OCRE_{GDP}$	$NCRE_{GDP}$	$ICRE_{GDP}$	$OCRE_{GDP}$
TNC	−1.032	−8.189	−7.157	8.121	21.840	13.719
	(−0.24)	(−0.97)	(−1.27)	(0.58)	(0.86)	(1.06)
lnVIX	−0.036	−0.098	−0.062	−0.079	−0.153	−0.074
	(−0.50)	(−1.42)	(−1.00)	(−1.02)	(−1.19)	(−1.21)
GF	0.264	−0.769	−1.033	−10.860	−14.539	−3.679
	(0.34)	(−0.59)	(−1.64)	(−0.74)	(−1.05)	(−0.71)
NEV	0.010	0.008	−0.002	0.181	0.148	−0.033
	(0.44)	(0.29)	(−0.10)	(0.88)	(0.86)	(−0.33)
KAOPEN	−0.028***	−0.031	−0.003	0.001	0.001	−0.001
	(−3.76)	(−1.56)	(−0.18)	(0.07)	(0.08)	(−0.00)
CURRENT	0.868	−0.072	−0.941*	1.507	−1.424	−2.931
	(1.28)	(−0.08)	(−1.76)	(0.36)	(−0.50)	(−1.07)
RESERVES	0.003	−0.016	−0.019*	−0.012	0.044*	0.056***
	(0.19)	(−0.86)	(−1.98)	(−0.66)	(1.83)	(2.72)
CE	YES	YES	YES	YES	YES	YES
YE	YES	YES	YES	YES	YES	YES
常数项	0.124	0.432**	0.308*	0.454	0.708*	0.254
	(0.57)	(2.31)	(1.85)	(1.24)	(1.69)	(1.05)
adj_R^2	0.027	0.015	0.002	0.001	0.004	0.001
Obs	2455	2455	2455	1419	1419	1419

注:①CE 表示国家(个体)固定效应,YE 表示年度固定效应。②括号内为相应的 t-统计量。③***、**和*分别表示在 1%、5%和 10%水平下显著。④$NCRE_{GDP}$ 表示跨国信贷净流入的规模占 GDP 的比值;$ICRE_{GDP}$ 表示跨国信贷流入的规模占 GDP 的比值;$OCRE_{GDP}$ 表示跨国信贷流出的规模占 GDP 的比值。

资料来源:构建的关键指标所依赖的基础数据主要来源于 BIS 数据库、国际货币基金组织 IFS 数据库、Fraser Institute 数据库、ICRG 数据库和世界银行 WDI 数据库等,在此基础上,笔者对原始数据进行了一系列的预处理工作,包括数据的清洗、去除缺失值以及对某些变量进行标准化处理。

表 6-6 中 Panel A 第（Ⅰ）列至第（Ⅲ）的被解释变量为金融危机前跨国信贷的资本流动(包括净流入、流入和流出)。第（Ⅰ）列的结果显示,贸易网络中心性对跨国信贷净流入无显著的影响,第（Ⅱ）列和第

（Ⅲ）列的因变量分别为跨国信贷流入和跨国信贷流出，贸易网络中心性对跨国信贷流入和跨国信贷流出均无显著的影响。Panel B 第（Ⅳ）列至第（Ⅵ）列的因变量为金融危机后跨国信贷的资本流动（包括净流入、流入和流出），结果显示，金融危机后，贸易网络中心性对跨国信贷的净流入、跨国信贷流入和跨国信贷流出均无显著的影响，但是，贸易网络中心性对金融危机后的跨国信贷流动的系数均为正数，意味着金融危机后，处在贸易网络中心的国家具有一定的避险特征，跨国信贷投资更偏向流入贸易网络中心指标更高的国家。

以上实证检验结果说明，贸易网络中心性是一个高度持久的特征，这种持续性是贸易网络中心性解释国家无条件属性（如平均利率和货币风险溢价）的部分原因（Richmond，2019），尽管在 2008 年金融危机发生以后，各国跨国信贷的资本流动方面，投资者会撤出其在不同国家的跨国信贷，导致跨国信贷资金规模大幅缩减，同时，全球贸易水平也会发生很大的变动，但是，由于各国的贸易网络中心性地位高度持续性的特征，最终导致金融危机前后，各国的贸易网络中心性对跨国信贷的资本流动不敏感。

三、作用机制

一国通过贸易网络中心性地位的提升，获得更多的资源以及进出口经验，有利于该国金融市场的发展，进而导致该国的金融发展水平、经济自由度的增加，受到内部冲击的风险也更小，最终导致处在贸易网络中心国家的跨国信贷资本流出的减少。本节检验贸易网络中心性与金融发展指数、经济自由度和内部冲突的关系，结果如表 6-7 所示。

表 6-7　贸易网络中心性对跨国信贷资本流动的不同作用机制

变量	（Ⅰ）	（Ⅱ）	（Ⅲ）	（Ⅳ）	（Ⅴ）	（Ⅵ）
	PanelA　金融发展指数		PanelB　经济自由度		PanelC　内部冲突	
	FD	FD	lnEFW	lnEFW	lnICF	lnICF
TNC	4.379**	3.703**	4.399***	4.354**	-10.294*	-9.586*
	(2.33)	(2.02)	(2.61)	(2.55)	(-1.71)	(-1.68)
lnVIX		0.056***		0.036		-0.546***
		(2.75)		(1.23)		(-4.81)

续表

变量	（Ⅰ）	（Ⅱ）	（Ⅲ）	（Ⅳ）	（Ⅴ）	（Ⅵ）
	PanelA 金融发展指数		PanelB 经济自由度		PanelC 内部冲突	
	FD	FD	lnEFW	lnEFW	lnICF	lnICF
GF		−3.225***		−5.201***		−3.106***
		(−9.37)		(−10.27)		(−4.10)
NEV		0.031		−0.081		−0.196*
		(1.14)		(−1.64)		(−1.82)
KAOPEN		0.008**		0.034***		−0.002
		(2.20)		(6.73)		(−0.16)
CURRENT		−0.531***		3.607***		1.898***
		(−3.08)		(4.29)		(3.05)
RESERVES		0.015		0.016***		−0.027
		(1.51)		(2.92)		(−0.75)
CE	YES	YES	YES	YES	YES	YES
YE	YES	YES	YES	YES	YES	YES
常数项	0.206***	0.255***	1.709***	1.961***	1.890***	3.821***
	(25.30)	(5.08)	(9.40)	(5.59)	(7.32)	(10.82)
adj_R²	0.439	0.396	0.447	0.038	0.167	0.171
Obs	3930	3874	2430	2430	2710	2693

注：①CE 表示国家（个体）固定效应，YE 表示年度固定效应。②括号内为相应的 t-统计量。③*** 、** 和* 分别表示在 1%、5% 和 10% 水平下显著。④FD 表示金融发展指数；lnEFW 表示经济自由度；lnICF 表示内部冲突。

资料来源：构建的关键指标所依赖的基础数据主要来源于 BIS 数据库、国际货币基金组织 IFS 数据库、Fraser Institute 数据库、ICRG 数据库和世界银行 WDI 数据库等，在此基础上，笔者对原始数据进行了一系列的预处理工作，包括数据的清洗、去除缺失值以及对某些变量进行标准化处理。

表 6-7 中第（Ⅰ）列和第（Ⅱ）列的因变量为金融发展指数，第（Ⅰ）列不加控制变量，第（Ⅱ）列加控制变量，结果表明，贸易网络中心性与金融发展指数为正相关的关系，具体的贸易网络中心性的回归系数分别为 4.379 和 3.703，对应的 t-统计量分别为 2.33 和 2.02，均在 5% 水平上显著相关，说明处在贸易网络中心位置国家的金融发展水平更高，提供给投资者的金融工具品种更多，有利于扩大跨国信贷资本流动的规模（阙澄宇、孙小玄，2021）。因此，贸易网络中心性会带来金融发展水平的提高，从而减少跨国信贷的流出，该结果与理论假设 6-1 保持一致。

第（Ⅲ）列和第（Ⅳ）列的因变量均为经济自由度，结果显示，贸易网络中心性对经济自由度呈正显著的关系，具体地，贸易网络中心性的回归系数分别为 4.399 和 4.354，相应的 t-统计量分别为 2.61 和 2.55，分别在1%和5%水平上显著，这说明贸易网络中心性地位的提升有利于该国经济自由度的增加。

第（Ⅴ）列和第（Ⅵ）列的因变量为内部冲突，结果显示，贸易网络中心性与内部冲突呈现负相关的关系。具体地，贸易网络中心性的回归系数为-10.294和-9.586，相应的t-统计量为-1.71和-1.68，均在10%水平上显著负相关，说明处在贸易网络中心的国家能减少该国内部冲突发生的风险，即贸易网络中心性地位的提升有利于减少内部冲突的可能。然而，根据现有大量文献可知，内部冲突与跨国信贷投资流出存在正相关的关系。因此，一国贸易网络中心性的提升能减少该国内部冲突发生的风险，从而减少跨国信贷的流出，该结果验证了假设6-1。

以上结果说明，一国贸易网络中心性的提升会减少跨国信贷的资本流出，说明处在贸易网络中心的国家也是国际金融中心或者结算中心，提供国际投资者的金融工具品种越多，其金融发展指数水平、经济自由度越高，同时受到内部冲击的风险也越小，最终减少该国跨国信贷的资本流出。

四、进一步分析

上述章节分析了贸易网络中心性对跨国信贷投资流动的影响，并探讨了其异质性和作用机制，但由于潜在的内生性问题，本章还引入各国经济风险（ECN_i）、政治风险（PLT_i）、互联网发展水平（$\ln NET_i$）的变化为调节变量，探讨贸易网络中心性对跨国信贷资本流出的影响。我们根据温忠麟等（2004）、阙澄宇和孙小玄（2021）等检验的模型估计方法，运用如下计量模型：

$$OCRE_{it} = \alpha_0 + \alpha_1 TNC_{it} + \kappa_1 Channel_{it} + \kappa_2 Channel_{it} \times TNC_{it} + \alpha_2 X_{it} + CE_i + YE_t + \varepsilon_{it}$$

$$(6.2)$$

式（6.2）中，$OCRE_{it}$ 表示 i 国家 t 时期的跨国信贷资本流出。TNC_{it} 表示 i 国家 t 时期的贸易网络中心性。$Channel_{it}$ 表示 i 国家 t 时期不同的调节变量，在回归模型中分别为各国经济风险（ECN_{it}）、政治风险（PLT_{it}）、互联网发展水平（$\ln Net_{it}$）的变化。X 表示控制变量，包括国际因素和国内因素的控制变量。CE_i 和 YE_t 分别表示国家（个体）固定效应和年度固定效应。ε_{it} 表示随机误差。α_0、α_1、κ_1、κ_2 表示待估参数，其中，κ_1 表示各国对应的渠道变量对跨国信贷投资流出的直接影响；κ_2 表示贸易网络中心性通过不同调节变量对跨国信贷投资流出的间接影响。为了保证贸易网络中心性与调节变量的交互项的经济学含义，我们对其均进行了中心化处理，有效地避免了多重共线性的影响。回归结果如表 6-8 所示。

表 6-8　不同调节变量下贸易网络中心性与跨国信贷资本流出的关系

变量	因变量：跨国信贷资本流出					
	（Ⅰ）	（Ⅱ）	（Ⅲ）	（Ⅳ）	（Ⅴ）	（Ⅵ）
	PanelA ECN_{it}		PanelB PLT_{it}		PanelC $\ln Net_{it}$	
TNC	1.538	1.843	0.508	0.285	−0.141	−1.088
	(0.65)	(0.71)	(0.19)	(0.11)	(−0.03)	(−0.19)
Channel	0.007*	0.007*	−0.002	−0.002	−0.014	−0.014
	(1.72)	(1.71)	(−0.58)	(−0.54)	(−1.64)	(−1.61)
TNC×Channel	−0.914**	−0.950**	−0.366*	−0.358*	4.011*	4.232*
	(−2.06)	(−2.04)	(−1.69)	(−1.67)	(1.77)	(1.82)
ln*VIX*		−0.140		−0.150		1.732
		(−1.16)		(−1.21)		(1.57)
GF		1.320		2.157*		−1.014
		(1.26)		(1.74)		(−1.58)
NEV		−0.017		−0.027		−0.049
		(−1.02)		(−1.64)		(−0.59)
KAOPEN		−0.005		−0.005		0.018
		(−0.61)		(−0.60)		(1.35)
CURRENT		−0.606		−0.586		0.867
		(−1.28)		(−1.23)		(0.38)
RESERVES		0.012		0.013		0.011
		(0.77)		(0.86)		(0.29)
CE	YES	YES	YES	YES	YES	YES
YE	YES	YES	YES	YES	YES	YES
常数项	0.011	0.357	0.045*	0.365	−0.148	−1.748
	(0.68)	(1.10)	(1.70)	(1.12)	(−1.40)	(−1.45)
adj_R^2	0.012	0.012	0.012	0.012	0.007	0.009
Obs	3930	3874	3874	3874	2215	2189

注：①CE 表示国家（个体）固定效应，YE 表示年度固定效应。②括号内为相应的 t-统计量。③ *** 、 ** 和 * 分别表示在 1%、5% 和 10% 水平下显著。④ECN_{it} 表示经济风险；PLT_{it} 表示政治风险；$\ln Net_{it}$ 表示互联网发展水平。

资料来源：构建的关键指标所依赖的基础数据主要来源于 BIS 数据库、国际货币基金组织 IFS 数据库、Fraser Institute 数据库、ICRG 数据库和世界银行 WDI 数据库等，在此基础上，笔者对原始数据进行了一系列的预处理工作，包括数据的清洗、去除缺失值以及对某些变量进行标准化处理。

表6-8中第（Ⅰ）列至第（Ⅵ）列的被解释变量均为跨国信贷的资本流出，第（Ⅰ）列和第（Ⅱ）列的调节变量均为经济风险（ECN_{it}），第（Ⅰ）列不加控制变量，第（Ⅱ）列加控制变量，贸易网络中心性与经济风险的交乘项（$TNC \times ECN_{it}$）的回归系数分别为-0.914和-0.950，对应的t-统计量为-2.06和-2.04，均在5%水平上显著，说明贸易网络中心性给定时，各国的经济风险每增加一个单位的数量将导致该国跨国信贷资本流出分别下降0.914和0.950个单位。实证结果表明，各国的经济风险强化了贸易网络中心性对跨国信贷资本流出的负向影响，即贸易网络中心性地位的提升可以通过降低一国的经济风险从而减少该国的跨国银行的资本流出，研究结果与假设6-2保持一致。

　　第（Ⅲ）列和第（Ⅳ）列的调节变量为政治风险（PLT_{it}），第（Ⅲ）列不加控制变量，第（Ⅳ）列加控制变量，结果显示，第三行是贸易网络中心性与政治风险的交乘项（$TNC \times PLT_{it}$）的回归系数分别为-0.366和-0.358，相应的t-统计量为-1.69和-1.67，均在10%水平上显著负相关，这意味着贸易网络中心性给定时，各国的政治风险每增加一个单位的数量将导致该国信贷资本流出下降1.69个和1.67个单位，也就是说，各国的政治风险也对贸易网络中心性影响跨国信贷投资流出的负向关系起到了强化作用，即一国贸易网络地位的提升可以通过降低一国的政治风险从而减少其跨国信贷投资流出，从而验证假设6-2的结论。

　　第（Ⅴ）列和第（Ⅵ）列的调节变量为各国互联网发展水平（$\ln Net_{it}$），第（Ⅴ）列不加控制变量，第（Ⅵ）列加控制变量，实证结果显示，各国贸易网络中心性与互联网发展水平的交乘项（$TNC \times \ln Net_{it}$）的回归系数分别为4.011和4.232，对应的t-统计量分别为1.77和1.82，均在10%水平上显著正相关，意味着贸易网络中心性给定时，各国的互联网发展水平每增加一个单位的数量将导致该国跨国信贷流出增加4.011个和4.232个单位，互联网发展水平对各国贸易网络中心性影响跨国信贷流出的负向关系起到了弱化作用，即一国贸易网络地位的提升可以通过增加一国的互联网发展水平从而增加其跨国信贷的资本流出。以上结论表明，各国贸易网络中心性地位的提升虽然能够减少跨国信贷的资本流出，但是这一效应随着各国互联网发展水平的提升反而会被减弱，对于跨国信贷的资本流出，贸易网络中心性与互联网发展水平发挥着相互替代的作用，以上实证结果与假设 6-2 保持一致。

五、稳健性检验

为检验本章回归结果的稳健性，首先，更换被解释变量的测度方法，采用对跨国信贷的资本流动规模取对数；其次，更换核心解释变量的测量方法，采用点强度和节点差异性来衡量贸易网络中心性特征；最后，处理内生性问题，我们将核心解释变量和控制变量均取滞后一期处理逆向因果问题，针对回归结果中的遗漏变量的问题，引入不同的工具变量进行二阶段最小二乘法估计，笔者具体进行了如下检验：

1. 更换被解释变量的测度方法

前文回归结果使用跨国信贷的资本流动规模占 GDP 的比值作为跨国信贷的资本流动衡量指标，在本节中我们参照 Busse 等（2007）的方法，对各国跨国信贷的资本流动数据取对数，公式如下：

$$\ln CRE = \ln\left(CRE + \left(CRE^2 + 1 \right)^{\frac{1}{2}} \right) \tag{6.3}$$

使用这种方法的优点是可以不删除原有负值，同时还可以取跨国信贷的资本流动的对数，该方法对结果的影响较小，且基准模型结论依然保持稳健，回归结果见表 6-9。

表 6-9　更换被解释变量的测度方法

变量	（Ⅰ）	（Ⅱ）	（Ⅲ）	（Ⅳ）	（Ⅴ）	（Ⅵ）
	ln$NCRE$	ln$NCRE$	ln$ICRE$	ln$ICRE$	ln$OCRE$	ln$OCRE$
TNC	1.573 （1.21）	2.061 （1.50）	−0.089 （−0.06）	−0.011− （−0.01）	−2.854* （−1.66）	−3.085* （−1.72）
lnVIX		−4.676*** （−3.85）		0.129** （0.80）		0.112 （0.61）
GF		2.560*** （8.38）		−0.854 （−0.63）		−0.564 （−0.36）
NEV		0.003 （0.71）		0.005 （0.85）		0.005 （0.66）
$KAOPEN$		−0.003* （−1.97）		−0.002 （−1.27）		0.002 （1.12）
$CURRENT$		−0.015 （−0.45）		0.029 （0.81）		−0.063 （−1.30）

续表

变量	（Ⅰ）	（Ⅱ）	（Ⅲ）	（Ⅳ）	（Ⅴ）	（Ⅵ）
	ln*NCRE*	ln*NCRE*	ln*ICRE*	ln*ICRE*	ln*OCRE*	ln*OCRE*
RESERVES		−0.022***		0.019***		0.087***
		（−2.75）		（3.93）		（3.43）
CE	YES	YES	YES	YES	YES	YES
YE	YES	YES	YES	YES	YES	YES
常数项	−0.581***	11.867***	−0.958***	−1.306***	−0.953***	−1.263***
	（−7.70）	（3.02）	（−5.49）	（−3.15）	（−5.38）	（−2.67）
adj_R^2	0.150	0.001	0.151	0.001	0.005	0.011
Obs	3930	3874	3930	3874	3930	3874

注：①*CE* 表示国家（个体）固定效应，*YE* 表示年度效应。②括号内为相应的 t-统计量。③ *** 、 ** 和 * 分别表示在 1%、5% 和 10% 水平下显著。④ln*NCRE* 表示跨国信贷的净流入规模取对数；*PLT* 表示政治风险；ln*ICRE* 表示跨国信贷的流入规模取对数；ln*OCRE* 表示跨国信贷的流出规模取对数。

资料来源：构建的关键指标所依赖的基础数据主要来源于 BIS 数据库、国际货币基金组织 IFS 数据库、Fraser Institute 数据库、ICRG 数据库和世界银行 WDI 数据库等，在此基础上，笔者对原始数据进行了一系列的预处理工作，包括数据的清洗、去除缺失值以及对某些变量进行标准化处理。

表 6-9 中第（Ⅰ）列和第（Ⅱ）列的因变量为跨国信贷资本净流入，第（Ⅰ）列为不加控制变量，第（Ⅱ）列为加控制变量，结果显示，无论是否加入控制变量，贸易网络中心性与跨国信贷的净流入无显著关系，与基准回归结果保持一致；第（Ⅲ）列和第（Ⅳ）列的被解释变量为跨国信贷流入，第（Ⅲ）列为不加控制变量，第（Ⅳ）列为加控制变量，结果表明贸易网络中心性与跨国信贷流入无显著关系，与上文的基准回归中的结果保持一致；第（Ⅴ）列和第（Ⅵ）列的回归结果表明，加控制变量与否，贸易网络中心性都与跨国信贷资本流出呈显著负相关，具体地，贸易网络中心性的回归系数为−2.854 和−3.085，对应的 t-统计量分别为−1.66 和−1.72，均在 10% 水平上呈显著负相关，意味着一国贸易网络中心性地位的提升会减少该国的跨国信贷资本流出，这与上文的基准回归结果一致。综上所述，更换被解释变量的测量方法，即对跨国信贷资本流出规模取对数后，贸易网络中心性减少跨国信贷资本流出的结果稳健。

2. 更换核心解释变量的测度方法

为了更好地验证贸易网络中心性对各国跨境资本流动的影响，节点差异性的构建方法在第三章中已详细说明，利用国际货币基金组织的贸易统计方向（International Monetary Fund's Direction of Trade Statistics）数据库中各国 1990~2019 年的双边贸易数据进行构建测算，具体可见表 6-10。

表 6-10　更换核心解释变量为节点差异性

变量	（Ⅰ）	（Ⅱ）	（Ⅲ）	（Ⅳ）	（Ⅴ）	（Ⅵ）
	$NCRE_{GDP}$	$NCRE_{GDP}$	$ICRE_{GDP}$	$ICRE_{GDP}$	$OCRE_{GDP}$	$OCRE_{GDP}$
$\ln disparity_i$	−0.074	−0.108	−0.054	−0.087	0.007 ***	0.009 ***
	（−0.88）	（−1.26）	（−0.59）	（−0.95）	（3.62）	（3.86）
$\ln VIX$		−0.281		−0.425 *		−0.061
		（−1.10）		（−1.69）		（−0.56）
GF		3.636		5.549 **		1.650 *
		（1.52）		（2.02）		（1.75）
NEV		0.026		0.001		−0.200
		（1.02）		（0.01）		（−1.24）
$KAOPEN$		0.002		−0.004		0.002
		（0.14）		（−0.78）		（0.65）
$CURRENT$		1.507		0.916		−3.056 **
		（1.52）		（0.76）		（−2.06）
$RESERVES$		−0.005		0.007		−0.006 ***
		（−0.47）		（0.44）		（−2.99）
CE	YES	YES	YES	YES	YES	YES
YE	YES	YES	YES	YES	YES	YES
常数项	−0.030	0.578	0.032	0.959	0.073 ***	0.162
	（−0.31）	（0.86）	（0.27）	（1.56）	（2.64）	（0.57）
adj_R^2	0.002	0.017	0.011	0.021	0.019	0.127
Obs	3898	3844	3898	3844	800	800

注：①CE 表示国家（个体）固定效应，YE 表示年度效应。②括号内为相应的 t-统计量。③ *** 、 ** 和 * 分别表示在 1%、5% 和 10% 水平下显著。④$NCRE_{GDP}$ 表示跨国信贷净流入的规模占 GDP 的比值；$ICRE_{GDP}$ 表示跨国信贷流入的规模占 GDP 的比值；$OCRE_{GDP}$ 表示跨国信贷流出的规模占 GDP 的比值。

资料来源：构建的关键指标所依赖的基础数据主要来源于 BIS 数据库、国际货币基金组织 IFS 数据库、Fraser Institute 数据库、ICRG 数据库和世界银行 WDI 数据库等，在此基础上，笔者对原始数据进行了一系列的预处理工作，包括数据的清洗、去除缺失值以及对某些变量进行标准化处理。

表 6-10 中第（Ⅰ）列和第（Ⅱ）列的因变量为跨国信贷资本净流入，回归结果显示贸易网络中心对跨国信贷资本净流入无显著的关系。第（Ⅲ）列和第（Ⅳ）列的结果显示，节点差异性的对数值（$\ln disparity_i$）与

跨国信贷资本流入均无显著的关系。第（Ⅴ）列和第（Ⅵ）列的被解释变量为跨国信贷资本流出，第（Ⅴ）列为不加控制变量，第（Ⅵ）列为加控制变量，实证结果显示，节点差异性与跨国信贷流出呈现正向显著的关系，具体地，节点差异性的回归系数分别为 0.007 和 0.009，对应的 t-统计量分别为 3.62 和 3.86，均在 1% 水平上显著，这说明节点差异性会导致跨国信贷资本流出的增加。

当一国的贸易节点差异性越高，也就意味着该国的对外贸易越分散，从贸易网络中心性的角度来看，该国越处于边缘的位置；相反，当一国的节点差异性越小，就意味着该国处在贸易网络中心性的位置，因此，节点差异性越小表示贸易网络中心性的地位越中心，即贸易网络中心值越大，两个指标的含义相反。实证结果显示节点差异性与跨国信贷资本流出正相关的关系，即该国的贸易越分散，就越会促进其跨国信贷的资本流出，其由于贸易网络异质性与贸易网络中心性指标表示的结果相反，一国的节点差异性越大表示该国贸易越分散，即处在贸易网络边缘的国家，其跨国信贷资本流出越多，这也侧面证明了贸易网络中心性国家对跨国信贷资本流出的负向作用。

3. 内生性检验

鉴于可能存在的逆向因果、遗漏变量等内生性问题，为了进一步验证本章的回归结果，我们使用工具变量回归方法，在第一阶段分别加入铁路运输的货物量（RGT）、物流绩效指数（LPI）作为自变量加入回归方程中。有效的工具变量必须具有相关性和外生性的条件，基于上述条件，本章选取各国的铁路运输的货物量、物流绩效指数的合理性分析如下：

首先，参考 Fleisher 等（2010）、张支南和巫俊（2019）的研究结果，基础设施建设能够在很大程度上减少贸易的时间，提升贸易的效率，对进出口贸易的积极影响效果较为显著。选用各国的铁路运输的货物量（RGT）作为工具变量，该指标是指通过铁路运输的货物总量，可以有效地衡量各国的交通基础设施水平。根据现有文献结果，一国铁路运输的货物量对于该国进入全球贸易市场起到关键的基础作用，反映了一国与全球贸易联系的程度，满足相关性的要求。显然铁路运输的货物量与跨国信贷资本流出不相关，具有良好的外生性，因为各国不同的跨国信贷资本流出更多地体现在各国的跨国银行机构之间的资本流动，不会受本国的铁路运输货物量的影响。

其次，物流绩效指数（LPI）综合考虑了各国或地区的跨境物流网络联系，由于物流联系更加强调经济性和时效性，运用物流绩效综合水平可以合理地分析各国之间的贸易联系。LPI 主要由海关效率、贸易和运输相关基础设施的质量、物流服务质量和能力、国际运输便利性、货物运输及时性和货物可追溯性六个子要素通过主成分分析汇总组成，该指数值越大表示该国的物流绩效能力越强。刘小军等（2016）、刘洋等（2017）、陶章等（2020）研究结果表明，国际物流绩效对进出口贸易的促进效果显著，反映了各国之间的贸易关联性。一国跨国信贷投资流出不受本国的物流绩效指数的影响，具有良好的外生性。

最后，基于上述分析，本节使用滞后一期的铁路运输的货物量和物流绩效指数分别放入跨国信贷投资流出的回归方程，符合工具变量外生性的假定。

表 6-11 中汇报了加入工具变量的回归结果，第（Ⅰ）列和第（Ⅱ）列是加入滞后一期的铁路运输的货物量（$L.RGT$）作为工具变量的回归结果，第（Ⅰ）列为不加控制变量，第（Ⅱ）列为加入控制变量。首先，第（Ⅰ）列和第（Ⅱ）列中的第一阶段回归的 F 统计量分别为 30.12 和 29.17，远远大于 10 这个经验值，表明选取的工具变量与内生解释变量贸易网络中心性之间是高度相关的，有效地排除了弱工具变量的问题；同时，在第一阶段的回归结果中显示，滞后一期的铁路运输的货物量与贸易网络中心性在 1% 水平上显著正相关，说明所选工具变量的合理性。

表 6-11　工具变量两阶段的回归结果

变量	第二阶段回归［因变量为跨国信贷流出（$OCRE_{GDP}$）］			
	Panel A RGT 工具变量		Panel B LPI 工具变量	
	（Ⅰ）	（Ⅱ）	（Ⅲ）	（Ⅳ）
TNC	−20.816**	−23.231**	−6.941**	−5.491**
	(−2.16)	(−2.25)	(−2.39)	(−2.42)
lnVIX		0.008		0.123
		(0.38)		(0.88)
GF		−0.091		2.374
		(−0.82)		(0.50)

续表

变量	第二阶段回归［因变量为跨国信贷流出（$OCRE_{GDP}$）］			
	Panel A RGT 工具变量		Panel B LPI 工具变量	
	（Ⅰ）	（Ⅱ）	（Ⅲ）	（Ⅳ）
NEV		-0.057^{**}		-0.489
		(-2.13)		(-0.94)
CURRENT		-0.207		-0.292
		(-0.30)		(-0.11)
RESERVES		0.041^{***}		0.002
		(2.84)		(0.29)
CE	YES	YES	YES	YES
YE	YES	YES	YES	YES
识别不足检验	15.947	15.959	127.007	111.702
	[0.000]	[0.000]	[0.000]	[0.000]
弱识别检验	30.118	29.175	245.544	219.334
	{16.38}	{16.38}	{16.38}	{16.38}
adj_R^2	-0.002	-0.002	0.001	0.005
Obs	3799	3799	666	666
	第一阶段回归			
L. RGT	0.007^{***}	0.007^{***}		
	(5.49)	(5.40)		
L. lnLPI			0.009^{***}	0.010^{***}
			(15.67)	(14.81)
第一阶段 F 统计值	30.12	29.17	245.54	219.33
	[0.000]	[0.000]	[0.000]	[0.000]

注：①第一阶段 F 统计值大于 10，表示不存在弱工具变量的问题，[ ] 中的值为统计检验的 P 值；②识别不足检验为 Kleibergen-Paap LM 检验，P<0.1 拒绝原假设表明工具变量是合理的，[ ] 中的值为统计检验的 P 值；③弱识别检验是 Kleibergen-Paap Wald F 检验，{} 中的值为 Stock-Yogo 检验 10% 水平上的临界值，当 KPWrkF 统计量的值大于 Stock-Yogo 检验 10% 水平上的临界值，拒绝原假设表明工具变量是合理的。

资料来源：构建的关键指标所依赖的基础数据主要来源于 BIS 数据库、国际货币基金组织 IFS 数据库、Fraser Institute 数据库、ICRG 数据库和世界银行 WDI 数据库等，在此基础上，笔者对原始数据进行了一系列的预处理工作，包括数据的清洗、去除缺失值以及对某些变量进行标准化处理。

　　其次，加入工具变量 *L. RGT* 后，第二阶段均通过了识别不足检验和弱识别检验。具体地，第（Ⅰ）列和第（Ⅱ）列的识别不足检验 LM 统计量分别为 15.947 和 15.959，对应的 P 值均为 0.000，即拒绝原假设；弱识别检验 F 统计量分别为 30.118 和 29.175，均大于 10% 水平上 Stock-Yogo 检验的临界值 16.38，说明工具变量的合理性和有效性。

最后，第（Ⅰ）列和第（Ⅱ）列的第二阶段回归结果显示，贸易网络中心性对跨国信贷投资流出的影响在方向上和显著性上均与表6-3所报告的基准回归相似，验证了贸易网络中心性会减少跨国信贷的资本流出；但是与基准回归相比，从数量上看，系数的绝对值都增加了，表示潜在的内生性问题导致低估贸易网络中心性对跨国信贷资本流出的负向作用，进一步表明了本章的基本结论是稳健可靠的。

表6-11中第（Ⅲ）列和第（Ⅳ）列均用滞后一期的物流绩效指数的对数作为工变量的结果，第（Ⅲ）列为不加控制变量，第（Ⅳ）列为加控制变量。第一阶段回归结果中F值分别为245.54和219.33，大于10这个经验值，说明不存在弱工具变量的问题，同时，物流绩效指数与贸易网络中心性呈正相关的关系，说明工具变量的合理性。

第二阶段回归结果表明，物流绩效指数通过了识别不足检验和弱识别检验，具体的识别不足检验LM统计量分别为127.007和111.702，对应的P值均为0.000，拒绝原假设；弱识别检验F统计量分别为245.544和219.334，均大于10%水平上Stock-Yogo检验的临界值16.38，进一步说明我们选取工具变量的有效性。

最后，第（Ⅲ）列和第（Ⅳ）列的第二阶段回归结果显示，贸易网络中心性对跨国信贷的资本流出影响在方向上和显著性上均与表6-3所报告的基准回归相似，进一步验证了贸易网络中心性会减少跨国信贷的资本流出；但是从数量上看，贸易网络中心性的估计系数分别为-6.941和-5.491，对应的t-统计量分别为-2.39和-2.42，与基准回归相比，在绝对值上都增加了，表示潜在的内生性问题会低估贸易网络中心性对跨国信贷资本流出的负向影响，验证了基准回归结果的稳健性。

第五节　本章小结

本章考察了贸易网络中心性对全球各国（地区）的跨国信贷的资本流动的影响。研究发现：

第一，一国贸易网络中心性的提升，可以减少该国的跨国信贷投资流出。按照不同的部门划分为跨国信贷银行部门、非银行部门的资本流动回归后发现，贸易网络中心性对跨国信贷投资的影响受非银行部门的驱动。

第二，发达国家通过贸易网络中心性地位的提升获得更多的资源，有利于其跨国银行在国内进行相关业务的结算及其投资活动的开展，减少跨国银行对外投资等流出，说明处在贸易网络位置的国家存在一定的避险特征。

第三，处在贸易网络中心位置国家也是国际金融中心或者结算中心，中心国家的金融发展指数水平、经济自由度也更高，受到内部冲击的风险也更小，从而减少跨国信贷投资流出。

第四，一国贸易网络地位的提升可以通过降低一国的经济风险和政治风险，从而减少其跨国信贷的流出；互联网发展水平对各国贸易网络中心性影响跨国信贷流出的负向关系起到了弱化作用，对于跨国信贷投资流出，贸易网络中心性与互联网发展水平发挥着相互替代的作用。

第五，通过更换被解释变量、核心解释变量的指标测算方法，引入铁路运输的货物量和物流绩效指数两个工具变量，结果表明贸易网络中心性的提升减少了跨国信贷投资流出的结果依然稳健。

第七章 主要结论及政策建议

第一节 主要结论

随着经济全球化和全球金融一体化的推进，金融开放程度也在逐步提升，在全球价值链分工体系下，产品生产与销售网络化，世界各国之间的经济、贸易与金融深度融合，世界贸易网络的联系日益紧密。伴随全球贸易网络的发展，跨境资本流动在 2008 年全球金融危机后呈现"双向"流动的趋势。基于金融开放视角下，从整体到特殊，利用网络分析工具研究贸易网络中心性影响不同类型的跨境资本流动的问题，在理论分析、模型构建以及实证检验的研究基础上，本书得到如下结论：

第一，根据主体研究框架，结合传统文献中影响跨境资本流动相关因素的理论基础，构建一个基于生产的贸易网络多国模型，在均衡状态下，求解均衡产出的贸易网络和均衡消费总量，构建贸易网络中心性指标，提出贸易网络中心性与消费增长协方差、跨境资本流动相关的命题及机理分析。在全球冲击共同影响的情况下，其一，随着一国贸易网络中心的提升，处在贸易网络中心位置的国家比边缘国家更容易受到负面冲击，对全球消费增长风险的总敞口也就越大，处在全球贸易网络中心位置的国家相较于边缘国家具有更低的利率和货币风险溢价，导致贸易网络中心的提升对跨境资本流入产生负向影响，并根据贸易网络中心性影响跨境资本流动的理论框架解释提出相应的研究假设。其二，对贸易网络中心国家而言，它们的金融开放程度更高，涉及的跨境资本业务更多，中心国家有能力以较低的利率从国外借款，跨境资本流出到国外追求收益水平较高的国外资本，相较于边缘国家，贸易网络中心国家出现大量的跨境资本流入和跨境资本流出相互抵消，从而造成跨境资本净流入的减少。

第二，利用 1990~2019 年全球 131 个国家（地区）的双边进出口年度数据和各国 GDP 数据，构建全球各国的贸易网络中心性、网络联系强度和网络异质性等指标，全面度量贸易网络中心性特征。结果发现，全球贸易网络结构特征不仅十分显著，而且具有较强的稳定性，在全球贸易网络中，任何国家都不是独立的，国家之间具有显著的通达性和非均衡性，1990~2019 年，整体网络结构较为严密，网络中的每个国家都不可或缺，全球贸易网络结构呈现出明显的"多中心"发展趋势。

第三，总体来看，基于国际货币基金组织发布的 BOP 数据，对总量跨境资本流动的结构进行分解及测算，实证分析发现贸易网络中心性与总量跨境资本净流入、总量跨境资本流入均存在负向显著的相关关系，更换核心解释变量为点强度和网络异质性，使用工具变量进行内生性检验，结果依然显著成立。一方面，对于中心国家而言，其国家金融开放程度更高，跨境资本流动的双向特征较为明显，一国贸易网络中心性的提升，带来大量的跨境资本流入和跨境资本流出相互抵消，造成跨境资本净流入的减少；另一方面，相较于边缘国家，中心国家的金融发展水平更高，涉及的跨境资本业务更多，有能力以较低的利率从国外借款，跨境资本可以流出到国外追求收益水平较高的金融产品，同时，中心国家也更容易受到共同的全球消费增长的风险冲击，对全球消费增长风险的总敞口越大，受到外部冲击时，中心国家具有较低的利率和风险溢价，从而减少总量跨境资本的流入。

第四，在跨国直接投资视角下，基于 1990~2019 年全球范围内 131 个国家（地区）的年度数据构建各国贸易网络中心性等特征指标，使用国际货币基金组织各的国际收支平衡表中资本与金融账户下的直接投资额作为跨国直接投资的代理变量，探索贸易网络中心性对跨国直接投资的影响。研究发现：①贸易网络中心性与跨国直接投资净流入呈现负向显著的关系。

②贸易网络中心性地位的提升对发达国家（地区）存在比发展中国家（地区）更明显的负向影响，进一步验证了发达国家通过贸易网络中心性地位的提升会增加对外投资活动的结果，并且对所有国家（地区）来说在金融危机后这种负向作用比在金融危机前更为明显。③贸易网络中心性的提升通过促进最低工资、人力资本和产业结构的渠道对本国的跨国直接投资净流入产生负向作用。一方面，一国的贸易网络中心性的提升，意味着该国的可贸易商品的相对价格提升，促进人力资本成本的上升，中心国家的最低工资标准也相应地提升，基于工资的溢出效应，从而导致整体行业或国家劳动力成本增加，企业通过新增加对外直接投资将业务转移到劳动力成本较低的国家（地区），或者加大对已有海外直接投资的资金投入来实现国内业务的转移，最终对跨国直接投资的净流入产生负向影响。另一方面，提升一国贸易网络中心性促进产业结构升级，迫使这些贸易网络中心的国家采取制造业外包、生产性服务业外包等形式，对跨国直接投资净流入的负向作用。④在美元利率和各国存款利率等外部冲击下，贸易网络中心性的提升能显著地促进跨国直接投资净流入，表明贸易网络中心性国家具有较好的避险作用。⑤通过更换被解释变量、核心解释变量的指标测算方法，引入班轮运输指数和航空货运公里数作为工具变量法估计，进一步证实了贸易网络中心性对跨国直接投资净流入负显著结果的稳健性。

第五，在国际证券组合投资视角下，基于1990～2019年国际货币基金组织的 IFS 数据库和世界银行的 WDI 数据库中131个国家（地区）的双边进出口数据和各国 GDP 数据，考察贸易网络中心性对全球各国（地区）的国际证券组合投资流动的影响。研究结果表明：①贸易网络中心性与国际证券组合投资净流入、国际证券组合投资流入均呈现负向显著的关系，且贸易网络中心性对国际股票投资净流入和国际债券投资净流入都具有负向显著的关系。②发达国家的国际证券组合投资流入的变化可能更容易受到市场其他因素的影响，因此，发达国家的贸易网络中心性对国际证券组合投资流入总量并不敏感，与金融危机前后相比较，贸易网络中心性对不同类型的国际证券组合投资净流入依然呈现负向显著的关系，说明贸易网络中心性可能是一个国家持续性的特征。③相比于边缘国家，处在贸易网络中心位置国家的金融市场更为完善和成熟，引起该国货币市场收益率、债券市场收益率和股票市场收益率的减少，国际投资者在中心国家可套汇套利的空间减少，最终导致国际资本流动会从贸易网络中心的国家流出到边缘国家追求资本的高收益。④各国的股市波动率、银行业发展水平和贷款风险溢价均强化了贸易网络中心性对不同类型的国际证券组合投资净流入的负向作用。

第六，在跨国信贷投资视角下，基于 1990~2019 年 BIS 数据库跨国信贷投资的基础数据，研究贸易网络中心性与跨国信贷投资的关系。实证结果发现：①一国的贸易网络中心性的提升，会减少该国跨国信贷的资本流出，贸易网络中心性对跨国信贷的资本流动的影响受非银行部门的驱动。②处在贸易网络中心位置的国家也是国际金融中心或者结算中心，其金融发展指数水平、经济自由度也更高，受到内部冲击的风险也更小，从而减少该国跨国信贷投资的流出。③贸易网络中心性的提升可以通过降低一国的经济风险和政治风险从而减少其跨国信贷的流出，虽然各国贸易网络中心性地位的提升能够减少跨国信贷的资本流出，但是这一效应随着各国互联网发展水平的提升反而被减弱，对于跨国信贷的资本流出，贸易网络中心性与互联网发展水平发挥着相互替代的作用。④更换被解释变量、核心解释变量的指标测算方法，引入铁路运输的货物量和物流绩效指数等工具变量方法，进一步证实了贸易网络中心性的提升会减少跨国信贷投资流出。

第二节　政策建议

20 世纪 80 年代以来，在全球价值链分工体系下，中国与世界各国的贸易网络连接不断紧密，与此同时，随着全球金融一体化进程的发展，跨境资本流动呈现快速增长趋势，金融开放是金融全球化进程中的重要环节。2021 年 12 月召开的中央经济会议指出，扩大高水平对外开放，多措并举稳定外贸，基于金融开放视角，我国如何维系并拓展已有的贸易网络关系，实现更高层次的开放型经济是亟须解决的重要问题。结合上述研究结论，本书提出如下政策建议：

第一，在扩大金融开放的进程中，需要进一步完善金融市场的结构及密切关注不同类型的跨境资本流动变化。基于第三章的研究结论，全球贸易网络结构呈现出明显的"多中心"发展，全球跨境资本流动的频率和规模都在不断提升。提升一国的贸易网络中心地位对总量跨境资本流动规模与流动方向均具有重要作用。结合中国渐进式的金融开放事实，贸易网络中心性提供了易测算的、有经济含义的贸易识别指标，可以为识别、评估中国与共建"一带一路"国家（地区）的贸易网络地位提供政策参考依据，考虑到不同国家经济发展情况及其不同类型跨境资本流动的异质性，应完善中国跨境资本流动宏观审慎管理框架。

第二，从跨国直接投资角度来说，全球各国在制定和调整最低工资时应考虑本国的贸易网络中心性的特征，尽量减少最低工资上涨对跨国直接投资流入的负面影响。根据第四章的结论，一方面，处在贸易网络中心的国家适度提高最低工资标准会在一定程度上增加企业的劳动力成本，减少企业在国内生产的成本优势，从而"倒逼"企业去生产成本较低的边缘国家进行生产。由于贸易网络中心性对跨境直接投资净流入具有负向影响，适当提高最低工资标准会加快产业转型升级，有利于经济发展。另一方面，最低工资标准提高还可能带来贸易网络中心国家国内制造业外流（"空心化"）的潜在风险，导致处在贸易网络中心国家的就业水平降低，各国政府应做好产业布局，鼓励落后产能通过对外直接投资转移到边缘国家，对国内优势产业发展给予相关优惠政策扶持，减轻劳动力成本上升的压力。

第三，从国际证券组合投资角度来说，国际贸易结构中的地位和关系信息反映了国际风险资产价格的经济来源，对中国资本未来在全球的布局和多元化具有实践指导意义。在第五章研究结果的基础上，一方面，处在贸易网络中心的国家，其股票市场、债券市场和货币市场在未来均具有更低的收益，中国资本在调整全球资产的配置过程中除考虑影响国际资产收益的外汇风险因素，还需要结合各国在国际贸易网络中心的地位和关系，判断国际证券组合投资资本流入的目标国资产收益能否补偿未来的可能损失或者资产定价是否合理。另一方面，面对全球疫情和国际环境发生巨大变化的新形势下，中国需要进一步深化与全球各国的贸易网络关系，提前防范疫情期间股市极端波动风险的发生，降低股市的过度波动；兼顾国内金融市场的发展和银行业全球竞争力的提升；提升互联网发展水平并推动"互联网+"工程的实施，有效地发挥贸易网络中心性与国际证券组合投资流入之间的协调作用，助力中国实现从以商品输出特征为主的贸易大国逐渐转变为以资本输出特征为主的投资大国。

第四，从跨国信贷角度来说，利用贸易网络中心性对各国金融发展指数、经济自由度和内部冲击的积极影响，同时还需要关注各国的经济风险、政治风险对跨国信贷资本流出的调节作用。第六章研究结论表明，贸易网络中心性的提升会减少跨国信贷流出，中国的金融市场以银行业为主导，随着全球各国跨国银行的跨境交易规模、交易次数的提升，近些年全球银行业面临着金融科技创新、金融监管、金融稳定等诸多因素带来的风险。因此，维系和提升中国与其他国家贸易网络的地位和关系可通过减少经济风险和内部冲击等渠道对跨国信贷流出产生负显著的影响；与此同时，中国还需要加强国内银行业改革，这有利于国内银行的整体竞争力，提升金融发展水平和经济自由度，进一步完善金融基础设施建设，为金融体系稳健高效运行提供支持。

第三节　研究展望

本书分析了金融开放背景下贸易网络中心性对不同类型跨境资本流动的影响，既为研究贸易如何影响跨境资本流动提供了理论分析框架，也为各国的政策制定提供现实依据。但是，鉴于本人能力有限以及数据可得性等多种原因，本书还存在一定的不足，未来需要拓展的研究如下：

第一，考虑采用更加高频的跨境资本流动数据，尤其是国际证券组合投资资本流动涉及证券交易数据。大量的文献表明，全球各国之间存在很多非法的、隐秘途径的跨境资本流动，这些数据并没有在各国的国际收支平衡表中体现，因此，测算的跨境资本流动数据存在低估全球跨境资本流动的整体效果。同时，国际证券组合投资资本流动的规模和波动日益增大，加剧了跨境资本的极端流动，查找高频数据以捕捉更加时效性的特征。

第二，理论上分析了金融开放背景下贸易网络中心性与跨境资本流动之间的关系，但是深入研究此问题可能还需要构建包含家庭、企业、银行、政府、国外等多个部门的一般均衡模型或动态随机 DSGE 模型。构建多个部门框架的 DSGE 模型，全球各国是否存在最优的贸易网络中心性地位和关系影响跨境资本流动的作用机制？这些问题都可以在后续理论研究中逐步加以考虑。

第三，本书实证分析中尝试通过 TVP-VAR 模型，研究新冠疫情冲击下贸易网络中心性对不同类型跨境资本流动之间的联动效应，未来也可以考虑从贸易网络中心性动态化的视角进行相应的拓展。

参考文献

［1］ Aaronson, D and Phelan, B. Wage shocks and the technological substitution of low-wage jobs ［J］. The Economic Journal, 2019, 129 (17): 1-34.

［2］ Acemoglu D, Carvalho V M, Ozdaglar A, et al. The network origins of aggregate fluctuations ［J］. Econometrica, 2012, 80 (5): 1977-2016.

［3］ Albert R, Barabási A L. Statistical mechanics of complex networks ［J］. Reviews of Modern Physics, 2002, 74 (1): 47-97.

［4］ An H, Zhong W, Chen Y, et al. Features and evolution of international crude oil trade relationships: A trading-based network analysis ［J］. Energy, 2014 (74): 254-259.

［5］ Aoki K, Benigno G, Kiyotaki N. Adjusting to capital account liberalization ［J］. CEPR Discussion Papers, 2010 (4): 561-562.

［6］ Avdjiev S, Du W, Koch C, et al. The dollar, bank leverage, and deviations from covered interest parity ［J］. American Economic Review: Insights, 2019, 1 (2): 193-208.

［7］ Aviat A, Coeurdacier N. The geography of trade in goods and asset holdings ［J］. Journal of International Economics, 2007, 71 (1): 22-51.

［8］ Backus D K, Kydland K F E. International real business cycles ［J］. Journal of Political Economy, 1992, 100 (4): 745-775.

［9］ Baqaee D, Farhi E. Keynesian production networks and the COVID-19 crisis: A simple benchmark ［J］. AEA Papers and Proceedings, 2021 (11): 1-9.

［10］ Barry F, Sun X, Hogan B F. Brexit damage limitation: Tariff-jumping

FDI and the Irish agri-food sector [J]. The Irish Journal of Management, 2020, 39 (1): 61-74.

[11] Baxter M, Kouparitsas M A. Determinants of business cycle comovement: A robust analysis [J]. Journal of Monetary Economics, 2004, 52 (1): 113-157.

[12] Bekaert G, Harvey C. Time-varying world market integration [J]. Journal of Finance, 1995, 50 (2): 403-444.

[13] Belderbos R, Sleuwaegen L. Tariff jumping DFI and export substitution: japanese electronics firms in Europe [J]. International Journal of Industrial Organization, 1998, 16 (5): 601-638.

[14] Benigno P, Nistico S. International portfolio allocation under model uncertainty [J]. American Economic Journal: Macroeconomics, 2012, 4 (1): 89-144.

[15] Bergin P, Sheffrin S. Interest rates, exchange rates and present value models of the current account [J]. The Economic Journal, 2000, 110 (63): 535-558.

[16] Bhattacharya K, Mukherjee G, Manna S S. The international trade network [J]. New Economic Windows, 2007, 41 (4): 139-147.

[17] Boddewyn J J. Foreign direct divestment theory: Is it the reverse of FDI theory? [J]. Weltwirtschaftliches Archiv, 1983, 119 (2): 345-355.

[18] Borio C. Rediscovering the macroeconomic roots of financial stability policy: Journey, challenges, and a way forward [J]. Annu Rev Financ Econ, 2011, 3 (1): 87-117.

[19] Braconier H, Norbäck P J, Urban D. Multinational enterprises and wage costs: Vertical FDI revisited [J]. Journal of International Economics, 2005, 67 (2): 446-470.

[20] Breeden D T. Consumption risk in futures markets [J]. The Journal of Finance, 1980, 35 (2): 503-520.

[21] Broner F, Didier T, Erce A, et al. Gross capital flows: Dynamics and crises [J]. Journal of Monetary Economics, 2013, 60 (1): 113-133.

［22］ Brown, D W and Konrad, A M Granovetter was right the importance of weak ties to a contemporary job search ［J］. Group & Organization Management, 2001 (26): 434-462.

［23］ Bruno V, Shin H S. Cross-border banking and global liquidity ［J］. The Review of Economic Studies, 2014, 82 (2): 535-564.

［24］ Brzozowski M, Tchorek G. Exchange rate level, innovation, and obstacles to growth who needs a weak Zloty? ［J］. Ekonomicky Casopis, 2018, 66 (2): 199-222.

［25］ Buch C M, Lipponer A. FDI versus exports: Evidence from german banks ［J］. Journal of Banking and Finance, 2007, 31 (3): 805-826.

［26］ Burt R S. Structural holes and good ideas ［J］. American Journal of Sociology, 2004, 110 (2): 349-399.

［27］ Busse M, Hefeker C. Political risk, institutions and foreign direct investment ［J］. European Journal of Political Economy, 2007, 23 (2): 397-415.

［28］ Byrne J P, Fiess N. International capital flows to emerging markets: National and global determinants ［J］. Journal of International Money and Finance, 2016, 61 (3): 82-100.

［29］ Campbell J, Cochrane J. Explaining the poor performance of consumption-based asset pricing models ［J］. Journal of Finance, 2000, 55 (6): 2863-2878.

［30］ Cerutti E, Claessens S, Ratnovski L. Global liquidity and cross-border bank flows ［J］. Economic Policy, 2017, 32 (89): 81-125.

［31］ Cetorelli N, Goldberg L S. Liquidity management of US global banks: Internal capital markets in the great recession ［J］. Journal of International Economics, 2012, 88 (2): 299-311.

［32］ Chaney T. Liquidity constrained exporters ［J］. Journal of Economic Dynamics and Control, 2016 (72): 141-154.

［33］ Choi S, Furceri D. Uncertainty and cross-border banking flows ［J］. Journal of International Money and Finance, 2019 (11): 260-274.

［34］ Chu, Hyo-Youn. Investments in response to trade policy: The case of

Japanese firms during voluntary export restraints [J]. Japan and the World Economy, 2014 (32): 14-36.

[35] Chuhan P, Claessens S, Mamingi N. Equity and bond flows to latin america and asia: The role of global and country factors [J]. Journal of Development Economics, 1998, 55 (2): 439-463.

[36] Claessens S. Global banking: Recent developments and insights from research [J]. Review of Finance, 2017, 21 (4): 1513-1555.

[37] Coeurdacier, N, H Rey Home bias in open economy financial macroeconomics [J]. Journal of Economic Literature, 2013, 51 (1): 63-115.

[38] Coletta M, De Bonis R, Piermattei S. Household debt in OECD countries: The role of supply-side and demand-side factors [J]. Social Indicators Research, 2019, 143 (3): 1185-1217.

[39] Conconi P, Sapir, A, Zanardi, M. The internationalization process of firms: from Export to FDI [J]. Journal of International Economics, 2013, 99 (3): 16-30.

[40] Cuddington J T. Capital flight: Estimates, issues and explanations [M]. Princeton, NJ: International Finance Section, Department of Economics, Princeton University, 1986.

[41] Dooley M P. Capital flight: A response to differences in financial risks [J]. Staff Papers, 1988, 35 (3): 422-436.

[42] Dornbusch, R. I. Goldfajn, R. O. Valdes. Currency crises and collapses [J]. Brookings Papers on Economic Activity, 1995 (2): 219-293.

[43] Dua P. , Garg R. Macroeconomic determinants of foreign direct investment: Evidence from India [J]. Journal of Developing Areas, 2015, 49 (1): 133-155.

[44] Eichengreen B. Capital account liberalization: What do cross-country studies tell us? [J]. The World Bank Economic Review, 2001, 15 (3): 341-365.

[45] Fagiolo G, Reyes J, Schiavo S. On the topological properties of the world trade web: A weighted network analysis [J]. Physica A: Statistical Me-

chanics and its Applications, 2008, 387 (15): 3868-3873.

[46] Fagiolo G, Reyes J, Schiavo S. The World-trade web: Topological properties, dynamics and evolution [J]. Physical Review E, 2009 (79): 1-19.

[47] Fagiolo G. Clustering in complex directed networks [J]. Physical Review E Statistical Nonlinear & Soft Matter Physics, 2007, 76 (2): 26-107.

[48] Fagiolo G. The international-trade network: Gravity equations and topological properties [J]. Journal of Economic Interaction & Coordination, 2010, 5 (1): 1-25.

[49] Fan, H, Lin F and Tang, L. Minimum wage and outward FDI from china [J]. Journal of Development Economics, 2018 (135): 1-19.

[50] Farhad N Alberto, Ali Y. Human capital and FDI inflows to developing countries: New empirical [J]. World Development, 2001, 29 (9): 593-610.

[51] Fernandez-Arias E, Montiel P J. The surge in capital inflows to developing countries: An analytical overview [J]. The World Bank Economic Review, 1996, 10 (1): 51-77.

[52] Fleisher B, Li H Z, Zhao M Q. Human capital, economic growth and regional inequality in China [J]. Journal of Development Economics, 2010, 92 (2): 215-231.

[53] Fleming, M J. Domestic financial policies under fixed and floating exchange rates [J]. IMF Staff Papers, 1962 (9): 369-379.

[54] Focarelli D, Pozzolo A F. Where do banks expand abroad? An empirical analysis [J]. The Journal of Business, 2005, 78 (6): 2435-2464.

[55] Forbes K J, Fratzscher M, Straub R. Capital-flow management measures: What are they good for? [J]. Journal of International Economics, 2015 (96): 76-97.

[56] Forbes K J, Warnock F E. Capital flow waves: Surges, stops, flight and retrenchment [J]. Journal of International Economics, 2012, 88 (2): 235-251.

[57] Fotopoulos G, Louri H, On the geography of international banking: The role of third-country effects [R]. Working Paper of Bank of Greece, 2011.

[58] Frankel J A, Romer D. Does Trade Cause Growth? [J]. American Economic Review, 1999, 89 (3): 379-399.

[59] Frankel J A, Rose A K. The endogenity of the optimum currency area criteria [J]. The Economic Journal, 1998, 108 (449): 1009-1025.

[60] Fratzscher M. Capital flows, push versus pull factors and the global financial crisis [J]. Journal of International Economics, 2012, 88 (2): 341-356.

[61] Freeman L C, Roeder D, Mulholland R R. Centrality in social networks: II. Experimental results [J]. Social networks, 1979, 2 (2): 119-141.

[62] French, K R and J M Poterba. Investor diversification and international equity markets [J]. American Economic Review, 1991 (81): 222-226.

[63] Garlaschelli D, Loffredo M I. Structure and evolution of the world trade network [J]. Physica A: Statistical Mechanics and its Applications, 2005, 355 (1): 138-144.

[64] Gephart J A, Pace M L. Structure and evolution of the global seafood trade network [J]. Environmental Research Letters, 2015, 10 (12): 14-25.

[65] Griffin J M, Nardari F, Stulz R M. Are daily cross-border equity flows pushed or pulled? [J]. Review of Economics and Statistics, 2004, 86 (3): 641-657.

[66] Handley K, Limão N. Trade policy uncertainty [R]. National Bureau of Economic Research, 2022.

[67] Hassan T A. Country size, currency unions, and international asset returns [J]. Journal of Finance, 2013, 68 (6): 2269-2308,

[68] Heathcote J, F Perri. The international diversification puzzle is not as bad as you think [J]. Journal of Political Economy, 2013, 121 (6): 1108-1159.

[69] Helpman E, Melitz M J, Yeaple S R. Export versus FDI with heterogeneous firms [J]. American Economic Review, 2004, 94 (1): 300-316.

[70] Helpman E Trade, FDI and the organization of firms [J]. Journal of Economic Literature, 2006, 44 (3): 589-630.

[71] Hicks J R Mr. Keynes and the "classics"; a suggested interpretation [J]. Econometrica: Journal of the Econometric Society, 1937, 20 (12):

147-159.

[72] Horvath, Michael. Sectoral shocks and aggregate fluctuations [J]. Journal of Monetary Economics, 2000 (45): 69-106.

[73] Ikeda Y, Iyetomi H, Mizuno T, et al. Community structure and dynamics of the industry sector - specific international - trade - network [A] // 2014 Tenth International Conference on Signal - Image Technology and Internet - Based Systems [C]. IEEE, 2014: 456-461.

[74] Jardet C, Jude C, Chinn M D. Foreign direct investment under uncertainty: Evidence from a large panel of countries [R]. National Bureau of Economic Research, 2022.

[75] Kaminsky G L, Schmukler S L. Short-run pain, long-run gain: Financial liberalization and stock market cycles [J]. Review of Finance, 2008, 12 (2): 253-292.

[76] Keynes J M. A monetary theory of production [J]. The Collected Writings of John Maynard Keynes, 1933, 13 (4): 8-11.

[77] Koepke R. What drives capital flows to emerging markets? A survey of the empirical literature [J]. Journal of Economic Surveys, 2019, 33 (2): 516-540.

[78] Korinek A. The new economics of prudential capital controls: A research agenda [J]. IMF Economic Review, 2011, 59 (3): 523-561.

[79] Kose M A, Yi K M. Can the standard international business cycle model explain the relation between trade and comovement? [J]. Journal of International Economics, 2006, 68 (2): 267-295.

[80] Le Y. Financial information systems [J]. Healthc Inform, 2000, 17 (8): 53-54.

[81] Levine R and Zervos S. Stock markets, banks and economic growth [J]. American Economic Review, 1998, 88 (6): 537-558.

[82] Lewis K K. Global asset pricing [J]. Annual Review of Financial Economics, 2011, 3 (1): 435-466.

[83] Litvin I, Alkoby Y, Godsi O, et al. Parallel and anti-parallel echoes

in beam spin echo experiments [J]. Results in Physics, 2019 (12): 381-391.

[84] Lucas R E. Asset prices in an exchange economy [J]. Econometrica, 1978, 46 (6): 1429-1446.

[85] Lustig, Hanno, Nikolai Roussanov and Adrien Verdelhan. Common risk factors in currency markets [J]. Review of Financial Studies, 2011, 30 (24): 3731-3777.

[86] Markusen, J R. Factor Movements and commodity trade as complements [J]. Journal of International Economics, 1983, 14 (3-4): 341-356.

[87] McCauley R N, McGuire P, Sushko V. Global dollar credit: Links to US monetary policy and leverage [J]. Economic Policy, 2015, 30 (82): 187-229.

[88] McGuire P, von Peter G. The dollar shortage in global banking and the international policy response [J]. International Finance, 2012, 15 (2): 155-178.

[89] Montiel P, Reinhart C. The dynamics of capital movements to emerging economies during the 1990s [J]. Short-Term Capital Flows and Economic Crises, 2001 (2): 3-28.

[90] Mundell R A. International trade and factor mobility [J]. American Economic Review, 1957, 47 (3): 321-335.

[91] Negishi, Takashi. Welfare economics and existence of an equilibrium for a competitive economy [J]. Metroeconomica, 1960 (12): 92-97.

[92] Nier E, Yang J, Yorulmazer T, et al. Network models and financial stability [J]. Journal of Economic Dynamics and Control, 2007, 31 (6): 2033-2060.

[93] Nooy W D., MrvarA, Batagelj V. Exploratory social network analysis with pajek: Preface to the second edition [R]. Cambridge University Press, 2011.

[94] Obstfeld M, Ostry J D, Qureshi M S. A tie that binds: Revisiting the trilemma in emerging market economies [J]. Review of Economics and Statistics, 2019, 101 (2): 279-293.

[95] Obstfeld M. Does the current account still matter? [J]. American

Economic Review, 2012, 102 (3): 1-23.

[96] Obstfeld M, Rogoff K S. Foundations of international macroeconomics [J]. MIT Press Books, 1996 (1): 337-339.

[97] Padilla-Perez R, Nogueira C G. Outward FDI from small developing economies: Firm level strategies and home-country effects [J]. International Journal of Emerging Markets, 2016, 11 (4): 693-714.

[98] Pain N, Wakelin K. Export performance and the role of foreign direct investment [J]. Manchester School of Economic & Social Studies, 1998, 66 (9): 62-88.

[99] Patrie A. The regional clustering of foreign direct investment and trade [J]. Transnational Cooperate-on, 1994, 3 (3): 1-24.

[100] Paul J, Jadhav P. Institutional determinants of foreign direct investment inflows: Evidence from Emerging markets [J]. International Journal of Emerging Markets, 2019, 15 (2): 245-261.

[101] Popov A, Udell G F. Cross-border banking, credit access, and the financial crisis [J]. Journal of international economics, 2012, 87 (1): 147-161.

[102] Pöyhönen P. A tentative model for the volume of trade between countries [J]. Weltwirtschaftliches Archiv, 1963 (3): 93-100.

[103] Qiu Larry D. Credit rationing and patterns of new product trade [J]. Journal of Economic Integration, 1999, (14): 75-95.

[104] Quinn D. The correlates of change in international financial regulation [J]. American Political Science Review, 1997, 91 (3): 531-551.

[105] Ready R, Roussanov N, Ward C. Commodity trade and the carry trade: A tale of two countries [J]. The Journal of Finance, 2017, 72 (6): 2629-2684.

[106] Rey H. International channels of transmission of monetary policy and the mundellian trilemma [J]. IMF Economic Review, 2016, 64 (1): 6-35.

[107] Richmond R J. Trade network centrality and currency risk premia [J]. The Journal of Finance, 2019, 74 (3): 1315-1361.

[108] Rodrik D. Who needs capital-account convertibility? [J]. Essays in International Finance, 1998 (3): 55-65.

[109] Schoenmaker D, Wagner W. The impact of cross-border banking on financial stability [R]. Tinbergen Institute Discussion Paper, 2011.

[110] Schularick M, Taylor A M. Credit booms gone bust: Monetarypolicy, leveragecycles and financial crises, 1870-2008 [J]. American Economic Review, 2012, 102 (2): 1029-1061.

[111] Sebnem, Kalemli-Ozcan. Cross-border capital flows, fluctuations and growth [J]. NBER Reporter, 2012 (4): 7-10.

[112] Seth, R, D E Nolle, S K Mohanty. Do banks follow their customers abroad? [J]. Financial Markets, Institutions & Instruments, 1998 (7): 1-25.

[113] Smith D A, White D R. Structure and dynamics of the global economy: network analysis of international trade 1965-1980 [J]. Social Forces, 1992, 70 (4): 857-893.

[114] Snyder D, Kick E L. Structural position in the world system and economic growth, 1955-1970: A multiple-network analysis of transnational interactions [J]. American Journal of Sociology, 1979, 84 (5): 1096-1126.

[115] Su T. Myth and mystery of globalization: World trade networks in 1928, 1938, 1960 and 1999 [J]. Review (Fernand Braudel Center), 2002 (4): 351-392.

[116] Svirydzenka N, Aitken J, Dogra N. Research and partnerships with schools [J]. Social Psychiatry and Psychiatric Epidemiology, 2016, 51 (8): 1203-1209.

[117] Tinbergen J. Shaping the world economy; suggestions for an international economic policy [M]. New York: The Twentieth, 1962.

[118] Zhou M, Wu G, Xu H. Structure and formation of top networks in international trade, 2001-2010 [J]. Social Networks, 2016 (44): 9-21.

[119] 蔡宏波, 逯慧颖, 雷聪. "一带一路"倡议如何推动民族地区贸易发展? [J]. 管理世界, 2021, 37 (10): 73-85, 127+86.

[120] 柴忠东, 施慧家. 新新贸易理论"新"在何处——异质性企业

贸易理论剖析［J］. 国际经贸探索，2008，24（12）：14-18.

［121］陈雷，张哲，陈平. 三元悖论还是二元悖论——基于跨境资本流动波动视角的分析［J］. 国际金融研究，2021（6）：34-44.

［122］陈雅，许统生. 国际贸易对股票市场国际一体化的影响——来自"一带一路"沿线国的证据［J］. 南开经济研究，2020（3）：161-181.

［123］陈银飞. 2000—2009年世界贸易格局的社会网络分析［J］. 国际贸易问题，2011（11）：31-42.

［124］陈中飞，李珂欣，王曦. 资本流入突然中断：杠杆率重要吗？［J］. 国际金融研究，2021（1）：16-25.

［125］代谦，别朝霞. FDI、人力资本积累与经济增长［J］. 经济研究，2006（4）：15-27.

［126］邓光耀. 全球价值链下中国增加值贸易的核算及网络特征研究［J］. 首都经济贸易大学学报，2019，21（5）：34-44.

［127］丁一兵，刘紫薇. 中国人力资本的全球流动与企业"走出去"微观绩效［J］. 中国工业经济，2020（3）：119-136.

［128］董志勇，李成明，吴景峰. 我国金融对外开放历程及其战略取向［J］. 改革，2018（9）：15-26.

［129］段文奇，刘宝全，季建华. 国际贸易网络拓扑结构的演化［J］. 系统工程理论与实践，2008（10）：71-75+81.

［130］范小云，张少东，王博. 跨境资本流动对股市波动的影响——基于分部门资本流动波动性视角的研究［J］. 国际金融研究，2020（10）：24-33.

［131］范小云，朱张元，肖立晟. 从净资本流动到总资本流动——外部脆弱性理论的新发展［J］. 国际金融研究，2018（1）：16-24.

［132］方芳，苗珊，黄汝南. 金融不确定性对国际证券资本流动的影响研究［J］. 国际金融研究，2021（4）：57-66.

［133］方慧，宋玉洁. 东道国风险与中国对外直接投资——基于"一带一路"沿线43国的考察［J］. 上海财经大学学报，2019，21（5）：33-52.

［134］冯伟，浦正宁，徐康宁. 中国吸引外资的劳动力优势是否可以持续［J］. 国际贸易问题，2015（11）：132-143.

［135］高杰英．银行一体化背景下的美、德、英、日国内信贷联动分析［J］．国际金融研究，2015（3）：54-63.

［136］龚金国，史代敏．金融自由化、贸易强度与股市联动——来自中美市场的证据［J］．国际金融研究，2015（6）：85-96.

［137］龚炯，李银珠．中国与"一带一路"沿线国家贸易网络解析［J］．经济与管理评论，2021，37（2）：27-37.

［138］顾雪松，韩立岩，周伊敏．产业结构差异与对外直接投资的出口效应——"中国—东道国"视角的理论与实证［J］．经济研究，2016，51（4）：102-115.

［139］关晶奇，陈金至，张驰．私人部门信贷约束与资本流动——基于跨国面板的数据分析［J］．投资研究，2018，37（3）：66-77.

［140］郭娟娟，杨俊．东道国金融发展水平对中国企业 OFDI 二元边际的影响［J］．国际贸易问题，2019（2）：145-160.

［141］韩梦玮，李双琳．"一带一路"海洋能源产品贸易网络结构特征及社团分布研究［J］．经济地理，2020，40（10）：108-117.

［142］何芳，刑孝兵，陈磊．经济开放与制度质量的国际经验研究［J］．统计与决策，2021，37（9）：105-108.

［143］贺平．区域性公共产品与东亚的功能性合作——日本的实践及其启示［J］．世界经济与政治，2012（1）：34-48.

［144］洪俊杰，商辉．国际贸易网络枢纽地位的决定机制研究［J］．国际贸易问题，2019（10）：1-16.

［145］侯传璐，覃成林．中国省际贸易网络的特征及影响因素——基于铁路货运流量数据及指数随机图模型的分析［J］．财贸经济，2019，40（3）：116-129.

［146］黄宪，刘岩，童韵洁．金融发展对经济增长的促进作用及其持续性研究——基于英美、德国、法国的比较视角［J］．金融研究，2019，474（12）：147-168.

［147］计启迪，刘卫东，陈伟，等．基于产业链的全球铜贸易网络结构研究［J］．地理科学，2021，41（1）：44-54.

［148］贾根良，何增平．金融开放与发展中国家的金融困局［J］．马克

思主义研究，2019（5）：66-77.

［149］蒋为，李行云，宋易珈. 中国企业对外直接投资快速扩张的新解释——基于路径、社群与邻伴的视角［J］. 中国工业经济，2019（3）：62-80.

［150］靳玉英，罗子嫄，聂光宇. 国际基金投资视角下中国资本流动管理：有效性和外溢性［J］. 经济研究，2020，55（7）：21-40.

［151］孔群喜，彭丹，王晓颖. 开放型经济下中国ODI逆向技术溢出效应的区域差异研究——基于人力资本吸收能力的解释［J］. 世界经济与政治论坛，2019（4）：113-132.

［152］李嘉图. 政治经济学及赋税原理［M］. 北京：北京联合出版公司，2013.

［153］李敬，陈旎，万广华，陈澍. "一带一路"沿线国家货物贸易的竞争互补关系及动态变化——基于网络分析方法［J］. 管理世界，2017（4）：10-19.

［154］李敬，陈澍，万广华，付陈梅. 中国区域经济增长的空间关联及其解释——基于网络分析方法［J］. 经济研究，2014，49（11）：4-16.

［155］李磊，王小霞，蒋殿春，方森辉. 中国最低工资上升是否导致了外资撤离［J］. 世界经济，2019，42（8）：97-120.

［156］李玉梅. FDI对我国价格贸易条件效应的实证分析［J］. 统计与决策，2016（21）：103-105.

［157］李振福，苗雨，陈晶. 北极航线经济圈贸易网络的结构洞分析［J］. 华中师范大学学报（自然科学版），2017，51（1）：100-107，114.

［158］李治国，唐国兴. 消费、资产定价与股票溢酬之谜［J］. 经济科学，2002（6）：60-65.

［159］刘昌阳，汪勇，尹玉刚，王高义. 国际贸易结构对国际资产价格的影响研究：基于地缘冲突风险的视角［J］. 世界经济研究，2020（10）：45-62，136.

［160］刘劲松. 基于社会网络分析的世界天然气贸易格局演化［J］. 经济地理，2016（12）：89-95.

［161］刘立涛，沈镭，刘晓洁，等. 基于复杂网络理论的中国石油流

动格局及供应安全分析 [J]. 资源科学, 2017, 39 (8): 431-1443.

[162] 刘莉亚, 程天笑, 关益众, 杨金强. 资本管制能够影响国际资本流动吗? [J]. 经济研究, 2013, 48 (5): 33-46.

[163] 刘粮, 陈雷. 外部冲击、汇率制度与跨境资本流动 [J]. 国际金融研究, 2018 (5): 45-54.

[164] 刘林青, 闫小斐. 国际粮食贸易网络多核集聚格局的形成机制研究 [J]. 华中农业大学学报 (社会科学版), 2021 (4): 47-59.

[165] 刘威, 李炳. 文化距离与跨境证券投资选择: 影响及比较 [J]. 国际金融研究, 2016 (3): 72-83.

[166] 刘小军, 张滨. 中国与一带一路沿线国家的跨境物流协作——基于物流绩效指数 [J]. 中国物流, 2016, 30 (12): 40-46.

[167] 刘洋, 殷宝庆. 国际物流绩效的贸易效应分析——基于 Heckman 模型的实证检验 [J]. 中国流通经济, 2017, 31 (10): 28-36.

[168] 刘志高, 王涛, 陈伟. 中国崛起与世界贸易网络演化: 1980—2018 年 [J]. 地理科学进展, 2019, 38 (10): 1596-1606.

[169] 罗仕龙, 龚凯, 邢欣, 张东宁. 基于社会网络分析法的国际贸易网络结构及演化研究 [J]. 中国管理科学, 2016, 24 (1): 698-703.

[170] 吕越, 吕云龙, 包群. 融资约束与企业增加值贸易——基于全球价值链视角的微观证据 [J]. 金融研究, 2017 (5): 67-84.

[171] 吕越, 蔚亚宁. 全球价值链下的企业贸易网络和出口国内附加值 [J]. 世界经济, 2020 (12): 50-75.

[172] 马述忠, 任婉婉, 吴国杰. 一国农产品贸易网络特征及其对全球价值链分工的影响——基于社会网络分析视角 [J]. 管理世界, 2016 (3): 60-72.

[173] 马腾, 葛岳静, 黄宇, 刘晓凤, 林荣平, 胡志丁. 基于流量数据的中美两国与东北亚地缘经济关系研究 [J]. 地理学报, 2020, 75 (10): 2076-2091.

[174] 彭红枫, 祝小全. 短期资本流动的多重动机和冲击: 基于 TVP-VAR 模型的动态分析 [J]. 经济研究, 2019, 54 (8): 36-52.

[175] 彭徽. 国际贸易理论的演进逻辑: 贸易动因、贸易结构和贸易

结果［J］. 国际贸易问题，2012（2）：169-176.

［176］阙澄宇，程立燕. 国际资本异常流动驱动因素的异质性研究［J］. 世界经济研究，2020（10）：102-120，137.

［177］阙澄宇，孙小玄. 金融发展、制度质量与国际证券资本流动［J］. 财贸经济，2021，42（5）：93-109.

［178］任素婷，崔雪峰，樊瑛. 复杂网络视角下中国国际贸易地位的探究［J］. 北京师范大学学报（自然科学版），2013，49（1）：90-94，115.

［179］宋周莺，车姝韵，杨宇. "一带一路"贸易网络与全球贸易网络的拓扑关系［J］. 地理科学进展，2017，36（11）：1340-1348.

［180］宿成建. 现金流风险与股票收益定价研究［J］. 管理科学学报，2016，19（5）：102-126.

［181］孙天琦，王笑笑. 内外部金融周期差异如何影响中国跨境资本流动？［J］. 金融研究，2020（3）：1-20.

［182］孙天阳，许和连，吴钢. 基于复杂网络的世界高端制造业贸易格局分析［J］. 世界经济与政治论坛，2014（2）：19-43.

［183］孙晓蕾，杨玉英，吴登生. 全球原油贸易网络拓扑结构与演化特征识别［J］. 世界经济研究，2012（9）：11-17+87.

［184］谭小芬，虞梦微. 全球金融周期与跨境资本流动［J］. 金融研究，2021（10）：22-39.

［185］谭小芬，张凯，耿亚莹. 全球经济政策不确定性对新兴经济体资本流动的影响［J］. 财贸经济，2018，39（3）：35-49.

［186］唐晓彬，崔茂生. "一带一路"货物贸易网络结构动态变化及其影响机制［J］. 财经研究，2020，46（7）：138-153.

［187］陶章，乔森. "一带一路"国际贸易的影响因素研究——基于贸易协定与物流绩效的实证检验［J］. 社会科学，2020（1）：63-71.

［188］王博，陈诺，林桂军. "一带一路"沿线国家制造业增加值贸易网络及其影响因素［J］. 国际贸易问题，2019（3）：85-100.

［189］王欢欢，樊海潮，唐立鑫. 最低工资、法律制度变化和企业对外直接投资［J］. 管理世界，2019，35（11）：38-51，230-231.

［190］王会艳，杨俊，陈相颖. 中国对"一带一路"沿线国投资的贸

易效应研究——东道国风险调节效应 [J]. 河南社会科学, 2021, 29 (8)：79-92.

[191] 王介勇, 戴纯, 周墨竹, 等. 全球粮食贸易网络格局及其影响因素 [J]. 自然资源学报, 2021, 36 (6)：1545-1556.

[192] 王晶晶, 陈启斐. 扩大内需、人力资本积累与 FDI 结构性转变 [J]. 财经研究, 2013 (9)：120-133.

[193] 王丽, 张岩. 对外直接投资与母国产业结构升级之间的关系研究——基于 1990—2014 年 OECD 国家的样本数据考察 [J]. 世界经济研究, 2016 (11)：60-69, 136.

[194] 王松, 孙楚仁, 徐晓辰. 最低工资与贸易比较优势 [J]. 世界经济研究, 2018 (12)：82-95, 133.

[195] 王伟, 孙大超, 杨娇辉. 金融发展是否能够促进海外直接投资——基于面板分位数的经验分析 [J]. 国际贸易问题, 2013 (9)：120-131.

[196] 王勇, 马雨函. 营商环境改变了外国证券投资的母国偏好吗? [J]. 国际金融研究, 2021 (9)：45-54.

[197] 魏彦杰, 钟娟, 邢孝兵. 高阶结关系、贸易网络演化与金融危机 [J]. 财经研究, 2017, 43 (10)：109-121.

[198] 温兴春, 梅冬州. 金融业开放、金融脆弱性以及危机跨部门传递 [J]. 世界经济, 2020, 43 (10)：144-168.

[199] 温忠麟, 张雷, 侯杰泰, 刘红云. 中介效应检验程序及其应用 [J]. 心理学报, 2004 (5)：614-620.

[200] 吴丰华, 刘瑞明. 产业升级与自主创新能力构建——基于中国省际面板数据的实证研究 [J]. 中国工业经济, 2013 (5)：57-69.

[201] 小岛清. 对外贸易论 [M]. 天津：南开大学出版社, 1987.

[202] 邢孝兵, 雷颖飞, 徐洁香. 中国在世界贸易网络中的地位：演进与展望 [J]. 国际贸易, 2020 (3)：4-13.

[203] 许和连, 孙天阳, 成丽红. "一带一路"高端制造业贸易格局及影响因素研究——基于复杂网络的指数随机图分析 [J]. 财贸经济, 2015a, (12)：74-88.

［204］许和连，孙天阳，吴钢．贸易网络地位、研发投入与技术扩散——基于全球高端制造业贸易数据的实证研究［J］．中国软科学，2015b，（9）：55-69．

［205］严海波．金融开放与发展中国家的金融安全［J］．现代国际关系，2018（9）：18-26，62-63．

［206］杨海珍，李昌萌，李苏骁．国际证券资金流动相关性网络特征与其影响因素——20世纪90年代以来的数据分析［J］．国际金融研究，2020（10）：44-54．

［207］杨海珍，杨洋．政策、经济、金融不确定性对跨境资本流动急停和外逃的影响研究：20世纪90年代以来的全球数据分析与计量［J］．世界经济研究，2021（5）：38-52，135．

［208］杨继梅，马洁，吕捷．金融开放背景下金融发展对跨境资本流动的影响研究［J］．国际金融研究，2020（4）：33-42．

［209］杨用斌．最低工资对外商直接投资企业规模的影响——基于全要素产出模型［J］．山西财经大学学报，2012，34（S4）：14-16．

［210］姚战琪，夏杰长．中国OFDI对不同类型国家产业结构优化的影响研究［J］．社会科学辑刊，2021（3）：147-156，215．

［211］袁红林，辛娜．中国高端制造业的全球贸易网络格局及其影响因素分析［J］．经济地理，2019，39（6）：108-117．

［212］张成思，朱越腾．对外开放、金融发展与利益集团困局［J］．世界经济，2017，40（4）：55-78．

［213］张海伟，郑林雨，陈胜发．东道国制度质量与中国对外直接投资——基于"一带一路"视角［J］．华东经济管理，2022，36（1）：53-63．

［214］张建伟，张谊浩．主要经济体金融开放的解构与启示［J］．上海经济研究，2020（10）：109-118．

［215］张明，孔大鹏，潘松，李江．中国金融开放的维度、次序与风险防范［J］．新金融，2021（4）：4-10．

［216］张明，肖立晟．国际资本流动的驱动因素：新兴市场与发达经济体的比较［J］．世界经济，2014，37（8）：151-172．

［217］张明源，贾英姿，薛宇择．市场经济转型、外商直接投资与产

业结构升级 [J]. 武汉金融, 2020 (7): 11-21.

[218] 张勤, 李海勇. 入世以来我国在国际贸易中角色地位变化的实证研究——以社会网络分析为方法 [J]. 财经研究, 2012, 38 (10): 79-89.

[219] 张先峰, 陈婉雪. 最低工资标准、劳动力素质与 FDI [J]. 工业技术经济, 2017, 36 (2): 87-95.

[220] 张学勇, 陶醉. 收入差距与股市波动率 [J]. 经济研究, 2014, 49 (10): 152-164.

[221] 张支南, 巫俊. 贸易伙伴国交通基础设施建设与中国对外贸易发展——基于中国与亚投行 56 个意向创始成员国的实证分析 [J]. 经济学报, 2019, 6 (3): 1-23.

[222] 赵茜. 外部经济政策不确定性、投资者预期与股市跨境资金流动 [J]. 世界经济, 2020, 43 (5): 145-169.

[223] 赵瑞丽, 孙楚仁, 陈勇兵. 最低工资与企业价格加成 [J]. 世界经济, 2018, 41 (2): 121-144.

[224] 赵云辉. 中国企业对外直接投资区位选择——基于 QCA 方法的联动效应研究 [J]. 中国工业经济, 2020 (11): 120-138.

[225] 郑智, 刘卫东, 宋周莺, 黄梦娜. "一带一路" 生产网络演化及中国经济贡献分析 [J]. 地理研究, 2020, 39 (12): 2653-2668.

[226] 曾倩, 曾先峰, 刘津汝. "一带一路" 背景下我国逆梯度对外直接投资的产业结构升级效应——基于技术进步路径的理论与分析 [J]. 地域研究与开发, 2021, 40 (4): 6-11.

[227] 钟红, 刘家琳. 债务型资本流动对主权债务违约风险影响研究 [J]. 国际金融研究, 2021 (4): 43-56.

[228] 周文韬, 杨汝岱, 侯新烁. 世界服务贸易网络分析——基于二元/加权视角和 QAP 方法 [J]. 国际贸易问题, 2020 (11): 125-142.

[229] 朱民. 美国对贸易伙伴加征关税, 全球金融市场波动加剧 [J]. 国际金融研究, 2019 (1): 7-8.

[230] 朱学红, 彭婷, 谌金宇. 战略性关键金属贸易网络特征及其对产业结构升级的影响 [J]. 资源科学, 2020, 42 (8): 1489-1503.